قال تعالى : " قل لو كان البحر مدادا لكلمات ربي لنفد البحر قبل أن تنفد كلمات ربي ولو جئنا بمثله مددا (109) "

استراتيجيات التقويم في التعليم

Strategies Assessment Education In

استراتيجيات التقويم في التعليم

Strategies Assessment Education In

أ . د نوال نمر مصطفى

الطبعة الأولى

2010م / 1431 هـ

دار البداية ناشرون وموزعون

المملكة الأردنية الهاشمية
رقم الإيداع لدى دائرة المكتبة الوطنية (2010/1/149)

370
مصطفى ، نوال نمر
استراتيجيات التقويم في التعليم / نوال نمر مصطفى
. _ عمان: دار البداية ناشرون وموزعون ، 2010.
(   ) ص.
ر.أ: (2010 / 1 / 149   )
الواصفات: / التعليم // التربية /

* إعدادت دائرة المكتبة الوطنية بيانات الفهرسة والتصنيف الأولية
*يتحمل المؤلف كامل المسؤولية القانونية عن محتوى مصنفه ولا يعبر هذا المصنف عن رأي دائرة المكتبة الوطنية او أي جهة حكومية أخرى.

الطبعة الأولى

2010م / 1431 هـ

دار البداية ناشرون وموزعون
عمان - وسط البلد
هاتف: 4640679 6 962+ تلفاكس: 4640597 6 962+
ص.ب 510336 عمان 11151 الأردن
info.daralbedayah@yahoo.com
مختصون بإنتاج الكتاب الجامعي
ISBN: 978-9957-82-048-0 (ردمك)

تقديم:

ارتبط التقويم بمفهوم الخلق الكوني والإنساني على حد سواء ، وتبلور في القرآن الكريم في أكثر من اية" فَمَنْ يَعْمَلْ مِثْقَالَ ذَرَّةٍ خَيْرًا يَرَهُ وَمَنْ يَعْمَلْ مِثْقَالَ ذَرَّةٍ شَرًّا يَرَهُ".

يحتل التقويم مكانة كبيرة في المنظومة التعليمية بكافة أبعادها وجوانبها نظراً لأهميته في تحديد مقدار ما يتحقق من الأهداف التعليمية المنشودة والتي يتوقع منها أن تنعكس إيجابياً على الطالب والعملية التربوية سواء بسواء.

وفي إطار ما نسعى إليه وننشده من إصلاح التعليم من خلال تحسين مدخلاته وتجويد مخرجاته، فالأمر يتطلب ضرورة إعادة النظر في أساليب تقويم الطلاب كمدخل أساسي وضروري لأجل تحقيق الإصلاح التربوي والتعليمي.

لم يخل أي نظام تربوي في أي عصر من العصور من طريقة أو تقنية من تقنيات التقويم، فقد عرف الإنسان القديم الاختبارات واستخدمها الصينيون معيارا للالتحاق بالوظائف ونقل عنهم الأوربيون هذا النظام في التقويم وعرفوا الاختبارات الشفوية التي ظلت سائده حتى أواسط القرن التاسع عشر في أوروبا، ثم دخلت عمليات القياس والتقويم مرحلة جديدة في مطلع القرن العشرين بدخول اختبارات الذكاء على يد الفرد بنيه وسايمون.

يمثل التقويم أحد أهم المداخل الحديثة لتطوير التعليم، فمن خلاله يتم التعرف على أثر كل ما تم التخطيط له وتنفيذه من عمليات التعليم والتعلم، ونقاط القوة والضعف فيها، ومن ثم اقتراح الحلول التي تساهم في التأكيد على نقاط القوة وتدعيمها، وتلافي مواطن الضعف وعلاجها.

أي أن التقويم في العملية التعليمية يشمل عدة عناصر أهمها : تقويم المنهج الدراسي بعناصر المختلفة (الأهداف - المحتوى - استراتيجيات التعليم والتعلم - التقويم)، وتقويم المعلم، وتقويم نتاجات المنهج.

والمحصلة النهائية للمنهج، أو نتاجه، هو الطالب، أو على الأصح التغير الذي حدث في سلوكه نتيجة تفاعله مع المنهج. ويمكن تقويم المنهج بالتغير الذي أحدثه على سلوك الطالب معرفياً وعقلياً ووجدانياً ومهارياً من مستوى معين إلى مستوى آخر مرغوب فيه، تعبر عنه أهداف المنهج.

لذلك يعتبر التقويم التربوي أحد الأركان الأساسية للعملية التربوية ، وهو حجر الزاوية لإجراء أي تطوير أو تجديد تربوي يهدف إلى تحسين عملية التعلم والتعليم في أية دولة. كما وينظر للتقويم التربوي من قبل جميع متخذي القرارات التربوية على أنه الدافع الرئيس الذي يقود العاملين في المؤسسة التربوية على اختلاف مواقعهم في السلم الإداري إلى العمل على تحسين أدائهم وممارساتهم وبالتالي مخرجاتهم.

فالتقويم التربوي يسهم في معرفة درجة تحقق الأهداف الخاصة بعملية التعلم والتعليم، ويسهم في الحكم على سوية الإجراءات والممارسات المتبعة في عملية التعلم والتعليم ، ويوفر قاعدة من المعلومات التي تلزم لمتخذي القرارات التربوية حول مدخلات وعمليات ومخرجات المسيرة التعليمية التعلمية.

ويساعد التقويم التربوي على التخطيط للأنشطة التدريسية وأساليبها، وهو الذي يطلع الأفراد على اختلاف علاقتهم بالمؤسسة التربوية بجهود هذه المؤسسة ودورها في تحقيق الأهداف التربوية العامة للدولة. كما ويلعب التقويم التربوي دورا دافعا وحافزا للطلبة والمعلمين والتربويين لبذل الجهد المطلوب للوصول إلى الأهداف المرجوة من عملية التربية والتعليم من خلال حمل المعلمين على بذل مزيد من الجهد والعمل لتحسين أساليبهم الصفية التدريسية، وحمل

الطلبة على بذل مزيد من الجهد والتركيز والتعاون مع المعلمين والقائمين على البرامج التربوية.

التقويم التربوي يسهم في الوقوف على فاعلية الإجراءات التي تتم ضمن المؤسسة التربوية ، والتأكد من مدى فاعليتها من حيث تبيان مدى الإنجازات التي تم تحقيقها والأوضاع الراهنة لها وما تتصف به من نواحي ضعف وقوة، وما تتطلبه من إجراءات تطويرية للأوضاع القائمة، أو تبني سياسات تربوية جديدة. من هنا نرى أن هنالك مجالات تطبيقية متعددة ومتباينة للتقويم التربوي في أي نظام تربوي ضمن أي مستوى من مستوياته ، وضمن أي مكون من مكوناته.

الفصل الأول

التقويم التربوي

تعريفه

التقويم التربوي / تعريفه

مقدمة:

من المسلمات التي تلازم البحث العلمي والباحثين أن تكون لديه أدوات مقننة ومنظمة و ذات أسس علمية تتصف بالدقة و الحيادية , تمكن هؤلاء من اصدار أحكام علي صلاحية الظواهر التي يتم الاهتمام بها في سياق كل علم من العلوم التي ينتمي لها هؤلاء الباحثين. لذلك ازداد الاهتمام بدراسة العلم الذي يؤدي إلي تحقيق ذلك. ومن هنا ظهرت علوم خاصة بتقديم اجابات وافية عن طبيعة الظواهر والعوامل الني تؤثر فيها.

أولا – تعريف التقويم:

يحتاج الباحث في مجال العلوم , وخاصة العلوم التربوية والنفسية إلي أن يكون ملما بكيفية الحكم علي صلاحية الموضوعات التي يهتم بها في تخصصه العلمي.ويعتبر علم التقويم في مجال علم النفس والعلوم التربوية من العلوم التي أحدثت تأثيرا كبيرا وقدمت خدمات جليلة لجميع الباحثين في المجالات النفسية والتربوية.

ما هو التقويم:

يحدد التقويم في الأصل اللغوي بأن من قوم شيئا يعني أنه وضعه بين ثلاثة امور إما

1. أن يقصد عدله وعالج اعوجاجه فجعله مستقيما الهيئة.
2. يقصد بذلك حدد له قيمة سواء كانت هذه القيمة مادية (كم ريال يساوي هذا الشيء), أو حدد قيمته المعنوية (مقدار ما في هذا الشيء من جمال أو قبح).
3. قوم الشيء بمعني إصدار عليه حكما (مثل هذا الشيء مفيد أو غير مفيد).

التقويم التربوي:

هو تصحيح تعلم الطالب وتخليصه من نقاط ضعفه وتحصيله, ويشمل
تقويم كل من:

- تقويم إنجازات الطلاب في التعليم.
- تقويم المعلم.
- تقويم طرائق أو استراتيجيات التدريس.
- تقويم المنهج المدرسي.
- تقويم الإمكانيات المختلفة.

تقويم كل ما يتعلق بالعملية التربوية والتعليمية ويؤثر فيها.

في السنوات الاخيرة، افرزت التطورات الهائلة في مجال تطوير المناهج رؤى
وتوجهات جديدة لما يجب ان يكون محل اهتمام رئيسي في التعليم والتقويم، هذه
الرؤى والتوجهات، [1] والتي تم توثيقها في عدة وثائق عالمية لعل من أهمها ثورة في
مفهوم التقويم وأدواته , إذ أصبح للتقويم أهدافاً جديدة ومتنوعة , فقد اقتضى
التحول من المدرسة السلوكية - التي تؤكد على أن يكون لكل درس أهداف عالية
التحديد مصوغة بسلوك قابل للملاحظة والقياس – إلى المدرسة المعرفية التي تركز
على ما يجري بداخل عقل المتعلم من عمليات عقلية تؤثر في سلوكه، والاهتمام
بعمليات التفكير وبشكل خاص عمليات التفكير العليا مثل بلورة الأحكام واتخاذ
القرارات، وحل المشكلات باعتبارها مهارات عقلية تمكّن الإنسان من التعامل مع
معطيات عصر المعلوماتية، وتفجر المعرفة، والتقنية المتسارعة التطور.

التقويم معروف منذ القدم، وإن كان حديث العهد في التربية والتعليم،وهو
تحديد مدى قيمة شئ معين أو حدث معين. أي أن التقويم وسيلة لإدراك نواحي

---

[1] رمضان مسعد بدوي، استراتيجيات في تعليم وتقويم تعلم الرياضيات، دار الفكر للنشر والتوزيع،2003.

القوى لتأكيدها والاستزادة منها والوقوف علي نواحي الضعف لعلاجها أو تعديلها [1].

إن التقويم ينير لنا طريق التعليم، وبدونه لا نعرف مدى التقدم الذي أحرزته المدرسة،والذي حققه المدرس والتلاميذ، سواء في الفصل أو خارجه أو خارج المدرسة نفسها، وبدونه لا نعرف أسباب ما نقابل من توفيق أو صعوبات وبدونه كذلك لا نستطيع العمل [2].

وبذلك أصبح التوجه للاهتمام بنتاجات تعلم أساسية،من الصعب التعبير عنها بسلوك قابل للملاحظة والقياس يتحقق في موقف تعليمي محدد. وهكذا فقدت الأهداف السلوكية بريقها الذي لمع في عقد الستينات، ليحل مكانها كتابة أهداف حول نتاجات التعلم Learning outcomes والتي تكون على شكل أداءات أو إنجازات Performance يتوصل إليها المتعلم كنتيجة لعملية التعلم. وهذه النتاجات يجب أن تكون واضحة لكل من المعلم والمتعلم وبالتالي يستطيع المتعلم تقويم نفسه ذاتياً،ليرى مقدار ما أنجزه مقارنة بمستويات الأداء المطلوبة [3].

ويعتبر التقويم التربوي أحد الأركان الأساسية للعملية التربوية،وهو حجر الزاوية لإجراء أي تطوير أو تجديد تربوي يهدف إلى تحسين عملية التعلم والتعليم في أية دولة. كما وينظر للتقويم التربوي من قبل جميع متخذي القرارات التربوية على أنه الدافع الرئيس الذي يقود العاملين في المؤسسة التربوية على اختلاف مواقعهم في السلم الإداري إلى العمل على تحسين أدائهم وممارساتهم وبالتالي مخرجاتهم.

[1] الدكتور وهيب سمعان وآخرون (التقويم في التربية الحديثة) 1965م.
[2] الدكتور أبو الفتوح رضوان وآخرون (المدرس في المدرسة والمجتمع) القاهرة مكتبة الأنجلو المصرية 1956م.
[3] وزارة التربية والتعليم. الإطار العام للمناهج والتقويم.إدارة المناهج والكتب المدرسية، عمان، الأردن،(2003).

فالتقويم التربوي يسهم في معرفة درجة تحقق الأهداف الخاصة بعملية التعلم والتعليم، ويسهم في الحكم على سوية الإجراءات والممارسات المتبعة في عملية التعلم والتعليم، ويوفر قاعدة من المعلومات التي تلزم لاتخاذ القرارات التربوية حول مدخلات وعمليات ومخرجات المسيرة التعليمية التعلمية.[1]

تعريف التقويم:

التقويم لغة:من قوم أي صحح وأزال العوج وقوم السلعة بمعنى سعرها.فقد ورد عن عمر بن الخطاب رضي اللـه عنه أنه قال:"من رأى منكم في اعوجاجاً فليقومه" فأجابه أعرابي بقوله: " و اللـه لو رأينا فيك اعوجاجاً لقومناه بسيوفنا".

وفي الحديث: قل آمَنتُ بالله ثم اسْتَقِمْ؛ فسر على وجهين: قيل هو الاسْتقامة على الطاعة، وقيل هو ترك الشِّرك. أَبو زيد: أَقمْتُ الشيء وقَوَّمْته فَقامَ بمعنى اسْتقام، قال: والاسْتِقامة اعتدال الشيء واسْتِواؤه.

والقِيمةُ: واحدة القِيَم، وأَصله الواو لأَنه يقوم مقام الشيء.

والقيمة: ثمن الشيء بالتَّقْوِيم. تقول: تَقاوَمُوه فيما بينهم، وإذا انْقادَ الشيء واستمرت طريقته فقد استقام لوجه.

ويقال: كم قامت ناقتُك أي كم بلغت.

وقد قامَتِ الأمةُ مائة دينار أي بلغ قيمتها مائة دينار، وكم قامَتْ أَمَتُك أي بلغت.

---

[1] دعمس، استراتيجيات التقويم التربوي الحديث وأدواته، مصدر سابق،ص10.

والاستقامة: التقويم، لقول أهل مكة استقَمْتُ المتاع أي قوَّمته. وفي الحديث: قالوا يا رسول الـلـه لو قوَّمْتَ لنا، فقال: الـلـه هو المُقَوِّم، أي لو سَعَّرْت لنا، وهو من قيمة الشيء، أي حَدَّدْت لنا قيمتها.[1]

وقَوَّمْتُ السِّلْعَةَ واسْتَقَمْتُه: ثَمَّنْتُه.

واسْتَقَامَ: اعْتَدَلَ.

وقَوَّمْتُه: عَدَّلْتُه،فهو قَويمٌ ومُسْتَقِيمٌ.[2]

ثم انتقل التقويم بسبب تعقد الحياة، ليقوم به (معلم الحرفة) الذي كان يصدر أحكامه على المتتلمذين على يديه ويقرر إلى أي مدى أتقن كل واحد منهم الحرفة التي يمارسها. فكانت الغاية العامة من التقويم في العمل هو الحكم على قيمة الوظائف، والوصول إلى تقدير كمي ونوعي لسلوك العاملين فيها...[3]

وتطور تقويم الوظائف عبر التاريخ، ويعتبر فريدريك تيلر من أوائل الذين نادوا بوجوب تقويم الوظائف عام 1880م، حينما قام بتحليل العملية الإنتاجية في شركة المعادن وتوصل إلى تحديد ماهية الوظائف المطلوبة لسير العمل فيها، وإلى تحديد الصفات المطلوبة فيمن يصلح لشغل كل وظيفة وكل عمل فيها [4].

وارتبط التقويم بالزمن كالتقويم الهجري والتقويم الميلادي. وكذلك تقويم برامج الأعمال المختلفة لملاحظة أداء الأفراد والعاملين في المؤسسات سواء كانت رسمية أو غير رسمية والشركات.... الخ لدراسة مدى تحقيق الأهداف،واكتشاف مواطن الضعف والقوة من أجل اتخاذ النتائج المناسبة في هذه المؤسسات والشركات، ويهمنا هنا التقويم في المجال التربوي ؛ بهدف إنتاج تعلم

---

[1] ابن منظور،لسان العرب

[2] الفيروز ابادي، القاموس المحيط

[3] دعمس،2008، مصدر سبق ذكره،ص9

[4] د. سامي عارف، أساسيات الوصف الوظيفي، دار زهران للنشر والتوزيع، عمان/ الأردن، 2007،ص183.

عالي الجودة، والانتقال من التقويم التقليدي إلى التقويم الأصيل (Assessment Authentic)؛ الذي يسعى لقياس المعرفة العلمية والمهارات عند الطلاب لكي يستخدموها بكفاءة في حياتهم اليومية.[1]

والتقويم في التربية يعرف بأنه:

"عملية منظمة ترتبط بعملية القياس ونتائجها وتتعداها على وصف الخصائص والصفات وتصدر عليها أحكاماً وقرارات وفق معايير محددة".[2]

ويعني "التعرف إلى مدى ما تحقق من الأهداف عند الطالب واتخاذ قرارات بشأنها"[3]

كم يعرفه بلوم ورفاقه بأنه[4]:

إصدار حكم لغرض ما على قيمة الأفكار أو الأعمال أو الحلول أو الطرق أو المواد، وأنه يتضمن استخدام المحكات (Criteria) والمستويات (Standard) والمعايير(Norms) لتقدير مدى كفاية الأشياء ودقتها وفعاليتها ويكون التقويم كمياً أو كيفياً.

وفي مجال التربية يقترن مفهوم التقويم لدى غالبية المعلمين بالاختبارات التي يركز فيها على تقويم التحصيل المعرفي للطلبة فقط، وعندما تطورت النظريات التربوية بدأ مفهوم التقويم التربوي يتطور ويتشعب، فأصبح التقويم التربوي يسعى إلى تقويم المتعلم من جميع جوانبه، أو تقويم العملية التربوية

---

[1] د. احمد الثوابية وعبد الحكيم مهيدات،استراتيجيات التقويم وأدواته،رسالة المعلم، وزارة التربية والتعليم – الاردن،المجلد (43) – العدد 3- 4،2005،ص18.

[2] عودة، القياس والتقويم في العملية التدريسية. إربد: دار الأمل،(2002).

[3] Gronland E.N and Linn(1990).Measurement and Evaluation in teaching New York:The Macmilla Publishing Co.

[4] Benjamin Bloom and et al.,(1971) Haud Book of formative and summative evaluation of student learning.,New York McGraw-Hill Book Company.

بجميع متغيراتها، ولم يعد قاصراً على تحديد كفاية العملية التربوية وفعالياتها، من خلال تقويم أحد مخرجات هذه العملية بل أصبح التقويم شمولياً في منهجه، يتناول تقويم الأهداف والمدخلات فضلاً عن تقويم العملية التربوية ذاتها، وتقويم المخرجات النهائية لهذه العملية.

مفهوم التقويم قديماً و حديثاً:

التقويم قديماً أعتبر دوماً مرادف لمفهوم الامتحان الذي يسعى دوماً لقياس الجانب المعرفي لدى المتعلم متجاهلاً جوانب النمو الأخرى لديه فكان يحكم على المتعلم بمقدار حفظه لما تلقنه من المعلم، وكان أكفأ المعلمين أغزرهم معرفة ومعلومات في مجال تخصصهم، وللأسف ما يزال هذا المفهوم وارداً في مدارسنا وجامعاتنا حيث أن الامتحانات ما تزال هي الغاية التي يسعى إليها كل من المعلم والمتعلم معاً، فهي معرفية فقط وبذلك تبقى العملية التعليمية حبيسة التراكم المعرفي الذي يحصل عليه المتعلم من عملية التلقين التي لا تخدم سوى مهارة الحفظ والتذكر مهملةً المهارات الأعلى منها.

أما اليوم لقد أصبح التقويم يشكل أحد عناصر المنهج بالمفهوم الحديث وأصبحت الغاية منه أشمل وأوسع من البعد المعرفي فقط وبذلك أصبح للتقويم الية من أشكال وأدوات قياس مختلفة ومتنوعة نظراً لاختلاف غاياتها. فبما أن المتعلم أصبح اليوم هو محور للعملية التعليمية التعلمية فلا بد إذاً أن يشمل آليات للتعرف على النمو معرفياً ومهارياً ووجدانياً.

المفهوم الحديث للتقويم: التقويم عملية مقصودة منظمة تهدف الى جمع المعلومات عن العملية التعليمية وتفسير الادلة بما يؤدي الى اصدار احكام تتعلق بالطلاب او المعلمين او البرامج او المدرسة... مما يساعد في توجيه العمل التربوي واتخاذ الاجراءات المناسبة لتحقيق الاهداف المرسومة.

تحليل هذا التعريف:

1. التقويم عملية: اي انه يتم على خطوات متتالية ولا يتم في خطوة واحدة
2. عملية مقصودة: اي انه يتم الاعداد له مسبقا".
3. عملية منظمة: اي انه يستند على اسس علمية.
4. عملية تهدف الى جمع المعلومات: اي انه يستند الى ادلة وشواهد عند اصدار الاحكام.
5. عن العملية التعليمية: اي انه عملية شاملة.
6. اتخاذ الاجراءات المناسبة: اي معالجة جوانب الضعف وتدعيم جوانب القوة.

المفهوم القديم للتقويم:

استند المفهوم القديم للتقويم الى الكثير من المسلمات الخاطئة، نذكر منها على سبيل المثال:

1. التقويم مرادف للامتحانات.
2. التقويم عملية نهائية تأتي في نهاية الفصل الدراسي او العام الدراسي.
3. التقويم عملية تتناول تحصيل الطلاب لاتخاذ قرار بالترفيع او الرسوب.

يهدف المنهج التربوي بمفهومه الحديث إلى اعتبار المتعلم محوراً للعملية التعليمية التي تهدف بدورها إلى إحداث تغييرات معينة في سلوكه، وترتبط هذه المتغيرات بكل من مجالات التعلم في المنهج وهي المجال المعرفي والوجداني والمهاري "النفسحركي".

ولكي نجري عملية التقويم بالطريقة الصحيحة السليمة ينبغي تحديد ما نريد تقييمه وذلك بأن نحدد الأهداف ونحللها بحيث يمكن من خلالها التعرف على مظاهر السلوك أو التغيرات المطلوب إحداثها في سلوك المتعلمين، وفي ضوء هذا نختار الوسائل والطرق التي تصلح لقياس وتقويم التغيرات، ويهدف التقويم أساساً

إلى التشخيص والعلاج معاً، وإلى الاستفادة من نتائج التقويم في تحسين مختلف عناصر المنهج من معلم ومتعلم ومحتوى وأنشطة مصاحبة ونتائجها وكذلك العوامل المؤثرة في فعاليتها.

ومن هنا فالتقويم بمفهومه الحديث يعتمد على عدة خطوات تتلخص بما يلي:

1. تحديد الأهداف التعليمية بطريقة واضحة والحرص على أن تكون قابلة للقياس والملاحظة.
2. استخدام أدوات قياس "اختبارات مثلاً" صالحة لقياس نتاجات الأهداف المرغوبة.
3. تحليل البيانات التي حصلنا عليها بالقياس واعطائها القيمة " تقييم" لتفسر من خلالها الحالة ومدى ما بها من نقاط قوة أو ضعف.
4. وضع الخطط العلاجية " تقويم" لتوجيه المتعلمين للتغلب على نقاط ضعفهم ولتعزيز نقاط قوتهم.

لقد أثبتت البحوث التربوية والنفسية أن توجه أولياء الأمور والطلاب هو السعي للحصول علي درجات مرتفعة بصرف النظر عما تعلمه الطالب, وربما يكون ذلك منطقيا ومقبولا في الحالات التي تكون المنافسة فيها شديدة, كما يتمثل في نهاية كل مرحلة تعليمية والتي تمثل عنق الزجاجة في السلم التعليمي, وقد ترتب علي ذلك, أن مالا يحصل الطالب علي درجات منه يهمل ولا يجد اهتماما سواء من الطالب أو ولي الأمر وحتي من المعلم ذاته.

ولما كان الامتحان النهائي سواء في نهاية الفصل الدراسي أو في نهاية العام هو المصدر الأساسي للحصول علي الدرجات و أصبح هو الهدف الرئيسي من العملية التعليمية,فالمعلم في تدريسه يضع في اعتباره الامتحان وطريقته, والتلميذ في استذكاره لدروسه يجعل الامتحان هدفه الاساسي, وأصبح العام الدراسي كله عبارة عن إعداد للامتحان, والذي لا يخرج عن استرجاع لما حفظه التلميذ من

معلومات, يتذكرها أثناء الامتحان, ثم ينساها بمجرد الانتهاء منه, بل أدي ذلك الي انتشار الدروس الخصوصية وتركزها في الشهور التي تسبق الامتحان, حيث تخصص بعض المعلمين في تدريب التلاميذ علي كيفية الإجابة من الأسئلة. وقد ترتب علي ذلك إهمال الأهداف الحقيقية للتعليم, والتي تتمثل في تنمية شخصية التلاميذ من جميع جوانبها المعرفية والوجدانية والأخلاقية والمهارية, وكذلك تنمية قدراته الإبداعية ومراعاة الذكاءات المتعددة لدي التلاميذ. إنه من المعروف لدي جميع التربويين أن الاقتصار علي الامتحان النهائي فيه كثير من العيوب لعل من أهمها:

1. يأتي هذا التقويم في نهاية الفصل الدراسي أو العام الدراسي, وبالتالي لا يتيح للمعلم والتلميذ وولي الأمر اكتشاف نواحي القوة ونواحي الضعف في نمو التلميذ في الوقت المناسب, بحيث يمكن تدعيم نواحي القوة وعلاج الضعف أثناء العام الدراسي, ويكون الوقت قد انتهي دون علاج.
2. لا يوفر هذا النوع من التقويم التغذية المرتدة للمعلم والتلميذ أثناء الدراسة, بحيث يستطيع المعلم اكتشاف أخطائه ويعدل من طريقة تدريسه خلال العام, وكذلك لا يستطيع التلميذ اكتشاف أخطائه في الدراسة والاستذكار, بحيث يطور أسلوبه في التعليم.
3. تهمل الامتحانات التحريرية النهائية المهارات المختلفة التي تعتبر أهدافا رئيسية للتربية والتعليم, فهي لا تصلح لتقويم مهارات الاستماع والحديث والقراءة في تعليم اللغة علي سبيل المثال. كذلك لا يمكن بواسطة الامتحان التحريري النهائي تقويم المهارات العملية ومهارات التفكير وحل المشكلات, وكذلك الجوانب الوجدانية والسلوكية والأخلاقية, وهي أهداف أساسية للعملية التعليمية.
4. لا تمكن الامتحانات النهائية من تحقيق التتابع الأفضل لوحدات المقرر.فإذا كان تعلم الوحدة الثانية في مقرر ما يتطلب إتقان الوحدة الأولي, فإن ذلك

يحتاج تقويما مستمرا, وهو مالا يوفره نظام هذا النوع من التقويم الذي يعتمد علي امتحان نهاية العام.

5. الامتحان النهائي, والذي يتم خلال ساعة أو ساعتين, لا يمكن المعلم من تشخيص صعوبات التعليم التي قد يعاني منها كثير من التلاميذ وبالتالي لا يمكنه تصميم برامج علاجية لهم, فيزداد تخلفهم ويزيدون من الهدر التعليمي.

ومن هنا كان لابد من تطوير التقويم التربوي حتي يمكن إحداث نقلة نوعية في مستوي العملية التعليمية, والتقويم المستمر الشامل, هو المستخدم في جميع النظم التعليمية المتقدمة, مثل نظام التعليم في ألمانيا واليابان وفرنسا والولايات المتحدة الأمريكية وغيرها من الدول, وبدون هذا التطوير سوف نظل نشكو من انخفاض مستوي التعليم ومخرجاته.

إن التقويم عملية تنموية وعلاجية في المقام الأول, وليس عملية فرز أو تصنيف أو عزل. كما أن مفاهيم النجاح والرسوب في التعليم الأساسي مفاهيم عفا عليها الزمن في ظل التطور التربوي الحديث, فالاتجاه الآن هو تنمية وعلاج نواحي الضعف عند التلاميذ والوصول بهم الي بر الأمان, والتقارير التي تتم كتابتها عن التلميذ تبرز نواحي القوة وتحدد جوانب الضعف عنده, أي هي توصيف لحالته, مع اقتراح طرق العلاج والتصحيح من تدريبات وأنشطة وأساليب علاجية, مع التأكيد علي المشاركة المجتمعية ودورها ذلك.

خصائص التقويم التربوي:

يعد التقويم أحد أهم المصطلحات التّربوية؛ لأنّ التّحكم في المصطلح هو في النّهاية تحكمٌ في المعرفة المتوخى إيصالها.

وفي ظلِّ غياب منهجية دقيقة للوضع الاصطلاحي، والتّخلق الزّمني في إيجاد المقابلات العربية للمصطلحات المستحدثة في اللغات الأجنبية، وانعدام مبدأ

النظام في نقل المفاهيم العلمية الأجنبية إلى اللغة العربية أو ترجمتها، فقوبل المصطلح الأجنبي الواحد بأكثر من مصطلح عربي، فكثر الاشتراك اللفظي والدّلالي على حدٍّ سواء، وأُثيرت إشكاليات عديدة كالتي تتعلق بمصطلح التقويم ومفهومه، وما هي موضوعاته؟ وأنواعه؟ وسعته التّربوية؟ وخصائص جودته وتميُّزه؟

تقويم الطلبة عملية مستمرة تحدث في الصفوف الدراسية بجميع المراحل، وفي كل أقطار العالم. كما أن المدارس تدرك حقيقة مساءلتها عن درجات الطلبة وتحصيلهم الدراسي أمام النظام التربوي بشكل عام، وأمام الوالدين والمجتمع، حيث كثيراً ما تثار قضية نتائج الطلبة ومستويات تحصيلهم في نهاية كل فصل دراسي - ويتخذ تقويم الطلبة بهذه الصورة بعداً أكبر يرتبط في مجمله ارتباطاً عضوياً بقضية استخدام نتائجه في عملية المساءلة عن جودة التعليم الصفي وجودة تعلم الطالب، التي يفترض أن تعكسها درجاته في المواد الدراسية - ويستتبع ذلك بالطبع قضية عواقب (نتائج) استخدامات درجات الطالب في صنع الكثير من القرارات التربوية كانتقاله من صف إلى صف أعلى، ووضع الطالب في مجموعات عالية المستوى، أو وضعه ضمن مجموعة الطلبة الذين يحتاجون إلى علاج لضعف مهاراتهم ـ ويضاف إلى ذلك أيضاً القرارات المتعلقة بنقل الطالب إلى مرحلة دراسية أعلى، وقرار حصوله على بعثة دراسية بعد تخرجه في المدرسة، أو اتجاهه إلى سوق العمل - ويضاف إلى كل ذلك المكافآت التي يحصل عليها الطالب والجوائز العلمية المرتبطة بتحصيله الدراسي وتفوقه - ومن كل ذلك، يمكن أن نطلق على هذا النوع من التقويم المرتبط بقرارات خطيرة ومصيرية تمس حياة الطالب ومستقبله، ومستقبل المعلم والنظام التربوي، مصطلح " التقويم التربوي واسع النطاق".

ومن خصائص هذا النوع من التقويم أنه يعطي المجتمع نوعاً من التدقيق على نتائج الطلبة من خلال المساءلة وله مردود مادي وتربوي عالي لمن يظهر ارتفاعاً في كمية ونوعية التحصيل الدراسي من الطلبة ـ ومن خصائصه أيضاً، أنه يشكل ضغطاً على المعلمين والطلبة والمؤسسات التعليمية للوصول إلى مستوى أداء أفضل

لرفع درجات الطلبة، وتصميم نظم وإجراءات أمنية معقدة ومكلفة مادياً لضمان أعلى قدر من التقييم يتم إجراؤه للطلبة في المدارس.

لذلك يجب أن تتمتع أدوات التقويم التي تدخل ضمن التقويم واسع النطاق بخصائص سيكومترية وفنية محكمة ودقيقة كالصدق والثبات وارتباط التقويم بالمنهج الدراسي ومدى قدرة أدوات التقييم على أن تعكس المحتوى ومحكات الأداء التي تشمل النظام التربوي المطبق في مدارس المملكة كلها. ومن الضرورة بمكان أيضاً أن تكون درجات القطع قد تم وضعها وتحديدها بدقة وعدل بصورة تعكس مستوى أداء الطالب الحقيقي، ومستوى الأداء المطلوب. كما يجب أن يكون التقويم عادلاً ويعطي معلومات دقيقة عن مدى ما يعرفه الطالب بحيث يقود ذلك إلى الحصول على استنتاجات دقيقة عن مختلف مستويات الطلبة في التحصيل، وهل يتطابق التقويم وأدواته مع نظام التقويم الشامل المصمم لتقديم معلومات مساعدة للوالدين والمسئولين الإداريين، وصناع القرار التربوي. كما يجب أن ينسجم ا لتقويم وأدواته مع نتائج أحدث البحوث التربوية التي أجريت على تقويم تحصيل الطلبة، وهل تقدم أدوات التقويم نتائج طولية حول تقدم الطلبة في التحصيل من مرحلة إلى أخرى ومن صف إلى أخر. وهل يتضمن الاختبار وأدوات التقويم الأخرى نماذج موازية ومكافئة من الاختبارات لطبقيها من وقت على أخر.

ويجب التنبيه هنا إلى أن الأدوات المستخدمة في التقويم واسع النطاق يجب ألا تقود المعلم إلى التفكير في رفع درجات الطلبة، أو تدريسهم وتعليمهم في الصف لغرض الاختبار فقط، مما يضيق من مدى المنهج والمحتوى الذي تم تدريسه وتعليمه للطلبة، وبالتالي يضعف من صدق النتائج ويقود إلى عواقب خطيرة تنجم عن القرارات التي تتخذ لاستخدام تلك النتائج.

التقويم التربوي لا يقتصر في مفهومه على تقدير قيمة الشيء ووزنه مثل (أداء الطلاب) وإنما يتعدى ذلك إلى إصدار أحكام على هذا الأداء، بكشف مواطن

الضعف والقوة فيه، ومحاولة تعديله أو تطويره. وبهذا فإن التقويم التربوي يتضمن بشكل موجز ما يلي[1]:

1. التقويم هو إصدار قيمة الشيء مع التصحيح أو التعديل.

2. إصدار أحكام على موضوع التقويم: أشخاص أو برامج أو جدول زمني...الخ.

3. وسيلة المعلم في الحكم على مدى تقدّم تلاميذه نحو الأهداف التّربوية المنشودة، والتي تنطلق من مبدأ إحداث تغيّرات معيّنة في سلوكهم، مستندا في ذلك إلى التّغذية الرّاجعة؛ وبالتالي إظهار نواحي الضعف والقوة.

4. التحسين أو التطوير للبرامج القائمة ومدى نموها من أجل تحقيق الأهداف المرسومة.

5. التقويم هو عملية تربوية مستمرة شاملة تشخيصية علاجية تهدف إلى إصدار حكم على التحصيل الدراسي للطالب.

6. إن التقويم عملية تقييم منظمة Systematic Assessment لعمليات البرنامج ونواتجه، أو لسياسة معينة يتبناها البرنامج، في ضوء مجموعة من المحكات الصريحة و المضمرة كوسيلة للإسهام في تحسين البرنامج أو السياسة التي يتبناها البرنامج.

7. التقويم هو صناعة عملية مصممة لجعل البرنامج يعمل بشكل أفضل.

8. هو تجميع و تحليل منظم للبيانات و المعلومات الضرورية لصنع القرارات. وهو عملية تلجأ إليها معظم المؤسسات لتقويم برامجها منذ بداية تنفيذها و تطبيقها.

9. التقويم يتضمن اتخاذ قرار.

10. هو جهود عقلانية تستعمل في الغالب الطريق التجريبية أو أي طرق أخرى من طرق البحث بهدف توفير المعلومات الضرورية لاتخاذ القرار المتعلقة بالخطط و البرامج السياسات المقومة، فالأهداف و النتائج هما العاملان الأساسيان في بحوث التقويم.

---

[1] دعمس، مرجع سابق.

11. التقويم هو تقدير مدى صلاحية أو ملائمة شيء ما في ضوء غرض ذي صلة. لأنه جزء لا يتجزأ من عملية الإنتاج، ومقوم أساسي من مقوماتها، ويدفع الأفراد لمزيد من العمل و الإنتاج من خلال التوظيف الجيد للتّغذية الرّاجعة.

خصائص التقويم الجيد:

من أهم سمات التقويم الجيد ما يأتي:

1. **التناسـق مـع الأهـداف:**

من الضروري أن تسير عملية التقويم مع مفهوم المنهج وفلسفته وأهدافه، فإذا كان المنهج يهدف إلى مساعدة التلميذ في كل جانب من جوانب النمو، وإذا كان يهدف إلى تدريب التلميذ على التفكير وحل المشكلات وجب أن يتجه إلى قياس هذه النواحي.

2. **الشمـول:**

يجب أن يكون التقويم شاملا الشخص أو الموضوع الذي نقومه، فإذا أردنا أن نقوم أثر المنهج على التلميذ فمعنى ذلك أن نقوم مدى نمو التلميذ في كافة الجوانب العقلية والجسمية والاجتماعية والفنية والثقافية والدينية، وإذا أردنا أن نقوم المنهج نفسه فيجب أن يشمل التقويم أهدافه والمقرر الدراسي والكتاب وطرق التدريس والوسائل التعليمية والأنشطة. ويتناول الجوانب الرئيسية للوحدة الدراسية (الحقائق والمهارات والاتجاهات).

وإذا أردنا أن نقوم المعلم فإن تقويمه يتضمن إعداده وتدريبه ومادته العلمية وطريقة تدريسه وعلاقته بالإدارة المدرسين وبالتلاميذ وبأولياء أمورهم. أي أن التقويم ينصب على جميع الجوانب في أي مجال يتناوله.

3. الاستمرارية:

ينبغي أن يسير التقويم جنباً إلى جنب مع التعليم من بدايته إلى نهايته فيبدأ منذ تحديد الأهداف ووضع الخطط ويستمر مع التنفيذ ممتداً إلى جميع أوجه النشاط المختلفة في المدرسة وإلى أعمال المدرسين، حتى يمكن تحديد نواحي الضعف ونواحي القوة في الجوانب المراد تقويمها وبالتالي يكون هناك متسع من الوقت للعمل على تلافي نواحي الضعف والتغلب على الصعوبات.

4. التكامل:

وحيث أن الوسائل المختلفة والمتنوعة للتقويم تعمل لغرض واحد فإن التكامل فيما بينهما يعطينا صورة واضحة ودقيقة عن الموضوع أو الفرد المراد تقويمه وهذا عكس ما كان يتم في الماضي إذ كانت النظرة إلى الموضوعات أو المشكلات نظرة جزئية أي من جانب واحد، وعندما يحدث تكامل وتنسيق بين وسائل التقويم فإنها تعطينا في النهاية صورة واضحة عن مدى نمو التلميذ من جميع النواحي.

5. التعاون:

يجب ألا ينفرد بالتقويم شخص واحد، يشترك فيه المدرس والطالب والمشرف بل والتلاميذ أنفسهم، وتقويم التلميذ يجب أن يشترك فيه التلميذ والمدرس والآباء من أفراد المجتمع المحيط بالمدرسة.

أما عن تقويم الكتاب فمن الضروري أيضاً أن يشترك فيه التلاميذ والمعلمين والموجهين وأولياء الأمور ورجال التربية وعلم النفس.

6. أن يبنى التقويم على أساس علمي:

أي يجب أن تكون الأدوات التي تستخدم في التقويم صادقة وثابتة وموضوعية قدر الإمكان، لأن الغرض منها هو إعطاء بيانات دقيقة ومعلومات صادقة عن الحالة أو الموضوع المراد قياسه أو تقويمه،وأن تكون متنوعة وهذا يستلزم أكبر عدد ممكن من الوسائل مثل الاختبارات والمقابلات الاجتماعية ودراسة الحالات....الخ، فعند استخدام الاختبارات مثلا يطلب استخدام كافة الاختبارات التحريرية والشفوية والموضوعية والقدرات وبالنسبة لاستخدام طريقة الملاحظة يتطلب القيام بها في أوقات مختلفة وفي مجالات مختلفة وبعدة أفراد حتى نكون على ثقة من المعلومات التي نصل إليها.

7. أن يكون التقويم اقتصادياً:

بمعنى أن يكون اقتصادياً في الوقت والجهد والتكاليف، فبالنسبة للوقت يجب ألا يضيع المعلم جزءاً من وقته في إعداد وإجراء وتصحيح ورصد نتائج الاختبارات لأن ذلك سيصرفه عن الأعمال الرئيسية المطلوبة،وبالنسبة للجهد فلا يرهق المعلم التلاميذ بالاختبارات المتتالية والواجبات المنزلية التي تبعدهم عن الاستذكار أو الاطلاع الخارجي أو النشاط الاجتماعي أو الرياضي فيصاب التلميذ بالملل ويكره الدراسة وينفر منها ولهذا كله أثره على تعليمه وتربيته وبالنسبة للتكاليف فمن الواجب ألا يكون هناك مغالاة في الإنفاق على عملية التقويم حتى لا تكون عبئاً على الميزانية المخصصة للتعليم.

8. أن تكون أدواتـه صالحـة:

بمعنى أن التقويم الصحيح يتوقف على صلاح أدوات التقويم، وأن تقيس ما يقصد منها بمعنى أن لا تقيس القدرة على الحفظ إذا وضعناها لتقيس قدرة التلميذ على حل المشكلات مثلا، وأن تقيس كل ناحية على حدة حتى يسهل تشخيص النواحي وتفسيرها بعد ذلك، وأن تغطي كل ما يراد قياسه.

9. أن يكون مميزا: يساعد على التمييز بين مستويات الطلاب (الفروق الفردية).

أضحى التقويم - كما سبق الذكر - أحد أهم عناصر المنهاج التّعليمي في ظل التّربية الحديثة يتفاعل مع هذه العناصر تفاعلا عكوسا، فيؤثر فيها ويتأثر بها. وهو في أثناء تعلقه بهذه العناصر يتأسّس على ثلاث مرتكزات أساسية تُلازم كلّ أشكال البحث في مجال العلوم الاجتماعية، وهي:

- تحديد أهداف الدراسة وموضوعاتها.
- تحصيل المعلومات المرتبطة بهذه الموضوعات.
- تحليلها وشرحها.

وهو أيضا وسيلة المعلم في الحكم على مدى تقدّم تلاميذه نحو الأهداف التّربوية المنشودة، والتي تنطلق من مبدأ إحداث تغيّرات معيّنة في سلوكهم، مستندا في ذلك إلى التّغذية الرّاجعة.

أهم المجالات التي يتطلبها التّقويم:

أ. الأهداف التّربوية:

لما كانت الأهداف التّربوية القاعدة التي ينطلق منها أي نشاط تعليمي تحدِّد المسار الذي تسير وفقه استراتيجية التّدريس تنظيرا وتطبيقا، دخلت هذه الأخيرة ضمن أولويات القائمين على التقويم من نواحي الاختيار والتحديد والوضوح بحيث:

تُلائم الأهداف المختارة قدرات المتعلمين العقلية والانفعالية والنفسحركية.

تُصاغ الأهداف التربوية بوضوح حتى يستطيع المتعلم إنجاز السلوك المرغوب فيه، ويتمكن المعلم من معرفة النّشاط المؤدي إلى هذا السّلوك، ومن ثمة رصد مستوى التحصيل خلال النّشاط الدّراسي اليومي والفصلي والسّنوي. وبناء عليه يستطيع قيادة المتعلم وتوجيهه في الفعل التربوي، وكذا تذليل الصعوبات التي تصادفه ابتغاء مساعدته على اكتشاف العمليات والسّبل التي تسمح له بالتّقدم في تعلّمه.

ب. المحتوى الدراسي:

للمحتوى الدّراسي مكانة في المنهاج التّربوي، حيث أنّه يعكس نوعية المعارف والاتجاهات والقيم والمعلومات والمهارات التي يتم اختيارها ثم تنظيمها، وفق نسق معين. ويُضمَّنُ الكتاب المدرسي المحتوى الدّراسي الذي ينقله المعلم لطلابه على مراحل، يحتكم فيها إلى عوامل الأهداف والطرائق والكم المعرفي والزّمن المخصّص للتّدريس.

وفيما يلي اعتبارات تقويم المحتوى الدراسي:

اختيار المعارف والاتجاهات والمعلومات والمبادئ والمفاهيم والمهارات، التي تدخل في بناء المحتوى الدّراسي في ضوء الأهداف التّربوية المحدّدة بوضوح وبدقّة. الرّجوع إلى التّراث العربي والإسلامي في اختيار المحتوى الدّراسي، مع وجوب مواكبة الحداثة، ومستحدثات العلم والثقافة.

مراعاة قدرات المتعلمين العقلية والانفعالية وميولاتهم واستعداداتهم في اختيار المحتوى، وكذلك تنفيذه.

مراعاة بيئة المتعلم الاجتماعية والثقافية والإيديولوجية.

تنظيم عناصر المحتوى الدّراسي، بحيث تراعى ظاهرة العلائقية، لوجود علاقة بين محتويات المناهج الدراسية المختلفة نحو محتوى منهاج اللغة العربية، ومنهاج الاجتماعيات مثلا. كما تراعى أيضا ظاهرة التّدرج في اختيار مواد المحتوى وتنفيذه، بالإضافة إلى ظاهرة التكامل نحو الرّبط بين المواد الدّراسية، كالذي بين الكيمياء والفيزياء، وبين التاريخ والجغرافيا، وبين اللغة العربية والتربية الإسلامية.. أو الرّبط بين موضوعات المادة الواحدة، كربط البلاغة بتدريس النّصوص.

التوازن بين النّظري والتّطبيقي، وبين الشّمول واللاشمول، وبين الحسي والحركي.

ج. طرائق التّدريس:

سبق الذكر أن الطريقة الدّراسية أصبحت من أهم العناصر الدّاخلة في الهندسة البنائية للمنهاج في ضوء التّربية الحديثة، وعليه تتجلّى صلتها بالتّقويم فيما يلي:

مدى ملاءمتها للأهداف التّربوية المنشودة، وتأديتها إلى هذه الأهداف في أقصر زمن وبأقل جهد يبذله المعلم والمتعلم.

مراعاة الفروق الفردية بين المتعلمين، وإثارة اهتمامهم، وتحفيزهم على المشاركة والتفاعل والاعتماد على النّفس.

تنوعها بحسب المواقف التعليمية، لأنّ الطريقة ليست وصفة تعطى للمعلم، ثم إنّ السّير على وتيرة واحدة في تدريس المادة الدّراسية، من شأنه أن يُولِّد لدى المتعلمين الملل والنفور من موضوعات المعرفة.

ان المعلم الجيد والمخلص في عمله يسعى لتحقيق ما هو مطلوب منه،ويعرف دوره وواجبه،ويسعى لاستخدام أكثر من وسيلة في أساليب تدريسه،وينوع في التقويم ويسأ نفسه:

- لماذا يوجد لدينا سجل الدرجات.
- هل تم التخطيط لأدوات التقويم في الخطة الفصلية حسب المواصفات.
- هل لديك المعرفة عن مواصفات ومعايير أدوات التقويم في مادتك.
- ما نسبة ما تطبقه من أدوات التقويم داخل / خارج الصف؟
- هل لديك وسائل جديدة للتقويم؟
- هل لديك رغبة في التعرف استراتيجيات التقويم وأدواته؟
- هل الطلاب لديهم معرفة عن أدوات التقويم ومواصفاتها.
- هل تمارس التقويم في كل حصة. وتستخدم عدة أدوات للتقويم في كل حصة؟
- هل تسجل ملاحظاتك لأداء الطلاب من خلال ما يلي:
- التأمل الذاتي / (يعبأ في أثناء تنفيذ الدرس وعند الانتهاء منه).
- يسجل المعلم انطباعاته عن المواقف الإيجابية: أشعر بالرضا عن.
- يسجل المعلم الصعوبات التي تواجه عملية التنفيذ: تحديات واجهتني.
- اقتراحات للتحسين: يسجل المعلم ما يراه مناسباً لتحسين عملية التدريس وتطويرها.
- الواجبات البيتية.

هل تحتفظ بملف (حقيبة) للأنشطة جميعها وأوراق العمل وأدوات التقويم المستخدمة في تنفيذ الدرس.وهل تلاحظ نموه مع مرور الزمن؟

أتوقع أنه توجد شريحة كبيرة من المعلمين والمعلمات سوف تكون إجابتهم بلا.........فمن السبب

المشكلة أننا لا نبحث عن الحـل. وليس لـدينا استعداد للبحـث عنـه, وإن وجد فليس لدينا الاستعداد لتقبله.

قد تكون المشكلة أننا نرمي التقصير وعدم المعرفة بالتقويم التربوي على جهات أخرى ,,, وهذا هو عيبنا.

السؤال المهم: هل لديك الاستعداد أن تكون مبدعا في عملية التقويم التربوي الحديث.

إن كانت الإجابة بنعم فعليك عزيزي المعلم القيام بما يلي:

1. التعرف على التقويم التربوي الحديث:أبعادها،استراتيجيتها،أدواتها.
2. مناقشتها بين المعلمين للمادة الواحدة مع إمكانية الاستعانة بالمشرف التربوي.
3. إعداد دروس نموذجية بين المعلمين تستهدف كيفية تنفيذ أدوات التقويم.
4. الإعداد الجيد للخطة الفصلية لأنها تعتبر التخطيط للتقويم.
5. حساب الوزن النسبي لأدوات التقويم.
6. تفعيل التقويم داخل الصف.
7. تعريف الطلاب بأدوات ومواصفات أدوات التقويم. مع إعطائهم أمثلة نموذجية عن مواصفات كل أداة تقويمية.
8. تفعيل ملف الطالب. بحيث يكون دفتر طالب يحتوي على 40 ورقة مقسم على أدوات التقويم.
9. ترصد أعمال الطلاب أولا بأول , مع مراعاة الفروق الفردية وسوف تلاحظها عندما تتفاوت درجات الطلاب في الأداة الواحدة.

وسنحاول بإذن اللــه في الفصول القادمة الإجابة بشكل مفصل،وتناول استراتيجيات التقويم التربوي وأدواته،وكيفية التخطيط للتقويم.

أهداف التقويم التربوي وأهميته:

• أهداف التقويم:

يتصف التقويم بشمولية النظرة إلى مكوِّنات العملية التربوية التعليمية –
كما عَرَفنا – ويبحث كذلك عن الأسباب التي تؤدي إلى ضعفها أو قوتها من خلال
نظرته الشمولية هذه. ومع ذلك فإن أهداف التقويم تركز على المكوِّنات الجزئية
للعملية التربوية والتعليمية، لكنها في الأخير تربُط بين هذه الجزئيات لتكون حكماً
عاماً وشمولياً على العملية التربوية والتعليمية برمتها.

لا يزال تصنيف بلوم bloom، من أكثر التصنيفات شيوعًا وفائدة في مجال
الأهداف التعليمية وتحديدها بشكل يكفل إيضاح نواتج التعلم الممكنة التى يتوقع
أن يحدثها التعلم.

وقد أسهم هذا التصنيف في تطوير نظام الأهداف التعليمية ومساعدة
المختصين من علماء النفس والتربية والمعلمين والمهتمين بالاختبارات والتقويم في
إيضاح سبل قياس نجاح العملية التعليمية.

ويقوم هذا التصنيف على افتراض أساسى يجعل وصف ناتج التعلم في صورة
تغيرات معينة في سلوك التلميذ ممكنًا، مما يتيح للمعلمين صياغة أهدافهم في
عبارات سلوكية واضحة.

ويتكون تصنيف بلوم من ثلاث مجالات:

* المجال المعرفى.
* المجال الوجدانى.
* المجال النفس حركى.

المجال المعرفي :Cognitive Domain:

ويشمل الأهداف التي تتناول تذكر المعرفة أو إدراكها وتطوير القدرات والمهارات الذهنية، وهذا هو الأهم بالنسبة لكثير من عمليات تطوير الاختبارات.

وقد قسم بلوم هذا المجال إلى ست مستويات، هي:

- التذكر: Knowledge.
- الفهم: Combrehension.
- التطبيق: Application.
- التحليل: Analysis.
- التركيب: Synthesis.
- التقويم: Evaluation

المجال الوجداني: Affective Domain:

ويتضمن هذا المجال الميول والاتجاهات والقيم والقدرة على التذوق، ويتم من خلال ما يلي:

- الاستقبال.
- الاستجابة.
- الحكم القيمي.
- التنظيم القيمي.
- تميز القيمة.

وتتدرج هذه المستويات الوجدانية وفقًا لصعوبة عملية التفاعل، فتبدأ بالاستقبال وتنتهي بتمييز القيمة

المجال النفس حركي: Psychomtor Domain

يتضمن المهارات الحركية، ويتطلب هذا النوع من المهارات التنسيق والتآزر بين العقل والحركات التى تؤديها أجزاء الجسم المختلفة وتكتسب هذه المهارات فى صورة مجموعة من الخطوات، تتمثل فيما يلى:

- المحاكاة.
- التناول والمعالجة.
- الدقة.
- الترابط.

أهداف التقويم التربوي:

أولاً: في التخطيط التربوي ومن أهدافه: يستعمل التقويم التربوي في العملية التعليمية والتربوية لتحقيق أهداف متعددة منها:

1. التعرف على الحاجات الفعلية للمجتمع من كل نوع من أنواع التعليم.
2. تحديد مواصفات القوى العاملة وتوزيعها.
3. تحديد الحاجة من المباني واللوزام المدرسية المختلفة في ضوء أعداد الطلبة الملتحقين في المدارس.
4. تحديد مستويات القدرة والكفاية عند الإفراد،اللازمة لوصول بهم إلى درجة معينة من الكفاية في مهنة أوتخصص معين.

ثانياً: في قبول الطلبة وتصنيفهم في أنواع من التعليم:

1. التعرف على استعدادات الطلبة وخصائهم التي يمكن على أساسها قبولهم في كل نوع من أنواع التعليم.
2. التعرف على الطلبة الذين يمكن أن ينجحوا في منهاج أوتخصص معين.

3. رسم سياسة الترفيع والترسيب والتخرج للطلبة.
4. وضع قواعد الايفاد في بعثات دراسية واختيار المتفوقين لدراسة برامج معينة.

ثالثاً: في الإرشاد والتوجيه:

1. تقويم خصائص الطالب لمساعدته في اختيار مهنة،أوتخصص دراسي معين،وفق قدراته،وميوله،ورغباته،ويتم ذلك عن طريق تطبيق الاختبارات النفسية عليه مثل: اختبار الذكاء،والقدرات،والميول...الخ.
2. تهيئة البيئة الاجتماعية التي تساعد الطالب في التكيف الناجح تربوياً ومهنياً واجتماعياً.

رابعاً: في تطوير عملية التدريس وتحسينها:

1. تأكيد أهداف التدريس لدى المعلمين والطلبة على السواء،واختيار مضمون خبرات التعلم وتنظيمها بدلالة الفاعلية التي تحقق فيها الأهداف.
2. التعرف على مدى التقدم أوالنمو الذي حصل عند الطلبة.
3. تشخيص صعوبات التعلم،وحصر نقاط القوة والضعف، واتخاذ الاجراءات اللازمة لتعزيز نقاط القوة،والتغلب على نقاط الضعف وتلافيها.
4. توفير الدافعية للتعليم،وتوجيه نشاط المتعلم.
5. تطوير المهارات والقدرات وصيانتها.

وعلى أساس الأحكام التي يتم التوصل إليها بالتقويم تتخذ قرارات هامة تتعلق بجوانب متعددة في العملية التربوية ومن هذه القرارات:

● تغيير وتعديل أسلوب التدريس.

● إعادة تنظيم مادة الدرس.

● تطوير أوتعديل المناهج.

● تعديل الأهداف لتصبح أكثر قابلية للتحقيق.

- إعادة تنظيم العلاقات الإدارية.
- رفع مستوى المعلم العلمي والمهني.
- تعديل الكتاب المدرسي أوتطويره أوتحديث.[1]

ومن أهداف التقويم:

1. معرفة نواحي الضعف والقوة في تعلم الطلاب، وتحديد الاتجاه الذي يسير عليه نموهم العام المعرفي، والاجتماعي، والنفسي...الخ.
2. يكشف لنا التقويم عن مدى تحقيق الأهداف التربوية والتعليمية المرسومة سلفاً والجوانب التي تحتاج إلى تطوير أو تعديل أو تغيير في هذه الأهداف.
3. يكشف لنا التقويم نواحي القوة أو الضعف في المعلم، والمنهج المدرسي، وطرق التدريس والوسائل المعينة الأخرى التي تستخدم في عملية التعليم والتعلم أو تخدمها.
4. يعد التقويم Evaluationجزءا هاما وعملية أساسية في التخطيط و التنظيم والتنفيذ لكافة البرامج في مختلف المنظمات، ذلك لأنه الجسر الذي يوفر الفرصة لعبور المسافة بين الواقع والأهداف المرسومة، و تظهر أهمية التقويم من جوانب مختلفة منها الإعلامية والمهنية والتنظيمية والسياسية والاجتماعية والنفسية والتاريخية.
5. التقويم وسيلة ضرورية لاختبار مبادئ العمل مع الأفراد و الجماعات و المجتمعات:و للتأكد من صلاحية تلك المبادئ.
6. توفير المعلومات عن درجة تحقيق برنامج ما لأهدافه من خلال إيضاح جوانب القصور و جوانب القوة، و تقديم التغذية الراجعة حول تلك الجوانب.
7. تعريف الإداري و واضعي السياسات بالنتائج غير المتوقعة لتنفيذ البرامج سواء كانت سلبية أو إيجابية، ليكون لدى واضعي السياسات المبرر الكافي لتغيير البرنامج أو إلغائه.

[1] الظاهر،2002،ص15-17

8. توفير معلومات عن مستوى الرضا العام عن نتائج البرنامج و درجة الدعم المقدمة له.

9. التقويم يركز بدرجة كبيرة على تحسين الخدمة أكثر من تقويم ما إذا كانت الخدمة تستحق الإبقاء عليها أم لا.

وظائف التقويم:

يعتبر التقويم نشاطا مندمجا في سيرورة التعليم والتعلم. وتتنوع أساليبه وتقنياته وأدواته تبعا للأهداف التي يروم تحقيقها. وغالبا ما يتعلق الهدف من التقويم بقرار يتم اتخاذه على ضوء نتائج التقويم، كتنظيم حصص للدعم والتقوية لفائدة مجموعة من التلاميذ، أو السماح لتلميذ بالانتقال إلى مستوى أعلى، أو إلزام تلميذ بتكرار المستوى، الخ... ونظرا لخطورة بعض القرارات المبنية على نتائج التقويم، يتم العمل على توخي الموضوعية التامة، مما يستدعي اعتماد معايير تتلاءم وهدف التقويم. وفيما يلي تدقيق لأهم هذه المفاهيم.

ترتبط وظائف التقويم بالغاية المحددة له، أو بطبيعة القرار الذي سيتم اتخاذه. فاللجوء إلى التقويم يتم في فترات مختلفة، لمعرفة هل بإمكان التلميذ أن ينجح (المصادقة على التعلم)، أو هل هناك صعوبات تحول دون استيعاب التعلمات (تعديل النشاط التربوي)، أو هل يتوفر على الأسس الضرورية لمتابعة التعلم (توجيه التلميذ أو الفعل التربوي). وانطلاقا من هذا المنظور، يمكن إجمال وظائف التقويم فيما يلي:

● **وظيفة التوجيه (orientation):** ويقصد بها توجيه التلميذ نحو أنشطة تعلمية معينة، أو نحو شعبة ملائمة لقدراته. وينجز هذا النوع من التقويم قبل بداية تعلمات جديدة، للوقوف على مدى تمكن التلاميذ من مكتسبات سابقة، تعتبر ضرورية للتعلم. ويمكن أن يعتمد هذا التقويم على وضعية

إدماج تتعلق بالكفايات التي تم اكتسابها سابقا، أو أدوات اختبارية أخرى يتم استثمارها لتحقيق هدفين أساسين:

- تحديد مؤهلات التلميذ لمواصلة تعلم جديد.

- تقدير المخاطر التي قد تعوق السير العادي للتلميذ.

- وظيفة التعديل(régulation): ولتحقيقها، ينجز التقويم خلال مختلف أنشطة التعلم (التعلم العادي وتعلم الإدماج)، لتدارك نقص أو فراغ ما. وتستعمل الوسائل المعتادة في مجال التقويم التكويني. ويتمثل الهدف من هذا النوع من التقويم في تشخيص أخطاء التلاميذ. وتتحقق وظيفة التعديل إذا تم استثمار هذه الأخطاء في وضع خطة للعلاج(remédiation) وتنفيذها. وفي هذا الصدد، يمكن اتباع المراحل التالية لإنجاز تشخيص فعال:

- تصنيف الأخطاء، وخصوصا الشائعة، حسب طبيعتها.

- تحليل هذه الأصناف لتحديد أسبابها.

- وضع خطة علاجية لتدارك الأخطاء.

وظيفة المصادقة (certification): وتتجلى في المصادقة على امتلاك التلميذ التعلمات الأساسية، وقدرته على إدماجها في حل وضعية-مشكلة. وينجز التقويم للمصادقة في نهاية التعلم الخاص بكفاية، للتأكد من أن النجاح مستحق، وأن الفشل مبرر. ويعتمد هذا النوع من التقويم، الذي ينجز في نهاية التعلمات الخاصة بكفاية أو بإحدى مراحلها، على وضعية مكافئة للوضعية التي اعتمدت لإدماج التعلمات، شريطة أن تكون جديدة بالنسبة للتلاميذ. وتقتضي المصادقة ضرورة الاهتمام بالإنجازات الصحيحة (النجاحات) فقط، دون اعتبار الأخطاء. فالمقاربة بالكفايات تندرج ضمن بيداغوجيا النجاح.

ويلخص الجدول التالي أهم العناصر المرتبطة بكل وظيفة من وظائف التقويم:

	نتائج التقويم	موضوع التقويم	توقيت التقويم
وظيفة التوجيه	توجهات، مع ما يجب إتباعه	المؤهلات والمخاطر	قبل بداية التعلم
وظيفة التعديل	تشخيص الأخطاء وخطة العلاج	الأخطاء الشائعة	أثناء التعلم
وظيفة المصادقة	الدليل/الحجة على التمكن	النجاحات	نهاية التعلم

أهمية التقويم:

هناك عدة نقاط تبرز من خلالها أهمية التقويم، وخطورة الأدوار التي يلعبها في المجال التربوي ويمكن إجمالها في آلاتي:

1. ترجع أهمية التقويم إلى أنه قد أصبح جزءا أساسيا من كل منهج، أو برنامج تربوي من أجل معرفة قيمة، أو جدوى هذا المنهج. أو ذلك البرنامج للمساعدة في اتخاذ قرار بشأنه سواء كان ذلك القرار يقضي بإلغائه أو الاستمرار فيه وتطويره. بما أن جهود العلماء والخبراء لا تتوقف في ميدان التطوير التربوي فإن التقويم التربوي يمثل حلقة هامة وأساسية يعتمدون عليها في هذا التطوير.
2. لأن التشخيص ركن أساسي من أركان التقويم فإنه يمكننا القول بأن هذا الركن " الشخصية" يساعد القائمين على أمر التعليم على رؤية الميدان الذي يعملون فيه بوضوح وموضعية سواء كان هذا الميدان هو الصف الدراسي، أو الكتاب، أو المنهج، أو الخطة، أو حتى العلاقات القائمة بين المؤسسات التربوية وغيرها من المؤسسات الأخرى.

3. نتيجة للرؤية السابقة فإن كل مسؤول تربوي في موقعه يستطيع أن يحدد نوع العلاج المطلوب لأنوع القصور التي يكتشفها في مجال عمله مما يعمل على تحسينها وتطويرها.
4. عرض نتائج التقويم على الشخص المقوم، وليكن التلميذ مثلا يمثل له حافزا يجعله يدرك موقعه من تقدمه هو ذاته ومن تقدمه بالنسبة لزملائه، وقد يدفعه هذا نحو تحسين أدائه ويعزز أداءه الجيد.
5. يؤدي التقويم للمجتمع خدمات جليلة، حيث يتم بوساطته تغيير المسار، وتصحيح العيوب، وبها تتجنب الأمة عثرات الطريق، ويقلل من نفقاتها ويوفر عليها الوقت، والجهد المهدورين.

وظائف التقويم:

للتقويم وظائف ومهام يمكن إبرازها في التالي:

1. يشخص للمدرسة وللمسؤولين عنها مدى تحقيقهم للأهداف التي وضعت لهم، أو مدى دنوهم، أو نأيهم وهو بذلك يفتح إمامهم الباب لتصحيح مسارهم في ضوء الأهداف التي أل تغيب عن عيونهم.
2. معرفة المدى الذي وصل أليه الدارسون، وفي اكتسابهم لأنواع معينه من العادات والمهارات التي تكونت عندهم نتيجة ممارسة أنواع معينة من أوجه النشاط.
3. التوصل إلى اكتشاف الحالات المرضية عند الطلاب في النواحي النفسية، ومحاولة علاجها عن طريق الإرشاد النفسي، والتوجيه، وكذلك اكتشاف حالات التخلف الدراسي وصعوبات التعلم، ومعالجتها في حينها.
4. وضع يد المعلم على نتائج عمله، ونشاطه بحيث يستطيع أن يدعمها، أو يغير فيهما نحو الأفضل سواء في طريق التدريس، أو أساليب التعامل مع الطلاب.
5. معاونة المدرسة في توزيع الطلاب على الفصول الدراسية وفي أوجه المناشط المختلفة التي تناسبهم ن وتوجيههم في اختبار ما يدرسونه، وما يمارسونه.

6. معاونة البيئة المنزلية للطلاب على فهم ما يجري في البيئة المدرسية طلبا للتعاون بين المدرسة، والبيت لتحسين نتائج الطالب العلمية.

7. يساعد التقويم القائمين على سياسة التعليم على أن يعيدوا النظر في الأهداف التربوية التي وضعت مسبق بحيث تكون أكثر ملاءمة للواقع الذي تعيشه المؤسسات التعليمية.

8. للتقويم دور فاعل في توجيه المعلم لطلابه بناء على ما بينهم من فروق تتضح أثناء عمله معهم.

9. يساعد التقويم على تطوير الناهج، بحيث تلاحق التقدم العلمي والتربوي المعاصر.

10. يساعد التقويم الأفراد الإداريين على اتخاذ القرارات اللازمة لتصحيح مسار إدارتهم، وكذلك اتخاذ القرارات الخاصة بالعاملين معهم فيها سواء بترقيتهم، أو بمجازاتهم.

11. يزيد التقويم من دافعية التعلم عند الطلاب حيث يبذلون جهودا مضاعفة قرب الاختبارات فقط.

12. يساعد التقويم المشرفين التربويين على معرفة مدى نجاح المعلمين في أداء رسالتهم ومدى كفايتهم في أدائها.

13. تستطيع المدرسة من خلال تقويمها لطلابها بالأساليب المختلفة أن تكتب تقارير موضوعية عن مدى تقدم الطلاب في النشاطات العلمية المختلفة وتزويد أولياء الأمور بنسخ منها ليطلعوا عليها.

مما سبق يمكن حصر وظائف التقويم بمسارين:

أ. وظائف تعليمية.

ب. وظائف تنظيمية.

فوائد التقويم:

أولا: بالنسبة للمتعلم:

1. يكون حافز لبعض الطلبة على التعلم واستغلال قدراتهم للارتفاع بمستوي تحصيلهم وادائهم.
2. يساعد التقويم المتعلم على معرفة نواحي القوة ونواحي الضعف.

ثانيا: بالنسبة للمعلم:

1. هو وسيلة لتشخيص نواحي القوة والضعف في نشاطات التعليم أو الوسائل التعليمية التي استعان بها.
2. هو وسيلة للتعرف علي مستويات الدارسات ونواحي القوة والضعف مما يساعد علي توجيههم.
3. يساعد التقويم المعلم علي التعرف علي المشكلات الاجتماعية و النفسية للدارسات.

ثالثا: بالنسبة للمدرسة:

1. يساعد التقويم المدرسة علي مراجعة أهدافها ومدي ملائمة المنهج لتحقيق هذه الأهداف.
2. يساعد المدرسة في تقسيم التلاميذ إلى مجموعات مناسبة سواء في فصول دراسية أو في مجموعات نشاط.
3. يساعد المدرسة في مقارنة إنجازها وادائها بإنجاز وأداء المدارس الأخرى.
4. يساعد في التعرف علي الدارسات ذوي الحالات الخاصة مثل الذين يعانون من مشكلات صحية أو نفسية أو اجتماعية , أو الذين تنقصهم بعض القدارت او الموهبين في جوانب معينة وبهذا تعمل علي رعايتهم.

5. يوفر معلومات عن مدي تأثير المدرسة في البيئة المحلية و المجتمع ومدي ارتباط أهداف المدرسة ومنهجها بسوق العمل.

6. يوفر مؤشرات للمدرسة تدل علي مدي استفادتها من مصادر وإمكانات البيئة و المجتمع.

رابعا: بالنسبة لتطوير المنهج:

1. يوفر المعلومات و الأحكام اللازمة لقيام عملية التطوير علي أسس سليمة.

2. يزيد من فعالية تنفيذ المنهج.

3. اتخاذ القرارات المتعلقة بالمنهج علي أسس واقعية ومعلومات صحيحة.

خامسا: بالنسبة للمجتمع:

1. يوفر معلومات عن المنهج والمدرسة , تعرف المجتمع بما يجري في المدرسة و بالمنهج واثره علي الدارسات وقد يؤدي هذا إلى تنمية اهتمام المجتمع خارج المدرسة بالتربية وبالمنهج وقد يؤدي استدعاء مساهمتهم بالراء والفكر أو بوسائل مادية في حسن تطبيق المنهج , أو تطويره.

2. توفير الأدلة و المعلومات عن المنهج للمجالس النيابية و التشريعية و التي يكون في قراراتها تأثير علي سير العملية التعليمية.

تعتبرمهمة التقويم التربوي مهمة مركبة، تشتمل على عدد من العمليات أو المهمات الفرعية المترابطة والمتكاملة، ويمكن تحليلها إلى المهمات الفرعية والخطوات الإجرائية التالية:[1]

1. تحديد المعايير للجانب المراد تقويمه.

2. تحديد الأدوات اللازمة أو إعدادها لجمع المعلومات والبيانات المناسبة المتصلة بالجانب المستهدف، وبيان وجهة استعمال كل منها.

---

[1] دعمس، مرجع سابق،ص13.

3. جمع المعلومات باستخدام الأدوات المناسبة وبواسطة أشخاص مدربين أكفاء.
4. تحليل البيانات الخام بطرق تضمن الحصول على صورة موضوعية وواضحة عن الموقف أو الواقع أو الجانب الذي يجري تقويمه.
5. تفسير النتائج التي يتم الحصول عليها من خلال التحليل الموضوعي للبيانات وفي ضوء المعايير المحددة لعملية التقويم.
6. إصدار الأحكام القيمية حول مدى مطابقة أو عدم مطابقة الواقع أو الموقف الذي جري تقويمه مع المعايير أو انحرافه عنها.
7. أخذ القرارات اللازمة لإحداث التغيير أو التعديل أو التطوير أو المزيد من عمليات التقويم.
8. الرضا الشخصي والنفسي حين يكون العمل منصباً على الوصول إلى هدف مشترك وهو تحسين التعلم و التعليم.

خطوات عملية التقويم:

1. إجراء عملية قياس للحصول على بيانات لازمة.
2. نحدد قيمة قياسية تنسب إليها وقيمة الخاصية التي تقيسها "تقييم".
3. إصدار حكم من واقع النتائج التي نحصل عليها ويترتب طبعاً على نتيجة الحكم نوع الإجراء الذي يمكن اتخاذه لتصحيح المسار أو تعزيز الموافق حسب النتائج التي تم الحصول عليها.
4. تمكين المعلم من الحكم على مدى فعالية مجهوداته ومدى تحقيقه للأهـداف التعليمية التعلمية ليحدد معه مواطن ضعفه وقوته.
5. تزويد صانعي القرار بالمعلومات اللازمة لاتخاذ القرارات لتطوير أو تعديل في العملية التعليمية.
6. تزويد أولياء الأمور بالمعلومات عن مدى تقدم أبنائهم وعن الصعوبات التي يواجهها في التعلم.

7. تزويد وتوجيه المتعلمين التعرف على مستوى تحصيلهم وفعاليتهم وليتعرفوا على نقاط ضعفهم قوتهم.

أغراض التقويم:

للتقويم أغراض عدة منها:

1. تحديد المستوى والقبول.
2. تحديد الاستعداد أو المتطلبات السابقة.
3. تشخيص الضعف أو صعوبات التعلم.
4. التقويم التشكيلي أو التكويني ويهدف هذا النوع إلى تحديد مدى استيعاب الطلبة وفهمهم لناحية تعليمية محددة أي أن هدفه تسهيل عملية التعليم وجعلها أكثر فاعلية.
5. تحديد نتائج التعلم وهذا التقويم بهد الانتهاء من تدريس وحدة دراسية أو أكثر.
6. التقويم لأغراض الإرشاد والتوجيه.

أسس عملية التقويم:

لكي يكون التقويم ناجحاً يجب أن يرتكز على عدة أسس ثابتة،يمكن تلخيصها على النحو التالي[1]:

1. ارتباط التقويم بأهداف العملية التعليمية التعلمية.
2. أن يكون مستمراً باستمرار العملية التعليمية وبكل مراحلها.
3. أن يكون شاملاً لجميع عناصر العملية التعليمية ولجميع مستويات الأهداف التي نرغب في تحقيقها.

(1) دعمس، المرجع السابق،ص30.

4. أن يتم على ضوئه متابعة المتعلم من خلال الخطة العلاجية التي وضعت لتقويمه.

5. أن يتم تقويم البرامج التعليمية.

6. أن يتم التقويم بشكل تعاوني وبحيث يشترك فيه كل من يؤثر أو يتأثر فيه كأولياء أمور الطلاب.

7. أن تستمر متابعة المتعلم أو ما تم تقييمه وتقويمه وملاحظة أية تغييرات إيجابية أو سلبية عليه وأخذها بعين الاعتبار إن لزم الأمر.

8. تنوع أدوات التقويم، واتسامها بالصدق والثبات والموضوعية.

9. تجريب أدوات القياس قبل اعتمادها، واشتراك المعلم والطالب في بنائها.

10. القدرة على التمييز بين مستويات الأداء المختلفة والكشف عن الفروق الفردية.

11. الانتقال من التقويم التقليدي إلى التقويم الأصيل (Assessment Authentic)؛ الذي يسعى لقياس المعرفة العلمية والمهارات عند الطلاب لكي يستخدموها بكفاءة في حياتهم اليومية. [1]

ويبقى السؤال:

أين نحن من فلسفة المنهج الحديثة؟

وأين نحن من المفهوم الحديث للتقويم بآلياته وأشكاله وأسسه؟

أن مسألة التعليم بالبلاد العربية تطرح أكثر من مسألة، بل هي مسائل متشابكة. ولعل أصعبها هو: التقويم التربوي.

ولا نناقش التقويم في كليته، أي في المنظومة التربوية هرميا، ولكن في قضية المراقبة المستمرة والفروض بنوعيها المنزلية والمحروسة.

---

[1]: د. احمد الثوابية/ مرجع سابق، رسالة المعلم،2005،ص19.

هل تؤدي هذه المراقبة ما تستهدفه من أبعاد ومرام وأهداف ؟ وهل تتم بالشكل الصحيح؟ وهل تصحح كما يجب ؟ ثم هل يتم استثمار نقطها بالصرامة والأمانة العلمية التي تقتضيها؟

فمن خلال التقويم بمفهومه الصحيح والحديث فإننا نحرص على البحث عن الاستعداد والرغبة لدى المتعلم في أي تعلم أو هدف نرغب في تحقيقه معه لأيماننا بأن الرغبة في التعلم وكما أشار علماء النفس هي السبب المباشر وراء حدوث التعلم والعكس صحيح.

لكي تكون عملية التقويم عملية مجدية ونافعة فلابد من أن تشتمل علي تقويم جميع جوانب الشخصية وليس فقط الجانب المعرفي (الحفظ و التسميع).

التقويم التربوي أصبح علما قائما بذاته.ولعل الاشكال بالنسبة لمدارسنا في العالم العربي يكمن في كوننا نقتصر على تقويم الجانب المعرفي في شخصية المتعلم.حيث نغفل الجانبين المهاري والوجداني.وذالك لأن تعليمنا يرتكز على شحن الذاكرة فقط.

من الضروري في العملية التربوية أن يسبق كل تقويم او مراقبة، مكتسب او تحصيل معرفي عليه ينبني اختبار مدى استيعاب الطالب للمفاهيم والمعلومات المقدمة إليه... غير أن التساؤل الذي يطرح نفسه بإلحاح هو: هل فعلا مناهجنا التربوية تقدم للطالب ما يستجيب لتطلعاته وما يجعله قادرا على مواجهة تحدي التطور العلمي والتكنولوجي؟؟.... إذن ما جدوى المراقبة إن كانت تجرى على تحصيل معرفي عقيم يرفضه الطالب في العمق ولا يتعامل معه إلا من خلال اكتساب النقطة... لذلك تجده الآن يتفنن في كيفية اقتناصها سواء عن طريق ابتداع أساليب للغش أو حتى التحايل على الأستاذ بالتهديد أو الإستعطاف...إن إشكالية المراقبة وأهدافها لا يمكن طرحها دون معرفة قيمة مضمون ما نود مراقبته.... فهي حاليا مفرغة مسبقا من محتواها ما دمنا نجريها في مناهج

ومضامن تعليمية لا تكسب الطالب الكفاءة لمواجهة الحياة... والحالة هذه،، ما الذي نستثمره من عملية المراقبة التربوية ولو تمت على الوجــه الصحيح إذا كان الأساس (المكتسب) معوق ومبتور؟؟... ستبقى مدارسنا بدون شك تفرخ العطالين والعاجزين على خوض غمار الحياة.

عملية التقويم شاملة ولا تخص الطالب وحده:

أولا وقبل كل شيء يجب ألا نحصر التقويم في الإطار الضيق الذي هو مراقبة الطالب،،، إن عملية التقويم يدخل فيها بالخصوص عمل الأستاذ في الميزان، وإن لم نقل المنظومة التربوية بكل مكوناتها بدءا من الأسرة وانتهاء بالسياسة المتبعة في البلاد.....

الفصل الثاني
أنواع التقويم

أنواع التقويم

أنواع التقويم:

تعدّدت أنواع التقويم بتعدّد تصنيفاته، فهناك تصنيف كمي يتحدد بحسب عدد القائمين بعملية التّقويم وطبيعة المعلومات ونوعية المحكات (المعايير)، والتّقويم المعتمد على الكفايات، والتّقويم حسب الطرف المقوّم (القائمين بعملية التّقويم وهي جهة مختصة)، وحسب تفسير نتائج الاختبار.

وهذا التصنيف فيه نوعان: تقويم جماعي يشترك في إنجازه كلٌّ من المعلم والمدرسة، ثم يتصاعد سُلَّميا إلى أن يصل قمة هرم السلطة الوصية. وتقويم فردي وهو الذي يتولى المعلم وحده القيام به.

ويرتكز هذا التقويم على محاور ثلاثة هي:

التّشخيص، التّكوين، التّحصيل.

وهناك أيضا تصنيف مرحلي يتأسّس على مراحل الفعل التعليمي المتمثلة في بداية الفصل التعليمي وأثنائه ونهايته، ومنه التّقويم التّشخيصي والتّقويم التّكويني والتّقويم التّحصيلي.

وفيما يلي عرض لبعض أنواع التقويم:

1. التقويم الذاتي Self Evaluation:

هو الذي يقوم به المتعلم؛ حيث يقوم الشخص بتقويم ذاته مستخدماً أدوات القياس التي بنيت سلفاً من قبله أو من قبل الآخرين.

2. التقويم الداخلي Internal Evaluation:

حيث تقوم المؤسسة (المدرسة) ببناء أدوات القياس الخاصة بها لجمع البيانات حول إحدى فعالياتها بهدف معرفة ما إذا كانت قد حققت أهدافها أم لا.

3. التقويم الخارجي External Evaluation:

حيث تقوم هيئة خارجية بتقويم برنامج أو أسلوب تدريسي- أو منهاج أو مشروع تربوي بناء على معايير تضعها تلك الهيئة وتبني أدوات قياس في ضوئها. (مسلم، 1993)

ويتم تصنيف عملية التقويم في ضوء الأهداف التي تركز عليها إلى ثلاثة أنواع هي:

4. التّقويم التّشخيصي(القبلي) Diagnostic Evaluation

وهو إجراء يقوم به المعلم في بداية كل درس، أو مجموعة من الدّروس، أو في بداية العام الدّراسي، من أجل تكوين فكرة على المكتسبات المعرفية القبلية لطلابه ومدى استعدادهم لتعلم المعارف الجديدة.

ويهدف هذا النوع إلى:

- تحديد أفضل موقف تعلّمي للمتعلمين في ضوء حالتهم التعليمية الحاضرة.
- التّشخيص التّربوي، حيث يتمكن المعلم من تحديد النّمو العقلي والانفعالي لطلابه، ومدى استعدادهم وميولهم لاكتساب معلومات وخبرات جديدة.
- الكشف عن مدى امتلاك المتعلم معارف أو مهارات أو اتجاهات محددة، مع تحديد الأسباب الكامنة وراء عدم توافرها بغية أعداد الخطط العلاجية الملائمة.
- رصد الأهداف التربوية التي يتوخى الطلاب تحقيقها خلال الفترة الدّراسية أو في نهايتها، ومقارنتها بالأهداف المخطّط لها.

5. التقويم التكويني (البنائي) Formative Evaluation:

وهو إجراء يقوم به المعلم أثناء التّدريس، يُمكِّنه من تتبع مراحل الفعل التعليمي، ورصد حالات التّعليم والتّعلم، والتّأكد من مدى تحقق الأهداف التّربوية.

وفيما يلي أبرز وظائفه:

- تحديد سلبيات العملية التعليمية وإيجابياتها.
- إصلاح نواحي القصور وتعزيز جوانب النجاح.
- توجيه العملية التعليمية بدلا من الأهداف التربوية.
- تزويد المعلم بمعلومات عن حالات التّعلم، ومدى تحصيل المتعلمين، وفعالية الطّريقة الدّراسية المُتَّبعة، وكذلك الوسيلة التعليمية.
- إثارة انتباه المتعلمين ودافعيتهم للتعلم.
- مساعدة المعلم في تحديد نوعية التحسينات أو التعديلات في مدخلات العملية التعليمية وخطواتها التي تساعد في تحقيق النتاجات التعليمية المنشودة.

فالتّقويم التكويني من هذا المنطلق ليس إلاّ وسيلة في خدمة النّظام التّربوي؛ فلا يعني ذلك أن نكتفي بتغيير التّقويم من أجل أن نُغيِّر هذا النظام تعريف المتعلم بمدى اقترابه وابتعاده عن الأهداف المنشودة، وإعطاؤه فكرة واضحة عن نتائج تعلّمه وصعوبات التّلقي.

6. التقويم الختامي أو التّحصيلي (الشّامل) Summative Evaluation

وهو العملية التي يُنجزها المعلم غالبا في نهاية البرنامج التعليمي، ومن ثمّة إصدار حكم نهائي على مدى تحقق الأهداف التّربوية المنشودة، ومثال هذا النّوع من

التّقويم، الاختبارات التي تُنجز في نهاية كل فصل على اختلاف أنواعها في المدارس والجامعات، وفى نهاية كلِّ مرحلة تدريبية في المعاهد ومراكز التكوين.

ومن أهم وظائفه:

- معرفة مدى تحقق الأهداف التّربوية المنشودة، ومنه تحديد الأهداف التي تمَّ تحقيقها.
- رصد نتائج المتعلمين، وإصدار أحكام النَّجاح أو الرُّسوب.
- الحكم النّهائي على مدى فعالية عناصر المنهاج (المعلم، والمتعلم، والطّريقة، والوسيلة، والمحتوى...).
- إمكانية المقارنة بين النتائج على مستوى الصّف الواحد والتّخصص الواحد، وبين نتائج صفيّن أو تخصّصين.

ويستخدم هذا النوع من التقويم للكشف عن مدى التقدم أو النجاح الذي تحقق بالنسبة للأهداف الكلية للمواقف التعليمية.

ومن أنواع التقويم:

التقويم المعرفي:

ويهدف إلى تشخيص وعلاج نواتج التعليم والتعلم المعرفية ويعتمد في ذلك علي اختبارات تقيس الجوانب المعرفية بمجالاتها وهو النوع الأكثر شيوعا ممثلا في الامتحانات

التقويم المهاري:

ويهدف إلى تشخيص وعلاج نواتج التعليم والتعلم في الجانب المهاري حيث يعتمد علي اختبارات الأداء أو قوائم التقدير أو بطاقة الملاحظة للمتعلمين في مواقف طبيعية أو مصطنعة.

والجانب الحركي أو اليدوي جانب أساسي في هذا النوع من التقويم ويعيب علي بعض الاختبارات المستخدمة في هذا المجال أنها تركز علي ناتج الأداء وتهمل الخطوات والإجراءات التي توضح مدي اكتساب المهارة.

التقويم الوجداني:

ويهدف إلى تشخيص وعلاج نواتج التعليم والتعلم في الجانب الوجداني، حيث يعتمد علي اختبارات ومقاييس لقياس الميول والاتجاهات والقيم وأوجه التقدير وهذا النوع يكاد يكون مفقودا في مؤسساتنا التربوية والتعليمية.

تقويم الأداء:

ويقصد به تلك العملية التي يمكن من خلالها الحصول على حقائق وبيانات محددة من شأنها أن تساعد على تحليل وفهم أداء المدرب للأدوار المُكلف بها ومسلكه المهني في فترة زمنية محددة ومن ثم تقدير مدى كفاءته الفنية والعملية للنهوض بأعباء المسئوليات والواجبات المرتبطة بأدواره في الوقت الحاضر وفي المستقبل.

التقويم الواقعي Authentic Assessment:

يسمى التقويم الذي يراعي توجهات التقويم الحديثة بالتقويم الواقعي authentic assessment. وهو تقويم يهتم بجوهر عملية التعلم، ومدى امتلاك الطلبة للمهارات المنشودة ؛ بهدف مساعدتهم حميعاً على التعلم في ضوء محكات أداء مطلوبة.وهوالذي يعكس إنجازات الطالب ويقيسها في مواقف حقيقية. فهو تقويم يجعل الطلاب ينغمسون في مهمات ذات قيمة ومعنى بالنسبة لهم، فيبدو كنشاطات تعلم وليس كاختبارات سريعة يمارس فيه الطلاب مهارات التفكير العليا ويوائمون بين مدى متسع من المعارف لبلورة الأحكام أو لاتخاذ القرارات أو لحل المشكلات الحياتية الحقيقية التي يعيشونها. وبذلك تتطور لديهم القدرة على

التفكير التأملي reflective thinking الذي يساعدهم على معالجة المعلومات ونقدها وتحليلها ؛ فهو يوثق الصلة بين التعلم والتعليم، وتختفي فيه مهرجانات الامتحانات التقليدية التي تهتم بالتفكير الانعكاسي reflexive thinking لصالح توجيه التعليم بما يساعد الطالب على التعلم مدى الحياة [1].

لذا بدأت في التسعينيات اتجاهات حديثة لتقويم تعلم الطلاب تبنت ونادت بأن يتجه تقويم تعلم الطلاب إلى قياس أداء في مواقف حياتية حقيقية وأطلق على هذا النوع من التقويم،اسم التقويم الأصيل Authentic، وأحياناً التقويم البديل Alternative، والبعض الآخر من الباحثين استخدموا مصطلح تقويم الاداء Performance، ومهما يكن من تسميات فإن هذا التقويم يقوم أساساً على:

- الاهتمام بتقويم عمليات التفكير واستخدام حل المشكلات.

- التأكيد على التطبيق في العالم الواقعي لما يحصل عليه من معارف ومعلومات.

- التركيز على العمليات التي يستخدمها المتعلم لاجل الوصول إلى النتائج.

- المتعلم ينبغى أن يكون نشطاً وفعالاً في عملية التعلم مشاركاً في عملية التقويم مدركاً مدى ما يحققه من تقدم خلال عملية التعلم.

ومن أهم الأشكال التى اهتم بها هذا النوع تقويم الاداء واستخدام البورتفوليو portfolio (ملف الاعمال)، لأجل جمع معلومات عن قدرات الطلاب في استخدامهم لمعارفهم في مواقف حقيقية بخلق منتج أو استجابة لما عرفوه وتجمع نتاجات أعمال الطلاب خلال فترة زمنية معينة للوقوف على مدى تقدمهم تعليمياً.

---

[1] د. احمد الثوابية وزملائه،استراتيجيات التقويم وأدواته، وزارة التربية والتعليم – مديرية الاختبارات، عمان- الاردن، 2004،ص12

بالرغم من ذيوع وانتشار هذا الاتجاه إلى أن هناك عديد من الانتقادات والصعوبات التى واجهت التقويم الأصيل ومن أهم هذه الانتقادات التى أشارت إليها الدراسات: .

- قلة الادلة فيما يتعلق فى أن هذا التقويم يحقق تمايزاً فى قياس قدرات التفكير العليا (دراسة Tarwillger 1977)).

- المعلمين غالباً ما يرفضون استخدام هذا النوع لما يتطلبه من جهد ووقت. (دراسة Raphael 1996 & Miebert).

- لم توضح نتائج استخدام هذا النوع من التقويم حدوث تفوق في مستويات الدراسة الأعلى.

- لقد ظلت قضية الموضوعية تمثل صعوبة أساسية في هذا النوع من التقويم (دراسة Kortez وآخرون 1993)، ودراسة (winters 1994 & Herman) وان تقويم المقومين لملفات الانجاز للطالب تفاوتت درجاتهم حول الملف الواحد.

- صعوبة عقد مقارنة بين أعمال الطلاب نظراً لان كل طالب يختار الأعمال التي يفضلها ولذا فالأعمال غير موحدة ونتيجة لذلك لا تتحقق الموضوعية في تقدير الدرجات أو في عقد مقارنات بين مستوى الطلاب.

- انشغال المعلمين بعمليات هذا النوع من التقويم تؤثر على اهتمامهم بالتدريس كما أن الوقت المستقطع في عمليات التقويم يؤثر على عمليات التدريس بالإضافة إلى زيادة الأعباء على عضو هيئة التدريس دون مقابل أو معاونة.

يتطلب التقويم الواقعي التعاون بين الطلاب. ولذلك فإنه يتبنى أسلوب التعلم في مجموعات متعاونة يُعين فيها الطالب القوي زملاءه الضعاف. بحيث يهيئ

للجميع فرصة أفضل للتعلم، ويهيئ للمعلم فرصة تقييم أعمال الطلاب أو مساعدة الحالات الخاصة بينهم وفق الاحتياجات اللازمة لكل حالة[1].

التقويم الواقعي محكي المرجع،يقتضي تجنب المقارنات بين الطلاب والتي تعتمد أصلاً على معايير أداء الجماعة والتي لا مكان فيها للتقويم الواقعي[2].

يستهدف هذا النوع من التقويم بناء نظام تقويم وامتحانات متطور وعصري لمرحلة التعليم الأساسي, لتقويم مختلف جوانب العملية التعليمية التعلمية، والتأكيد علي التقويم الشامل بالنسبة لأداء التلميذ من مختلف الجوانب المعرفية والوجدانية والمهارية في إطار الأهداف التربوية المستهدفة للتعليم الأساسي بما يحقق بناء الشخصية المتكاملة للمتعلم التي تجعله قادرا علي التفكير الخلاق والابداع ومواجهة المشكلات وحلها، كما يجعله مهيأ للتعامل مع عالم جديد سريع التغير والتطور.

وقد تم التركيز على هذا النوع من التقويم في عدد من البلدان العربية في ضوء عدة اسس ومرتكزات عامة, وفي ضوء الاتجاهات العالمية المعاصرة في هذا المجال, وبما يتفق مع احتياجات المجتمع المصري وامكاناته والتي من أهمها مايأتي:

- التأكيد علي ان يكون التقويم اصيلا(Authentic) يعتمد علي عمل حقيقي وعلي تقويم الأداء(Performance), الأمر الذي يتطلب تحديد معايير(Standards) الاداء التي تغطي جوانب التعلم المختلفة التي ينبغي للتلميذ الوصول اليها في نهاية مرحلة التعليم الاساسي.

- الاهتمام بالبدء بعمليات التطوير في وقت مبكر في الصفوف الاولي للتعليم الاساسي(الصفوف الابتدائية) والتوسع التدريجي إلي أن تغطي جميع صفوف التعليم الاساسي.

---

[1] العبداللات وآخرون،2006

[2] وزارة التربية والتعليم،2003.

- التأكيد علي ان يكون التقويم عملية مستمرة طوال العام الدراسي علي جميع الانشطة التي يزاولها التلميذ في المدرسة, والتي من خلالها تتم عمليات التشخيص(Diagnosis) والعلاج(Remedial).

- الشمول, بمعني ان يكون التقويم شاملا لجميع جوانب نمو التلاميذ, واعتماد مفهوم الذكاءات المتعددة كأسس لعمليات التقويم.

- تنوع أساليب التقويم وأدواته لتلائم الاستراتيجيات والنماذج التعليمية المختلفة, وتغطي جميع الأنشطة التي يقوم بها التلميذ لتشمل مختلف انواع الاختبارات التحريرية والشفوية والعملية ومقاييس اتجاهات وأساليب الملاحظة وكتابة التقارير والقيام بمشروعات ومهام معينة.

- استخدام ملف تعلم التلميذ (Portfolio) الذي يمكن من خلاله جمع عينات من عمل التلميذ وأنشطته وتسجيل مدي ما حققه من تقدم ومزاولة للأنشطة المختلفة.

- الاهتمام بنظام التقويم التراكمي الذي لا يقتصر علي تقويم التلميذ في درس واحد او عدد من الموضوعات, بل يمتد الي أكثر من فصل دراسي, وربما أكثر من عام دراسي بما يتيح التحقق الفعلي من مستويات التلاميذ وقدراتهم الفعلية.

- التأكيد علي ان يستند تجريب نظام التقويم المطور علي مجموعة من الضوابط المناسبة لاجراء عمليات التقويم والامتحانات بنجاح علي نطاق محدود في بعض المدارس يتم بعدها التطبيق والتعميم في ضوء نتائج التجريب.

- الاعتماد علي ان تكون المدرسة منطلقا أساسيا لعمليات التطوير (SchoolbasedDevelopment) الذي يتطلب المشاركة الفاعلة الجادة لمعلمي ومديري المدارس.

- التأكيد علي ان يتم تحديد مستويات الأداء للتلاميذ وأدوات القياس والأدلة والوثائق المختلفة للمشروع وفق إطار هذه المرتكزات.

- الاهـتمام بإعـداد الكـوادر اللازمـة للقيـام بالعمليـات والأنشـطة المختلفـة للمشـروع عـلي جميـع المسـتويات المركزيـة, والاقليميـة والمحليـة خاصـة للمعلمين, وهيئات التوجيه الفني, والإدارة الأمر الذي يتطلب تكـوين شـبكة مـن المـدربين والكـوادر المتخصصـة المختلفـة عـلي مسـتوي الجمهوريـة, والاستفادة من التقنيات المتقدمة في هذا المجال مثـل الفيـديو كـونفرانس في تغطية المناطق المختلفة.

نحو تحقيق منظومة تقويم مطور:

مما سبق يتضح لنا أننا أمام إشكالية في تقـويم تعلـم الطـلاب، وأن التقـويم ليس بالأمر اليسير كما يبدو ظاهرياً على السطح، وأن القياس والتقويم الفعال لتعلم الطلاب يحتاج إلى:

- تبنى استراتيجية للتقويم تقوم على التكامل، الشمول، التنوع، الاستمرارية.
- نشر ثقافة جديدة مناهضة للثقافة القديمة (التقويم التقليدى)، لإقناع أوليـاء الأمور والمعلمين والطلاب بأهمية تطوير وتحديث نظام التقويم.
- الحرص على تحديد نواتج التعلم والمهارات والكفايات التي يجب على المتعلم إتقانها في نهاية كل صف دراسى أو مرحلة تعليمية، وتحديد علامات مرجعية ومؤشرات يمكن في ضوئها الحكم على نواتج التعلم.
- الاهتمام بإعداد الادوات والمقاييس التي ستستخدم في تقدير وتقويم التعلم.
- تدريب المعلمين وإعدادهم على مستوى متميـز نظـراً لأن الغالبيـة مـنهم لم يسبق درايتهم بأنواع التقويم وأساليبه.
- أن تتبنى الاستراتيجية الربط بين التقويم التقليدى والتقـويم الاصـيل بحـرص وتوازن بمشاركة الخبراء والمتخصصين لأجل وضع منظومة متطورة للتقويم.
- التطبيق لنظام التقويم المطور بحذر وحكمة حتـى يمكـن أن يحقـق تحسـين إصلاح للعملية التعليمية بناء عليه ونجاح.

ضوابط التنفيذ:

لقد اثيرت بعض التحفظات او المخاوف من بعض اولياء الامور ربما كان من اهمها ان تخصيص70% للامتحان الشفوي والانشطة(غير) التعليمية, سوف يدفع الطلاب الي اللجوء إلي المزيد من الدروس الخصوصية, ويجعل مصير الطلاب في يد المدرسين بغض النظر عن مستواهم العلمي والذي يحدده الامتحان التحريري.

ويهمنا ان نوضح الامور الآتية:

الأمر الأول: ان الانشطة التي اعتبرها البعض انشطة غير تعليمية هي انشطة تعليمية من صميم المادة الدراسية, بل لو اردنا الدقة هي الانشطة المعلمة حقا, اذ يكون دور التلميذ فيها هو الاساس اما دور المعلم فهو التوجيه والمساعدة ان هذه الانشطة تجعل التلميذ ايجابيا ومشاركا في تعليم نفسه, وليس مجرد متلق سلبي, ليس له دور حقيقي في التعلم.

الامرالثاني: ان القرار الوزاري تضمن من الضوابط ما يضمن توفير الموضوعية في تقدير اعمال التلميذ, فجعل تقدير الاختبارات الشفوية والعملية عملية جماعية يشارك فيها المعلم والمدرس الاول, ومدير المدرسة, كما ان درجة السلوك والاخلاق يشارك فيها مجموعة معلمي الفصل بالاضافة الي الاخصائي الاجتماعي والاخصائي النفسي ان وجد اما ملف تعلم الطالب(الحقيبة التقويمية) فهو يتضمن الوثائق التي يمكن ان يطلع عليها ولي الأمر, وقد تضمن الدليل الذي وزع علي المدارس تحديدا دقيقا لدور كل من التلميذ والمعلم وولي الأمر ومدير المدرسة, وكيفية التقويم النهائي لملف التلميذ والنظام يطبق في سنوات النقل فقط, حيث مجموع الدرجات ليس له أهمية كبيرة.

ومعني ذلك انه لن ينفرد معلم واحد بتقويم التلميذ كما انه لا يجب ان نفترض ان جميع معلمينا من ضعاف النفوس, فغالبية المعلمين شرفاء يراعون الله في عملهم, والحالات الشاذة ينبغي ألا تطمس الجهود المضنية التي يبذلها ذوو الضمائر الحية من المعلمين, وهم مازالوا اغلبية والحمدلله, وذلك في ظل ضعف الامكانات في حالات كثيرة ولابد من عودة الثقة بين المعلمين واولياء الامور, وتعاون الجميع في سبيل رفع مستوي العملية التعليمية امر ضروري.

الامر الثالث: يقصد بالتقويم التراكمي ذلك الذي لا يقتصر علي تقويم التلميذ في درس واحد او عدد من الموضوعات بل يمتد الي اكثر من فصل دراسي, وربما اكثر من عام دراسي, بما يتيح التحقق الفعلي من مستويات التلاميذ وقدراتهم ويؤخذ التقويم التراكمي علي مستويين:

المستوي الاول: وهو يعني ان يكون التقويم تراكميا علي مدار العام الدراسي, بحيث يقوم التلميذ بشكل مستمر بدءا من بداية العام وحتي نهايته, وتجمع الدرجات التي يحصل عليها بشكل تراكمي لتعبر عن نتيجته في نهاية العام, وهو ما يخضع للتجريب حاليا.

المستوي الثاني: وهو تراكمية التقويم عبر سنوات المرحلة الدراسية المعينة كما هو مطبق حاليا في الجامعات, بحيث يعتمد التقويم النهائي للتلميذ في نهاية المرحلة علي نسب محددة من درجاته في سنوات المرحلة كلها, ولن يتم تطبيق هذا النظام الإ بعد نجاح التجريب, وتعميم النظام, وسوف يتم ذلك تدريجيا بدءا من الصف الاول, في العام الاول, ثم الثاني في العام الثاني فالثالث.. وهكذا..

التقويم المستمر للمواد الشفوية في المراحل التعليمية العامة:

التقويم المستمر، أو التتبعي:

لم تكن الأنواع السابقة من أنواع التقويم، ـ والممثلة في التقويم التمهيدي أو المبدئي، والتقويم التطويري، والتقويم النهائي ـ والتي تتم في بداية العمل التربوي، والمناشط التعليمية، وأثنائها وبعدها هي خاتمة المطاف. فقد يتصور البعض أنه نتيجة للتقويم النهائي الذي يحسم الأمر يكون عمل المقومين قد انتهى، ولكن الواقع عكس ذلك. فإن تقرير البرنامج التربوي، والسير فيه يقتضيـ أن يكون هناك تقويم متتابع، ومستمر لما يتم إنجازه، بحيث إنه يمكن التعديل في بعض الآليات المستخدمة في عملية التقويم، أو في بعض الأساليب المتبعة، وفي نفس الوقت يتم قياس النتائج التي تحدث من البرنامج.

والتقويم المستمر كما حدد له كتنظيم بديل لأسلوب اختبارات المواد الشفهية عبارة عن أسلوب محدد، ومقنن بإجراءات وضوابط معينة لتقويم تحصيل الطلاب في المواد الشفهية بشكل مستمر في مختلف صفوف مراحل التعليم العام، وذلك بأن يقوم المعلم بإجراء عدد من مرات التقويم خلال كل فصل دراسي، بحيث تكون المحصلة النهائية لدرجة الطالب عبارة عن معدل تلك الفترات " المرات ".

ويقصد بالتقويم المستمر: التقويم الذي يبدأ من أول يوم من العام الدراسي، ولا ينتهي إلا بنهاية آخر يوم فيه، بحيث يغدو " التقويم " نشاطا يرافق عمليتي التعلم والتعليم في جميع مراحلها.

- عدد مرات التقويم:

يخضع عدد مرات التقويم لعدد حصص المواد الشفوية التي يتلقاها التلميذ تبعا للعدد الأسبوعي لحصص كل مادة شفوية كما هو في الأنموذج التالي:

انظر جدول رقم 1

(جدول 1)

عدد الحصص	عدد مرات التقويم
حصتان أو أقل	3 مرات
3 ـ 4 حصص	4 مرات
5 حصص فأكثر	5مرات

- توزيع الدرجات على المهارات المحددة لكل مادة شفوية:

1. توزع الدرجة الكلية للمادة على عدد المهارات المحددة لها.
2. يتم تقويم التلميذ عددا من المرات في المهارة الواحدة، حسب معدل مرات التقويم.
3. يحسب معدل درجات التحصيل في كل مهارة بقسمة إجمالي الدرجات التي تحصل عليها التلميذ في تلك المهارة على عدد مرات التقويم.
4. تجمع المعدلات ليكون ناتجها ممثلا للدرجة النهائية التي تحصل عليها التلميذ. انظر جدول رقم 2.

(جدول رقم 2)

المهارة الأولى 12 درجة					المهارة الثانية 15 درجة					المهارة الثالثة 23 درجة					الدرجة الكلية 50
تقويم 1	تقويم 2	تقويم 3	مجموع	معدل	تقويم 1	تقويم 2	تقويم 3	مجموع	معدل	تقويم 1	تقويم 2	تقويم 3	مجموع	معدل	الدرجة النهائية
5	7	9	21	7	8	9	10	27	9	5	6	7	18	6	22

تنبيه: في الجدول أعلاه يفترض أن عدد المهارات ثلاث، وعدد مرات التقويم ثلاث.

مهارات المواد الشفوية للتربية الإسلامية وتوزيع الدرجات عليها انظر جدول رقم 3.

(جدول 3)

الصف	المادة	المهارة والدرجة					المجموع 50
1ـ 2	القرآن الكريم	الحفظ 30	صحة القراءة 15	الترتيل 5			50
3 ـ 4	القرآن الكريم	جودة الحفظ 20	صحة القراءة 20	الترتيل 5	الانطلاق 5		50
5 ـ 6	القرآن الكريم	جودة الحفظ 15	صحة القراءة 20	الترتيل 5	الانطلاق 5	التجويد 5	50
5 ـ 6	التجويد	حفظ المعارف 25	التطبيق 15	استنباط الأحكام 10			50

مهارات اللغة العربية للمواد الشفوية وتوزيع الدرجات عليها انظر جـدول رقم 4

(جدول 4)

الصف	المادة	المهارة والدرجة					المجموع
1	قراءة وأناشيد	التعرف على الحرف 8	قراءة الكلمات 8	المحادثة 6	حفظ الأناشيد 8	الفصل الأول	30 *
1	قراءة وأناشيد	صحة القراءة 8	طلاقة القراءة 8	الاستيعاب والتعبير 6	حفظ الأناشيد 8	الفصل الثاني	30 *

2	قراءة وأناشيد	صحة القراءة 8	طلاقة القراءة والمعنى 8	الاستيعاب والتعبير 6	حفظ الأناشيد 8		30 *
3 ـ 6	قراءة وأناشيد	صحة القراءة 15	طلاقة القراءة والمعنى 10	الاستماع والأفكار 10	اكتساب اللغة 7	حفظ الأناشيد 8	50
3	التعبير	ترتيب الأفكار 15	سلامة اللغة 15	حسن الإلقاء20			50

- يضاف إلى هذه الدرجة درجة تحصيل الطالب المخصصة للكتابة ومقدارها {20} كي تصبح الدرجة الكلية للمادة {50} درجة.

مهارات مادة العلوم وتوزيع الدرجات عليها انظر جدول رقم 5

(جدول 5)

الصف	المادة	المهارة والدرجة					المجموع
1 ـ 3	علوم	الوصف 20	التصنيف 15	الاستنتاج 15			50

مهارات درس القرآن الكريم للمرحلة المتوسطة وتوزيع الدرجات عليها انظر جدول رقم 6

(جدول 6)

الصف	المادة	المهارة والدرجة					المجموع
1 ـ 3	قرآن	الحفظ 15	صحة القراءة 20	الترتيل 5	تطبيق التجويد 5	الانطلاق 5	50
1 ـ 3	قرآن	الحفظ 30	صحة القراءة 15	الترتيل 5	—	تحفيظ القرآن	المجموع 50

مهارات مادة القراءة أو المطالعة للمرحلة المتوسطة وتوزيع الدرجات عليها انظر جدول رقم 7

(جدول 7)

الصف	المادة	المهارة والدرجة					المجموع
1 ـ 3	قراءة	جودة القراءة 15	الفهم 20	الأفكار15			50

مهارات مادة اللغة الإنجليزية للمرحلة المتوسطة وتوزيع الدرجات عليها انظر جدول رقم 8

(جدول 8)

الصف	المادة	المهارة والدرجة					المجموع
1	إنجليزي	سلامة القراءة 2	المحادثة2	الاستيعاب 1		الفصل الأول	5
1	إنجليزي	سلامة القراءة 2	المحادثة 2	الاستيعاب 1		الفصل الثاني	5
2 ـ 3	إنجليزي	سلامة القراءة 2	المحادثة 2	الاستيعاب 1		في الفصلين	5

مهارات درس القرآن الكريم للمرحلة الثانوية وتوزيع الدرجات عليها انظر جدول رقم 9

(جدول 9)

الصف	المادة	المهارة والدرجة					المجموع
1 ـ 3	قرآن	الحفظ 20	صحة القراءة 15	الترتيل 10	التجويد 5		50
1 ـ 3	قرآن	الحفظ 30	صحة القراءة 10	الترتيل 5	التجويد 5	تحفيظ القرآن	50

مهارات مادة القراءة للمرحلة الثانوية وتوزيع الدرجات عليها انظر جـدول رقم 10

(جدول 10)

الصف	المادة	المهارة والدرجة					المجموع
1 ـ 3	قراءة	جودة القراءة 15	الفهم 20	الأفكار 15			50

مهارات مادة اللغة الإنجليزيـة للمرحلـة الثانويـة وتوزيـع الـدرجات عليهـا انظر جدول رقم 11

(جدول 11)

الصف	المادة	المهارة والدرجة					المجموع
1	إنجليزي	سلامة القراءة 2	المحادثة 2	الاستيعاب1		الفصل الأول	5
2 ـ 3	إنجليزي	سلامة القراءة 2	المحادثة 2	الاستيعاب1		الفصل الأول	5
1 ـ 2	إنجليزي	سلامة القراءة 2	المحادثة 2	الاستيعاب1		الفصل الثاني	5

مادة التعبير للمرحلة المتوسطة

الصف	المادة	المهارة والدرجة				المجموع
1	تعبير	الرسائل / ك 15	الخطابة / ش 15	المقال الوصفي / ك 20	الفصل الأول	50
1	تعبير	نثر المنظوم / ك ش8 ـ8	القصة / ك 20	المقالة / ش 14	الفصل الثاني	50
2	تعبير	المقال الاجتماعي / ك 15	الخبر الصحفي / ك 15	الحوار / ش 15	الفصل الأول	50
2	تعبير	الرسائل / ك 15	المسرحية / ش 15	التلخيص / ك 20	الفصل الثاني	50
3	تعبير	التحقيق الصحفي / ك 15	إبداء الرأي / ش 15	القصة / ك 20	الفصل الأول	50
3	تعبير	المقال الشخصي / ك 20	الخطابة / ك ش 8 ـ 8	التقرير / ك 14	الفصل الثاني	50

مادة التعبير للمرحلة الثانوية

الصف	المادة	المهارة والدرجة				المجموع
1	تعبير				الفصل الأول	50
1	تعبير				الفصل الثاني	50
2	تعبير				الفصل الأول	50
2	تعبير				الفصل الثاني	50
3	تعبير				الفصل الأول	50
3	تعبير				الفصل الثاني	50

نموذج إشعار متابعة طالب في المواد الشفوية

المادة الدراسية	التقدير	ملاحظات
القرآن الكريم		
التوحيد		
الفقه أو " السلوك "		
التجويد		
التعبير		
القراءة والأناشيد		
العلوم		

ولي أمر الطالب مدير المدرسة

....

مجالات عملية التقويم وأبعادها التربوية:

مجالات التقويم

يستمد التقويم معناه من طبيعة المنهج، وطبيعة الفلسفة التي يستند عليها المنهج، يمكن القول أن لكل منهج وسائل التقويم الخاصة به.

تتسع مجالات التقويم التربوي لتشمل جميع جوانب العملية التعليمية،خاصة وان عملية التقويم نفسها هي من نسيج هذه العملية التربوية،ومن العمليات الحيوية والجوهرية فيها،وهذا يعني أن جميع عناصر وفعاليات وأنشطة العملية التربوية تشكل مجالات يعمل فيها التقويم.ومن هنا كانت الشمولية من أبرز الصفات التي يجب أن تتصف بها عملية التقويم التربوي لتشمل الأهداف التربوية على مختلف مستوياتها ، وتشمل المنهج بأبعاده المختلفة ، وتشمل المتعلم

لتقويم جميع جوانب نموه العقلية والجسمية والانفعالية والاجتماعية،والمعلم وشخصيته وممارسته التعليمية،وأساليب التدريس والمواد والوسائل التعليمية،والإدارة المدرسية وممارساتها،والإشراف التربوي وفعالياته،والتسهيلات المدرسية والخدمات المختلفة،وتقويم عملية التقويم نفسها،وأبرز مجالات التقويم التربوي هي:

- تقويم المتعلم: في مختلف جوانب سلوكهم وفي مختلف مراحلهم العمرية.

- تقويم المعلم: من حيث إعدادهم ومستوى كفاءتهم وإنتاجهم.

- تقويم المناهج والطرائق والأساليب والوسائل التعليمية المختلفة والمراحل التعليمية ومدى فعاليتها بالنسبة لنمو المتعلمين وبالنسبة لحاجات سوق العمل وخطط التنمية.

- الخطة التربوية: من خلال المقارنة بين الأهداف الموضوعة وبين ما أمكن تحقيقه من هذه الأهداف ودراسة أسباب التباين إن وجدت.

- تقويم الإدارة التربوية: بأساليبها المختلفة،التقليدية أوالحديثة وأثر ذلك في مردود العملية التعليمة.

- الأبنية المدرسية:ومدى كفاءتها ومدى الاستخدام الفعال للبناء وقاعات التدريس وماشابه ذلك.

- وسائل القياس والتقويم كالامتحانات بأنواعها.

- كلفة التعليم: كقياس كلفة الطالب الواحد في مراحل تعليمية معينة،أوكلفة إعداد الخريج الواحد في المستويات المختلفة.

- الكفاءة الداخلية لنظام التعليم: اي نسبة عدد الداخلين إلى نظام التعليم،إلى الخارجين منه.

● الكفاءة الخارجية لنظام التعليم: أي مدى الارتباط بين المعارف والمهارات التي يحصل عليها الخريجون بواسطة التعليم وحاجات سوق العمل الفعلية وبالتالي مدى إسهامه في زيادة الدخل القومي والدخل الفردي.[1].

أهداف التقويم في المدرسة الحديثة: عند الحديث عن المدرسة الحديثة بوصفها الجهة المنفذة للخطة التربوية المشتملة على الأهداف التربوية نجد إن من أبرز أهداف التقويم التربوي فيها مايلي:

1. إعادة النظر في الأهداف التربوية وفي الكتاب المدرسي وفي طرائق واساليب التدريس.

2. تزويد الطلبة بالتغذية الراجعة Feedback التي تفيدهم في توضيح مدى التقدم الذي احرزوه أوالنقص فيه.

3. يحدد التقويم وجهة المدرسة في تحقيق أهدافها، ومدى التقدم الذي أحرزته في هذا السبيل.

4. إعطاء الطالب صورة لمكانته بين زملائه فيحاول الطالب الضعيف اللحاق بزملائه كما يحاول الطالب القوي الاحتفاظ بمستواه.

5. إجازة الطالب من صف إلى صف أومن مرحلة إلى مرحلة دراسية اخرى.

6. التعرف على ميول الطلبة واتجاهاتهم.[2].

مجالات التقويم التربوي في المدرسة الحديثة: أصبح التقويم في مجال التربية والتعليم من الأمور الراسخة بالنسبة للتربية والعاملين فيها، خاصة في المدرسة الحديثة التي يتناول التقويم مجالات وميادين مختلفة منها:

1. تقويم أعضاء الهيئة التدريسية، والأقسام الإدارية، والمستخدمين، ومن له علاقة بالمدرسة.

---

[1] كاظم، 2001، ص35-36، جرادات وزملائه، 1422، ص26.
[2] خضر، 1421، ص24-25

2. تقويم البرامج المدرسية المختلفة مثل: برامج النشاطات الرياضية، والكشفية، والثقافية، والصحية، والتعاونية، والفنية، والزراعية، وتقويم النظام المالي في المدرسة ومايتبعه.
3. تقويم برامج التوجيه والإرشاد، وبرامج خدمة البيئة المحلية، وبرامج الاختبارات.
4. تقوم المناهج، والكتب المدراسية ومايتبعها من:تقويم لموجودات المكتبة، والمختبر، والرياضة، وتقويم البناء المدرسي، والملاعب،وحديقة المدرسة، ومعامل الحاسب واللغة، والوسائل التعليمية.ومصادر التعلم.
5. تقويم الطالب باعتباره محور العملية التعليمية،والعنصر الأساس في العملية التعليمية التعلمية.[1].

أبعاد عملية التقويم:

تشمل عملية التقويم أبعاد ثلاثة هي: المعلم والمتعلم و الخبرات التعليمية(منها تقويم مدى نجاح المدرسة في تحقيق أهدافها،و تقويم عمل مدير المدرسة كقائد تربوي).

1. تقويم المعلم: يتم من خلال مراحل تغير وتطور المعلمين أثناء تطوير خبراتهم في التخطيط والتعليم والتقويم لتتناسب مع أهداف. واستخدام تكنولوجيا المعلومات والاتصالات.

طبيعة عمل المعلم:

- يتطلب عمل المعلم إتقانه لمجموعة المهارات التي تمكنه من القيام بالعمليات التالية:

1. التخطيط.

[1] عبيدات،1408،ص73

2. التنظيم.
3. القيادة.
4. التقويم.
5. المتابعة.

القدرات الواجب توافرها لدى المعلم الفعال:

يشير الأدب التربوي إلى أن المعلم المؤثر (الفعّال) هو الذي يراه تلاميذه على أن لديه:

1. سيطرة على الموارد والمصادر التي يرغب فيها.
2. خبرة وكفاءة في مجال معين من مجالات المعرفة.
3. سلطة ليكافئ ويعاقب.
4. متفتح الذهن ويملك رؤية واضحة.
5. مثقف علميا وتكنولوجيا.

تقويم أداء المعلم:

يقصد به تلك العملية التي يمكن من خلالها الحصول على حقائق وبيانات محددة من شأنها أن تساعد على تحليل وفهم أداء المعلم لأدواره، ومسلكه المهني في فترة زمنية محددة ومن ثم تقدير مدى كفاءته الفنية والعملية للنهوض بأعباء المسئوليات والواجبات المرتبطة بأدواره في الوقت الحاضر وفي المستقبل.

أساليب تقويم المعلم:

حتى نستطيع أن نقوم على أساس سليم دعنا نستعرض أساليب تقويم المعلم قديما.

- اختبارات لقياس الخصائص التي تميز المعلم الفعال عن غير الفعال:

فمثلا كان المعتقد أن المدرس الفعال (الناجح) هو المدرس الذكي. ولكن وجد بالتجربة أن الارتباط بين ذكاء المدرس وتحصيل تلاميذه (كذلك لنجاحه في التدريس) ضعيف لا يتجاوز 0.03 كما أن تحصيل المدرس في المواد التخصصية أو المهنية (في كيفية تعليم التلاميذ وفي طرق التدريس) لا يؤدي بالضرورة إلى تطبيق العملي الناجح في التدريس ونحن نلاحظ ذلك بنسبة لبعض الطلاب الغير متفوقين الذين ينجحون نجاحا باهرا في أدائهم العملي في المواقف التدريسية.

إلا أنه يجب أن يكون للمعلم مستوى معقول من المعرفة التخصصية والمهنية والمهارات التدريسية. وعيب هذه الاختبارات ناتج من القصور في صدقها وثباتها لعدم تحديد الخصائص التي تبرز المعلم الكفء والفعال والتي تنعكس في أدائه التدريسي.

تحصيل التلاميذ:

كان يعتقد أن تحصيل التلاميذ دليل على فعالية المعلم، وكان المعلم يقيم على أساس مستوى تحصيل تلاميذه. ولكن كما بينا سابقا لا يمكن قبول ذلك لعدة أسباب:

1. قد يكون لنفس المعلم فصل كل تلاميذه متفوقين وفصل آخر تلاميذه ضعفاء مع أنه يدرس لهم بنفس الأسلوب. أي بسبب اختلاف طبيعة التلاميذ وخبراتهم السابقة وتغير العوامل الاجتماعية والأسرية....تتغير استجاباتهم من المدرس.
2. اختبارات التحصيل للتلاميذ قد ينقصها الصدق والموضوعية والثبات.
3. وجود عامل الانحدار. فإذا أردنا أن نعرف عما إذا كان المدرس كان له تأثير في زيادة تحصيل التلميذ عن طريق الاختيارات القبلية والبعيدية فزيادة تحصيل التلميذ أو انخفاضها لا ترجع كلية إلى أداء المعلم ولكن إلى ظاهرة

تسمى الانحدار regression. فالطبيعة تميل إلى الاعتدال. فمثلا الآباء الـذيـن يمتازون بالقصر أولادهم أطول منهم والعكس.

وكذلك أي زيادة أو نقص في التحصيل قد يكون راجعا إلى عامل الانحدار وليس للمعلم.

4. تقييم المدرس على أساس تحصيل التلميذ (أي نسبة النجاح) يجعله يركز على التلاميذ المتوسطين وليس على الأقوياء أو الضـعفاء جدا لأنه بمجهـود قليـل يمكنهم اجتياز الامتحان وتزداد نسبة النجاح التي يقوم المدرس على أساسها – كما تبين بالتجربة منذ 100 سنة.

أي أن التقـويم بـأي مـن الأسـلوبين السـابقين لم يـؤد إلى تحسـين في نوعيـة التدريس.

تقديرات المعلم.

هنا تقاس نوعية التدريس مباشرة في الموقف التعليمي عن طريق الملاحظـة واستخدام مقاييس التقدير (مثل التقويم) rating scales ونلاحظ أن هـذه أفضـل من الأساليب غير المباشرة التي تقيس نوعية التدريس من خلال خصـائص المعلـم أو تحصيل التلميذ بعيدا عن الأداء العملي.

والمشرف الذي يعطي التقدير يقوم بملاحظة ماذا يجري في الفصل الـدراسي ليلاحظ سلوك كل من المعلم والتلميذ وما قد يبدو بينهما من علاقة، ويجمع هـذه الانطباعات ليكون صورة مركبة لها معنى ثم يقارن هذا التركيب لمـا يكون في ذهنـه عن المعيار الذاتي للتدريس الفعال في نظره، كل هذه الأفعـال تـدور في رأس المشرف بدون أي تسجيل لأداء المعلم، أما التسجيل فيكون فقط في النتيجة النهائية للتقـدير والتي ترصد في درجات المعلم.

وهـذا التقـدير لا يصح بـأي حـال مـن الاحـوال أن يكـون مقياسـا سـليما فالمقياس السليم له شروط مثل:

- كل المختبرين (الذين يقيمون) يجب أ يقدم له عمل واحد أو أعمال متكافئـة (فليست كل الدروس مثـل بعضـها، فـدرس الهندسـة غـير درس الجـبر ودرس نظري غير درس تطبيقات أو تمارين...)
- يجب أن يوفر تسجيل للأداء فمثلا الامتحان التحريـري يكـون التسـجيل فيـه بالكتابة والرسم في أوراق الإجابة.
- يجب أن يحتوي على مفتاح للتصحيح.
- يجـب أن يكـون معروفـا المعيـار أو المسـتوى **standard** المتفـق عليـه الـذي يرجع إليه في قياس أداء الفرد.
- ولذا فإن الذاتية لها وزن كبير في التقويم ولنتخيل ثلاثة ملاحظين لدرس واحد بأخذ انطباعا خاصا تبعا لتفسيره الذاتي، فقـد يقـدر أحـدهم الجـو العـاطفي المحبـب في الفصـل ويقـدر الثـاني التفكـير المسـتقل ونشـاط التلاميـذ ويقـدر الثالـث الأدوات والوسـائل التـي يسـتخدمها المعلـم في التعلـيم...أي أن كـل ملاحظ وجه نظرة تجاه سلوك مختلف للمعلم وأعطى له وزنا مختلفا.

واضح أن فكرة كل ملاحظ عن التدريس الفعال الذي يرجع إليه في المقارنـة لعمـل التقـدير (والتقـويم) تعكـس معتقداتـه، وهـي تختلـف مـن ملاحـظ وآخـر. أما إذا استخدم الملاحظـون جـدولا للملاحظـة يتضـمن مفـردة تصـف سـلوكا معينـا فالجميع سيسجلون السلوك. وسيكون التقدير بناء على تكرار السلوك بنفس مفتـاح التصحيح بعيدا عن التفسير الشخصي- (الـذاتي). وبـذلك يكـون المعلـم واحـدا مهـما اختلف الملاحظ (المشرف أو المقيم).

يسمى هذا النوع من الملاحظ بالملاحظة التركيبية **structured** أو الملاحظـة ذات الاستدلال المنخفض **Low inference** لعـدم اعتمادهـا عـلى التفسـير الشخصي- للملاحظ نلاحظ أن مفتاح التصحيح لأداء الملاحظة التركيبية عبارة

عن طريق تجميع بيانات الفصل الدراسي وتركيب مفتاح التصحيح ومراجعة الأوزان. المعتقدات هنا(تختلف عن معتقدات الملاحظ التي تدور في رأسه) تشكل أساس مفتاح التصحيح وتكون ظاهرة في الأوزان التي تعطي لكل سلوك للمعلم، والإجراءات الإحصائية (التحليل العاملي). فمفتاح التصحيح هنا هو الذي يخضع الذاتية إلى الموضوعية. وعلى ذلك فالملاحظة التركيبية (ذات الاستدلال المنخفض) عالجت أهم عيوب مقاييس التقدير وهي الذاتية، وأصبحت أقرب إلى المقياس الموضوعي السليم، ومن ثم فقد عالجت أيضا عيب تأثير الهالة (الذي يجعل المشرف يعطي تقديرا أعلى للطالب ليس على كفاءته التدريسية ولكن لأنه يعطي انطباع أفضل).

عن قصد حاولت توضيح الجوانب السلبية في الأساليب المستخدمة في تقويم المعلم ليس بغرض فقد الثقة به ولكن لكي نتفادى الوقوع في هذه السلبيات، ولكي نحاول التحسين وتكميل النقائص، وبلغة أخرى لنحترس من الجانب الذي يشدنا إلى هذه السلبيات ولنندفع لاستغلال الجوانب الإيجابية، فمثلا الأسلوب الأول الخاص باختبارات خصائص المعلم، من سلبياته أننا لا نستطيع منه التنبؤ بما سوف يتعلمه التلاميذ. ولكننا يمكننا الاستفادة منه في تحديد المستوى الأدنى على أساس نمو تحصيل الطالب من المعرفة الأكاديمية والمهنية (التربوية) التي تؤهله للتدريس على أساس فهم المادة وطرق تدريسها وللتعامل مع التلاميذ على أساس فهم طبيعة وخصائص نموهن.

وبالنسبة للأسلوب الثاني الخاص بتقويم المعلم على أساس نمو تحصيل تلاميذه (أو زيادة نسبة نجاحهم)، فمن سلبياته أنه ينقصه الثبات والصدق عن المعلم الكفء لآن تحصيل التلاميذ يتوقف على عوامل متعددة منها ما هو خارج عن المعلم. إلا أننا يمكننا الاستفادة منه في أن نأخذ في الحسبان عند تقويم الطالب كفاءته في تعليم كل من التلاميذ الضعاف والمتفوقين. فالمعلم هو المسؤول عن كل تلميذ في الفصل والراعي له.

بالنسبة للأسلوب الثالث الخاص بتقويم المعلم عن طريق ملاحظة أداء المعلم في الفصل باستخدام مقاييس التقدير، فمن سلبياته أن التقدير يتأثر بمدى قدرة الطالب على إعطاء انطباع يستحسنه المشرف، ولكنه يتميز بأنه يستخدم أثناء التطبيق الفعلي العملي ويعطي صورة حيه عما يجري في الفصل ويمكن للمشرف الإفادة منه بتحاشي الوقوع تحت تأثير الهالة ومحاولة استخدام أسلوب الملاحظة التركيبية. فيحدد مسبقا المعيار للأعمال والأداءات التي يقوم بها المعلم الفعالة (وهو المعلم الذي يستخدم قدراته وعلمه في التدريس الذي يحقق الأهداف) وتحدد السلوك الذي يضاهي هذا المعيار، ثم يقوم بتسجيل تكرار هذا السلوك بحيث يراعي العوامل: نوع الدرس - مستوى الفصل - وقت الحصة (في أول اليوم الدراسي أو آخره)، وبحيث يبتعد عن الانحياز أو الانبهار. وأن يعمل مفتاحا لاعطاء التقديرات للأداءات المتماثلة وفق المعيار. وأن يأخذ في الاعتبار العلاقة بين سلوك المعلم ونواتج تعلم التلاميذ تحصيليا و وروحياً.

وجدير بالذكر أنه توجد أدوات أخرى للأسلوب الثالث. مثل كتابة المشرف التقرير عن ملاحظة المعلم بحيث يحتوي التقرير وصفا تفصيليا لكل ما يحدث في الفصل من بداية الحصة إلى نهايتها، ويكون شاملا لشرح المعلم والتفاعل مع التلاميذ وما يكتب على السبورة...، والتقويم والنقد والرأي الإجمالي وأخيرا التقدير النهائي للمشرف.

كما يوجد ما يسمى بمقاييس التقدير غير الرسمية يملؤها التلاميذ ليتعرف المعلم على رأي تلاميذه فيه، أو يملؤها زملاء المعلم. وهذا الأسلوب يساعد المعلم ليرى نفسه فيها، أو كما يراه الآخرون، ومن ثم يعطى له الفرصة للتحليل الذاتي ومعالجة أخطائه وعموما لا يعالج المعلم أخطائه إلا إذا ربى ضميره المهني. وتوجد طريقة أخرى غير رسمية للتقويم يستخدم فيها المعلم مسجل صوت أو فيديو أثناء الدرس. ثم يعيد سماع التسجيل ليقوم المعلم نفسه بنفسه خلال الحصة. وقد يسمح لغيرة من الزملاء حضور إعادة السماع (أو العرض) ليعرف

رائـيهم في أداء وتصرـفات زمـيلهم، ويحـددون نقـاط الضـعف ويقـدمون الاقتراحات لتعديل والتحسين.

وقد يرى المعلم من خلال التسجيل لم يكن يلاحظه في تصرفاته من قبل مثل بعض الأزمات الحركية أو الكلامية التي يكررها بدون شعور.
عموما هذه التسجيلات تعمل على تغذية راجعه مباشرة تجعل المعلم ينظر إلى تصرفاته بعيون ناقدة لجميع أعبائه في الفصل ولتفاعل التلاميذ معه.
المهم أن يتيح المشرف للطالب أن يلاحظ زميله أو تلميذ أو يلاحظ نفسه بنفسه. إذ أن التقويم غير الرسمي يوجه الطالب إلى تحسين مهارته التدريسية.
أما بالنسبة للتقويم الرسمي الذي يقوم به المشرف، فيجب ألا يكون فقط على أداء الطالب في الفصل ولكن أيضا على تأثير الطالب على أداء تلاميذه وتصرفاتهم داخل وخارج الفصل. وكذلك على مهارته في إدارة الفصل وعلى خصائصه المهنية وذلك لكي تؤدي عملية التقويم إلى النمو المهني خلال فترة التربية العملية للطالب بالإضافة إلى مساعدته على النمو المتزايد في المستقبل.

مجالات تقويم عمل المعلم:

1. قياس كفاءة المعلم بالثر الذي يحدثه في تلاميذه.
2. تقدير التلاميذ لمدرسيهم.

المعلم الفعال هو المعلم " الإنسـان" الـذي يتصـف بمـا تنطـوي عليـه هـذه الكلمة من معنى. وهو القادر على التواصـل مـع الآخـرين و المتعـاطف و الـودود و الصـادق و المـتحمس و المـرح و الـديمقراطي و المنفـتح و المبـادر والقابـل للنقـد و المتقبل للآخرين.

ومن صفات المعلم الفعال العدالة في التقويم وعدم التحيز:وتشمل ما يلي:

- التركيز على التقويم الذاتي وجعله جزءاً من التقويم الصفي.
- تنمية ذاته مهنياً.

- التعامل مع المشكلات واقتراح الحلول المناسبة.
- مواكبة التطورات والتغيرات في مجال تخصصه والقدرة على التكيف معها.
- تقديم التغذية الراجعة للمعنيين بأسلوب ودي.
- إشراك الطلبة عند اختيار أدوات ومعايير التقويم والاتفاق عليها.

كفايات المعلم التقويمية: وتشتمل على استخدام استراتيجيات التقويم وأدواتها:

- معرفة فلسفة التربية والتعليم وأهدافها.
- تحديد هدف التقويم بوضوح.
- تنويع استراتيجيات التقويم وأدواتها.
- جمع البيانات وتحليلها وتفسيرها.
- الاستفادة من نتائج التقويم وتوظيفها لمعالجة نقاط الضعف وإثراء نقاط القوة.
- معرفة محتوى المنهاج والكتب المدرسية المقررة للمبحث الذي يدرسه وأهدافها وتحليل محتواها.
- معرفة حقوقه وواجباته ومسؤولياته.
- معرفة أساليب تقويم نتاجات تعلم الطلبة.
- بناء الاختبارات وتحليلها وتقديم التغذية الراجعة.
- إعداد أدوات القياس المناسبة للمادة التعليمية.
- تطبيق مهارات التقويم في مواقف صفية مختلفة.
- القدرة على توظيف التكنولوجيا في التقويم

التقويم في نهاية الحصة ضروري لمعرفة مدى نجاح الدرس.وكذلك التقويم المستمر الذي يواكب تقدم الطلاب ومدى استفادتهم من الدروس التعليمية.

وتذكر أن:

أهداف واضحة ومحددة + استراتيجيه مناسبة للتدريس والتقويم = درس ناجح.

بشكل عام، المعلم الناجح هو[1]:

- يهيئ الطلاب للدرس الجديد بتحديد أهدافه لهم وبيان أهميته.
- يتأكد من معرفة الطلاب لمقدمات الدرس ومتطلباته السابقة، ولو عمل لها مراجعة سريعة لكان أفضل.
- يقدم الدرس الجديد.
- يلقي الأسئلة على الطلاب ويناقشهم لمعرفة مدى فهمهم.
- يعطي الطلاب الفرصة للممارسة والتطبيق.
- يقيم الطلاب ويعطي لهم تغذية راجعة فورية عما حققوه.
- يعطي الواجب.
- أن يكون حيوياً.. متفائلاً.. بشوشاً.
- أن يكون جاداً ومخلصاً في عمله.
- أن يكون واثقاً من معلوماته ومعرفته في المادة العلمية.
- أن يكون نشيطاً مع طلابه في اعطاء وأداء عمله.
- أن يكون مبدعاً في أفكاره وطرقه.
- أن يكون مرناً في سلوكه واضحاً في شرحه وحيوياً في حركاته.
- أن يكون مبادراً في اقتراحاته ومجدداً في آرائه.
- أن يكون متحمساً لعمله ودقيقاً في إعطائه للمعلومة.
- أن يكون أنيق الملبس والمنظر.
- أن يكون منظماً في سلوكه داخل الصف وخارجه.

---

[1] مصطفى نمر دعمس- الاستراتيجيات الحديثة في تدريس العلوم العامة، دار غيداء، الأردن – عمان/ 2007. ص132

- أن يكون قاضياً عادلاً في حكمه على مدى مساهمة وجهود الطلاب.. أي مقيّماً جيداً لأعمالهم.

- أن يكون دليلاً للطالب في كيفية اكتساب المعرفة والمهارات.

- أن يكون مصدراً للمعرفة وطرق اكتسابها.

- أن يكون منظماً وضابطاً لنشاطات الصف.

- أن يكون طبيباً يشخص احتياجات ورغبات ومشاكل التعلم وأساليب اكتساب المعلومة عند الطلاب.. فهو يقيم تقدم الطلاب بشكل افرادي أو جماعي ويساعدهم على تطوير إستراتيجيات إيجابية للتعلم.

- أن يكون مخططاً يضع خططاً لحل مشاكل تعلم الطلاب ويختار نشاطات ومواد تعليمية تساعد على تحقيق التعلم العميق عند الطلاب.

- أن يكون مديراً يعزز مشاعر التعاون والعمل الجماعي والثقة والمحبة بين الطلاب.. وذلك بتنوع نماذج التفاعل بين الطلاب داخل الصف وفقاً لأهداف محددة ومناسبة لطبيعة ومشاعر الطلاب.

- أن يكون مؤمناً بمبدأ التعليم والتعلم العميق ورافضاً لمبدأ التعليم والتعلم السطحي.

- أن يكون على إطلاع بما يستجد في مجال تعليم وتعلم مادته العلمية.

- أن يكون مهتماً بتطوير نفسه عندما تتاح له الفرص.

- أن يكون ذا صدر رحب في تقبله للنقد البناء وأن يعمل على تحسين وتطوير قدراته ومهاراته.

- أن يكون ملماً بمهارات الحاسوب.. أي أن يكون حاصلاً على شهادة قيادة الحاسوب ICDL.

- أن يستخدم استراتيجيات التعليم الحديثة.

- أن يستخدم استراتيجيات التقويم الحديثة.

2. تقويم المتعلم: إلى جانب الأهداف السابقة فإن التقويم التربوي يسهم في تقويم الكثير من الجوانب الشخصية للطالب بهدف تنميتها، ويكون تقويم

الطالـب في العلـوم والمعارف والمهارات مستمراً ومعتمـداً عـلى ملاحظات معلميه ومشـاركته في الـدروس، وأدائـه في التـدريبات والاختبـارات الشـفهية والتحريرية؛ وينقل الطالـب إلى الصف التالي بعد إتقانـه مهـارات الحـد الأدنى المنهجة.

تقويم التلاميذ التقويم الحقيقي (الواقعي)

ويستخدم في تحديد ممارسة المتعلم الواقعية للمشاركة في تحصيله بنفسه، فالتقويم الحقيقي يمثل تقويمـا واقعيـا للأداء بصـورة تعكـس المسـتوي الفعـلي لما تعلمه.

أهدافه:

1. تنمية قدرة المتعلم علي الاستجابة لمهام التعلم أو مشكلات الواقع الحياتية.
2. اختبار مهارات التفكير العليا والأساسية لدي المتعلم.
3. استخدام عينات من عمل الطلاب.
4. إتاحة الفرص للتلاميذ لأن يقيموا أعمالهم الخاصة بأنفسهم.
5. التركيز علي أبعاد متعددة للقياس بدلا من بعد واحد (الاختبارات).

تقويم المتعلم: يمتد إلى جميع جوانب نموه العقلية والجسمية والانفعالية.

ومن الجوانب التي يتم تقويمها في الطالب:

1. جوانب الصحة والأمن والسلامة والنمو الجسمي للطالب.
2. النمو الاجتماعي والعاطفي.
3. السلوك الخلقي والمعايير الشخصية.
4. القدرة على تولي المراكز القيادية.
5. الإلمام بمظاهر الطبيعة: نباتات، و حيوانات، ومظاهر أخرى.

6. القدرة على التفاهم مع الناس من خلال القدرة على الاتصال بواسطة اللغة والقراءة.
7. الجمال والتذوق من خلال الرسم، والزخرفة...الخ.
8. القدرة على العد والحساب والقياس والإنتاج.

تقويم عمل التلميذ:

- جوانب نمو التلميذ:

1. القدرة العقلية أو الاستعداد الأكاديمي.
2. تقويم التحصيل لجوانب المنهج المتعددة.
3. التكيف الاجتماعي.
4. تقويم الحالة الجسمية للتلاميذ.
5. تقويم نمو الميول.
6. تقويم نمو الاتجاهات.
7. تقويم نمو مهارات العمل والمدرسة.
8. تقويم النمو الابتكاري والتعبير عن الذات.
9. تقويم القدرة على التفكير النقدي.
10. تقويم خلفية الأطفال البيئية والاجتماعية.

- القيمة التربوية لتقويم التلميذ:

نتائج التقويم تساعد على معرفة:

1. أسباب وعوائق التأخر الدراسي.
2. اكتشاف الاستعدادات والاهتمام بالممتازين.
3. تقسيم التلاميذ في الفصول إلي مجموعات متجانسة.

- تسجيل نتجية التقويم.
- التقرير إلي الآباء.

قواعد عامة في تقويم الطالب:

يراعى في تقويم الطالب القواعد الآتية:

1. أن تكون أساليب التقويم، وإجراءاته، وممارساته، وأدواته، ونتائجه معـززة لعملية التعلم، وألا تكون مصـدر رهبـة أو قلـق أو عقـاب يـؤثر سلبًا علـى الطالب ونتائجه.
2. أن تكون أدوات التقويم صادقة وممثلة لما يتوقع من الطالب اكتسابه مـن المعارف والمهـارات، مبينـة لمـدى تمكـن الطالب مـن المـادة الدراسية، ومـا يستطيع أداءه في ضوء ما تعلمه منها.
3. أن توفر أدوات التقويم معلومات عـن العمليـات التـي يحـدث بهـا الـتعلم مثل:

- مدى استفادة الطالب من استخدام خطط التعلم لحل المشكلات
- التوصل على الإجابات الصحيحة.
- المراقبة الذاتية لمستوى التقدم وتعديله.
- إضافة إلى معلومـات مـن شـأنها مسـاعدة المعلمـين وواضعي المنـاهج علـى تحسين تعلم الطالب.
- رفع كفاية أساليب التدريس، وخاصة ما يتعلق بتوضيح المهارات وتحديـدها، والمعارف التي يجب أن تركز عليها عملية التدريس.

4. أن يتضمن أداء التقويم مستويات عـدة مـن الأسـئلة، بحيـث تقيس قـدرة الطالب المعرفية والاستيعابية والتطبيقية والتحليلية والتركيبية والتقويمية.
5. أن ينظر في نتائج أدوات التقويم، ضمن تقويم شامل لظروف التعلم وبيئته، وتقدم هذه الأدوات معلومات مستمرة عن مستوى تقدم الطالب، يستفاد

منها في تطوير المناهج وأساليب التدريس، وحفز الطالب على بذل المزيد من الجهد، للإفادة من الخبرات التعليمية.

6. أن تتوافر في أساليب التقويم، وأدواته، وظروف تطبيقه، والقرارات المترتبة على نتائجه فرص متكافئة لجميع الطلاب.

7. تزويد الطلاب بتغذية راجعة مكتوبة؛ فمثلاً أتجنب استخدام أقلام اللون الأحمر لأن كثيراً من الطلاب يربطون اللون الأحمر بالنقد غير البناء. وأذكر عبارات مناسبة بمستويات الطلاب، مثلاً: " فكرة جيدة "، " فكرة رائعة ولكن تحتاج إلى......."، "فعلاً على حق"، "أحسنت"، "وفقك الله وإلى الأمام"، "حبذا أن..... في المرة القادمة"، وهو كذلك.....، ولا أكتفي بإعطاء إشارة صح.

8. تعد نتيجة الطالب في التقويم مسألة تخصه وولي أمره، والقائمين مباشرة على تعليمه، ولا يجوز استخدامها بطريقة تؤدي إلى معاملته معاملة تؤثر سلبًا على تقديره لذاته أو تفاعله مع الآخرين كما لا يجوز إطلاق الألقاب، أو الأوصاف التي تنبئ سلبًا عن تحصيله الدراسي، عند مخاطبته، أو الإشارة إليه.

9. أن تبنى أدوات التقويم وفق الأسس العلمية المتبعة، وفي ضوء معايير محددة، للمستويات المقبولة، مما هو متوقع تعلمه، واكتسابه من أهداف التعلم ونواتجه، وتطوره.

10. أن تتولى جهة مختصة عملية التقويم والاختبارات من أجل:

تنقيحها، وتطبيقها، وتصحيحها، ورصد نتائجها وتحليلها وتقنينها، وحفظ أسئلتها واسترجاعها، وإعادة استخدامها والتبليغ عن نتائجها، وإجراء دراسات الصدق والثبات اللازمة عليها وتطويرها بما يتلاءم واستخداماتها، وتوفير التعليمات والإرشادات اللازمة لإعداد أدوات التقويم، والمقومات اللازمة لتحسين مستواها بما يضمن تكافؤ الفرص بين الطلاب وإيجاد الأدوات الموحدة التي يمكن على ضوئها مقارنة النتائج، كما تتولى إصدار تعليمات تحديد مراكز الاختبارات

للجان النظام والمراقبة ولجان تقدير الدرجات وما في مستواها، ويطبق هذا في امتحان شهادة الثانوية العامة.

11. أن تخضع عمليات التقويم وإجراءاته وأساليبه لمراجعة مستمرة لتطويرها وتعديلها.

12. تطوير أدوات التقويم وأساليبه للطلاب ذوي الاحتياجات التعليمية الخاصة.

ما المقصود بالتقويم المستمر؟

ظهرت أدوات جديدة للتقويم بجانب الاختبارات والتي سيتم استخدامها من قبل المعلمين في المواقف التدريسية اليومية وهو ما يعرف بالتقويم المستمر.

التقويم المستمر كما حدد له تنظيم بديل لأسلوب اختبارات المواد الشفهية عبارة عن "أسلوب محدد بإجراءات وضوابط لجمع معلومات عن تحصيل الطلاب في المواد الشفهية خلال العام الدراسي في مختلف مراحل التعليم العام".

وهو التقويم الذي يلازم عملية التدريس اليومية، ويهدف إلى تزويد المعلم والمتعلم بنتائج الأداء بإستمرار، وذلك لتحسين العملية التعليمية، اي انه يستخدم لتعرف نواحي القوة والضعف، ومدى تحقق الأهداف، والاستفادة من التغذية الراجعة في تعديل المسار نحو تحقيق هذه الأهداف وتطوير عملية التعليم. وهذا النوع من التقويم يتوافق مع المفهوم الجديد والمتطور للتقويم، حيث انه يوفر للمعلم والمتعلم تغذية راجعة بشأن مستوى الطلاب ومدى تقدمهم ومدى تحقيق الأهداف التعليمية عموما. كما انه يحفز الطلاب على المذاكرة الجادة من بداية العام الدراسي، وتوزيع جهدهم بشكل متوازن على المواد الدراسية المختلفة.

ولمزيد من التوضيح نستطيع القول انه بعد ان ينتهي المعلم من تدريس جزء من الدرس يجري عملية التقويم، وفي ضوء استجابات الطلاب يقرر اما ان يواصل

تقدمه بعد ان يطمئن على مستوى المتعلمين ونجاحهم في تحقيق أهداف هذا الجزء أو ان يعاود الشرح وتقديم المزيد من الأنشطة، او يغير من وسائله وطرق تدريسه، او ان يعطي تدريبا مكثفا لعلاج نقاط الضعف الي يكشف عنها هذا النوع من التقويم.

كيف يستخدم المعلم أدوات التقويم المستمر؟

أولا: الأنشطة: وتنقسم إلى قسمين هما:

- الأنشطة الصفية ومنها الأعمال التحريرية والحوار الشفوي.
- الأنشطة غير الصفية كالواجبات المنزلية والمشاريع.

ثانيا: الملاحظة اليومية: وتتضمن التفاعل الصفي داخل الغرفة الصفية والتفاعل في المختبر المدرسي.

ثالثا: الاختبارات: وتنقسم إلى قسمين هما:

- الاختبارات القصيرة.
- الاختبارات الفصلية.

تقويم النتاجات العامة:

يحتاج الطلبة إلى التغذية الراجعة والتشجيع أثناء قيامهم بالعمل لتحقيق النتاجات العامة. وفيما يلي عينة من المعايير لتقييم هذه النتاجات موضحة بالتفصيل. يستطيع المعلمون والطلبة اختيار أنسب الدلائل والمؤشرات المناسبة للمستوى الدراسي. إن التطور في خصائص النتاجات العامة هو من مسؤولية المعلمين والطلبة على حد سواء في كل صف دراسي.

1. المواطنة:

يتوقع من الطلبة بعد إنهاء المرحلتين الأساسية والثانوية أن يكونوا قادرين على:

ممارسة حقوقهم وواجباتهم بوصفهم مواطنين يساهمون في تطوير المجتمع والوطن ويتعاملون بوعي مع الأحداث والقضايا الوطنية والإقليمية والعالمية، والطالب الذي يحقق ذلك يجب أن:

- يكون ملماً بالأدوار والمسؤوليات التي يقوم بها أفراد المجتمع.
- يكون مواطناً منتمياً لوطنه ملتزماً بالدستور والقانون.
- يسهم بشكل فاعل بكل ما هو جيد ومفيد لوطنه (كالعمل التطوعي مثلاً).
- يظهر الوعي التام بالأحداث الوطنية والإقليمية والدولية.
- يحترم الحياة، والعائلة والأصدقاء وكذلك البيئة والمجتمع.
- يكون قادراً على تنمية روح الانتماء لديه.
- يتعلم عن الجماعات التي بنت مجتمعه.
- يظهر الكرم والاحترام لحاجات الآخرين.
- يفهم حدود الحريات ومسؤولية امتلاك الحريات.
- يدرك أهمية القيم في الحياة اليومية.
- يُظهر مهارات القيادة.
- يظهر وعيه لمفهوم العدالة.
- يحترم المثل العليا للمجتمع (كالقيم الإسلامية)، ويقدّرها.
- يدرك أثر التغيير في المجتمع.
- يكون لديه شعور وإحساس بأهمية المستقبل لمجتمعه المحلي وللمجتمع الإنساني.

2. معتقدات إسلامية:

يتوقع من الطلبة بعد إنهاء المرحلتين الأساسية والثانوية أن يكونوا قادرين على:

- إظهار إيمانهم وارتباطهم بالقيم الإسلامية بوضوح إذ يتوقع منه أن:
- يظهر ويبدي التزامه بالإيمان بالله ويلتزم بالقيم والشعائر الدينية.
- يبدي صدقه وأمانته وكذلك القيم والمبادئ الدينية المشابهة.
- يحترم معتقدات الآخرين وأديانهم وحقوقهم.
- يتصرف وفقاً للأعراف والتقاليد الدينية وتقاليد المجتمع.

3. قيم شخصية ومجتمعية:

يتوقع من الطلبة بعد إنهاء المرحلتين الأساسية والثانوية أن يكونوا قادرين على:

إظهار الأمانة والاحترام عند تعاملهم مع الآخرين سـواء مـن أبنـاء ثقـافتهم ودينهم أم ثقافات الآخرين وأديانهم ومن يحقق ذلك يجب أن:

- يُظهر أمانته حتى يتم الوثوق به.
- يتعاون ويتناوب ويشارك في العمل.
- يشارك الآخرين في المصادر والمعدات والمواد.
- يأخذ بعين الاعتبار آثار تصرفاته على المدى الطويل.
- يحترم ويتكيف مع وجهات النظر المختلفة.
- يظهر صبراً واحتراماً لمشاعر الآخرين.
- يدرك أهمية المرونة عند التعامل والعمل مع الآخرين.
- يتصرف باحترام مع الآخرين بغض النظر عن خلفياتهم الثقافية.
- يبدي تفهماً واحتراماً لحقوق الإنسان الأساسية.
- يحترم حقوق الآخرين وممتلكاتهم وآراءهم.
- يكون مسؤولاً عن تصرفاته.

4. تنمية الاتجاهات نحو التعلم:

يتوقع من الطلبة بعد إنهاء المرحلتين الأساسية والثانوية أن يكونوا قادرين على:

إظهار الالتزام بالتعلم مدى الحياة بوضوح، إذ يجب أن:

- يكون لديه موقف إيجابي نحو التعلم: بحيث يظهر حماساً واهتماماً بذلك.
- يكون لديه تطلعات إيجابية نحو التغيير.
- يكون قادراً على تعريف أهداف التعلم الشخصي ويطوِّر خطة للتعلم.
- يظهر التزاماً نحو التعلم مدى الحياة عـن طريـق البحـث الـدائم الـدؤوب لمعرفة المستجدات ضمن دائرة اهتمامه.
- يمارس التعلُّم الذاتي بثقة ومسؤولية.
- يكون قادراً على تقويم عمله وإسهاماته.
- يكون مواظباً ومثابراً حتى يكون ناجحاً.
- يقبل التغذية الراجعة من الآخرين ويستخدمها في التطوير.
- يظهر روح المبادرة والإبداع.
- يمتلك الدافع الذاتي للتعلّم والتطور.
- يستخدم المعايير ويقوِّم عمله ويستخدم استراتيجيات فاعلة.
- يمارس النقد الذاتي على أفكاره وعواطفه.

5. مهارات التعلم:

يتوقع من الطلبة بعد إنهاء المرحلتين الأساسية والثانوية أن يكونوا قادرين على:

تحمل المسؤولية والثقة بالنفس واستقلال الشخصـية والبحـث المبتكـر عـن أفكار جديدة بحيث يصبح الطالب قادرا على أن:

- يستخدم الوقت والمصادر بشكل فاعل ومؤثر.
- يستمع التوجيهات ويتبع القوانين.
- يتحمل المسؤولية عن تصرفاته.
- يتبع التعليمات بطريقة مستقلة، ولا يحتاج إلى الكثير من الإشراف والتوجيه.
- يحافظ على دقة الوقت في أدائه للواجبات.
- يتبع خطة نحو التطوير والتطور بطريقة مستقلة.
- يقوم بتقييم ذاتي ومراجعة للأهداف حسب المطلوب.
- يختار معلومات أساسية مفتاحية من مصادر مختلفة.
- يُظهر روح المبادرة ولا يستسلم أمام المعيقات.
- يحاول معرفة الجديد بطريقة إيجابية وبثقة تامة.
- يعمل بشكل مستقل لحل المشكلات.
- يبدي روح المبادرة والإبداع في تطوير الخطط والأعمال.
- يكوِّن فرضيات ويستخدم المعلومات لتأكيدها.
- يراجع الخطط عندما تبرز أفكار جديدة أو وجهات نظر غير مألوفة.
- يجمع المعلومات ويسجلها بطريقة ماهرة وحاذقة.
- يطبق الخبرات السابقة في المواقف الجديدة لحل المشكلات.
- يختبر الحلول من أجل للتأكد من الدقة والمعقولية والمنطق.

6. مهارات الاتصال:

يتوقع من الطلبة بعد إنهاء المرحلتين الأساسية والثانوية أن يكونوا قادرين على:

التواصـــل بطريقة فاعلة مع الآخرين بمختلف الأساليب، ومعايير تحقق مهارات الاتصال هي أن:

- يكون قادراً على التقاط النقاط الهامة عند الاستماع.

- يمارس مهارات الاستماع الجيد داخل المجموعة.
- يسأل أهم الأسئلة وأدقها.
- يستخدم الأسئلة التي تساعد على فهم النقاط الهامة.
- يطرح الأسئلة التي تساعد المجموعة أو الصف على التقدم للأمام.
- يأخذ بعين الاعتبار المصادر المختلفة قبل استخلاص النتائج.
- يظهر إبداعاً في جمع المعلومات من مصادر مختلفة.
- يشارك في تبادل الأفكار الجديدة مع الآخرين.
- يختار الأفكار الرئيسية ويدعمها بالتفاصيل.
- يجمِّع المعلومات ويتواصل بطريقة فاعلة ومؤثرة.

7. **مهارات العمل الجماعي (العمل بروح الفريق):**

يتوقع من الطلبة بعد إنهاء المرحلتين الأساسية والثانوية أن يكونوا قادرين على:

- التعاون بطريقة فاعلة مع الآخرين سواءً في جماعات أم فـرق.

ومعايير تحقق التعاون هي أن:

- يشارك في أنشطة فردية أو جماعية.
- يقوم باتخاذ أدوار متنوعة داخل المجموعة بما في ذلك دور القيادة.
- يستمع ويأخذ دوره في الحديث بكل احترام دون مقاطعة.
- يعمل على إكمال الواجب المطلوب.
- يسهم في تقديم الأفكار والمعلومات باعتدال.
- يدرك دوره في المجموعة حتى تتمكن من أداء عملها بشكل جيد وصحيح.
- يظهر احتراماً لأفكار الآخرين.
- يلخص وجهات نظر الآخرين ليقدم توجيهاً وإرشاداً واضحين.
- يساعد المجموعة على العمل بروح الفريق.
- يسهم في حل المسائل والقضايا بطريقة تعاونية.

- يرضى بنصيبه العادل في العمل ويتحمّل المسؤولية في إكماله.
- يشجع الآخرين ضمن المجموعة ويحفزهم.
- يطرح أسئلة على المجموعة بهدف التوضيح.
- يساعد المجموعة في التوصل إلى اتفاق.
- يبحث في كيفية أداء المجموعة لعملها بشكل جيد.
- يساعد الآخرين في تقييم عملهم.
- يبدأ العمل في الوقت المحدد بدقة ويظهر جهداً متواصلاً.
- يستثمر الوقت بطريقة فاعلة.
- يواظب على الواجبات والمهام حتى يتم إنجازها.
- يرحب بإسهامات الآخرين ونجاحات المجموعة.

8. الكفايات التكنولوجية:

يتوقع من الطلبة بعد إنهاء المرحلتين الأساسية والثانوية أن يكونوا قادرين على:

استخدام تكنولوجيا المعلومات والاتصالات لرصد المعلومات وإدارتها وتحليلها ونقلها وتوليد المعرفة وتطبيقها، ومعايير تحقق ذلك أن:

- يدرك المصادر المختلفة للتكنولوجيا في الحياة اليومية.
- يستخدم التكنولوجيا في الفهم والاتصال وحل المشكلات.
- يستخدم التكنولوجيا من مصادر مختلفة بطريقة آمنة وأخلاقية.
- يُنظم العمل والمواد بطريقة آمنة وفاعلة.
- يستخدم التكنولوجيا في حل المشكلات الجديدة.
- يكون مبدعاً في اختيار التكنولوجيا المناسبة.
- يجمع المعلومات من مصادرها المختلفة بطريقة فاعلة ودقيقة.
- يتأكد بأن المعلومات التي تم جمعها موثوقة وغير متحيزة.
- يستخدم تكنولوجيا المعلومات في جمعه للمعلومات.

- يُحلل وسائل الإعلام بعناية بطريقة ناقدة.
- يدرك فوائد التكنولوجيا ومضارها.
- يفهم المبادئ العلمية التي تُكوِّن الأساس للتكنولوجيا المألوفة.
- يستخدم المعرفة المكتسبة (كالرياضيات) لفهم التكنولوجيا.
- يفهم الروابط بين التكنولوجيا وباقي حقول المعرفة الأخرى.

9. مهارات التفكير:

يتوقع من الطلبة بعد إنهاء المرحلتين الأساسية والثانوية أن يكونوا قادرين على:

استخدام التفكير الناقد وحل المشكلات ومهارات صنع القرار بطريقة فاعلة، ومعايير ذلك أن:

- يقدّر الاحتياجات قبل تحديدها.
- يحل المشكلات بطريقة مستقلة وضمن المجموعة.
- يتعرّف طرق حل المشكلات.
- يبحث عن أكثر من حل للمشكلة الواحدة.
- يستخدم المنطق في حل المشكلات.
- يحتفظ بسجل للنتائج التي توصل إليها إضافة إلى الطريقة التي استخدمها في الحل.
- يبتدع أفكاراً جديدة وأصيلة وإبداعية.
- يختبر دقة الحل للخطة.
- يبذل جهده عندما تكون المشكلة صعبة الحل.
- يختبر الأدوات والمواد المناسبة لحل المشكلة.
- يعمل على تطوير أسئلة مختلفة.
- يربط الأفكار بطريقة جديدة.
- ينظم المعلومات بطرق وأساليب جديدة ومن أجل غايات وأهداف جديدة.

• يستخدم المعرفة في سبيل ابتداع خيارات جديدة.

نموذج تقويم المعلم

الفعالية	نعم	لا
تحديد عناصر الدرس من خلال:		
1. نتاجات التعلم من حيث الشمول لموضوع الدرس.		
2. ابرز المفاهيم والمصطلحات الواردة في المحتوى.		
3. إمكانية تحقيق النتاجات المرجوة في الفترة الزمنية المحددة.		
4. نتاجات التعلم تشمل المجالات كافة(المعرفية، المهارية، الوجدانية).		
استراتيجيات التدريس من خلال:		
1. وضوح خطوات الإستراتيجية وتسلسلها.		
2. إمكانية تطبيق خطوات الإستراتيجية.		
3. توائم الإستراتيجية لمحتوى الدرس.		
4. شمول الإستراتيجية مراجعة التعلم القبلي.		
5. أبرزت الإستراتيجية المفاهيم والمصطلحات الرئيسة في الدرس.		
6. أتاحت الإستراتيجية الفرصة للمعلم لاستعمال مصادر تعلم متنوعة.		
7. تركيز الإستراتيجية على دور الطالب.		
8. التنوع في استراتيجيات التدريس.		
9. شمول الاستراتيجيات توجيهات تساعد في إدارة الصف.		

10. مراعاة الاستراتيجيات المستخدمة للفروق الفردية.		
المعلومات الإضافية: 1. كفاية هذه المعلومات للمعلم أو الطالب. 2. ارتباطها بموضوع الدرس.		
مراعاة الفروق الفردية من خلال: 1. المحتوى الإضافي. 2. الأنشطة المرافقة. 3. استراتيجيات التقويم.		
استراتيجيات التقويم من خلال: 1. مدى ملائمة إستراتيجية التقويم لاستراتيجيات التدريس المطبقة. 2. ملائمة أدوات التقويم المستخدمة لمحتوى الدرس. 3. إمكانية تنفيذ أدوات التقويم بصورة واضحة ومحـددة في أثناء الحصة آو بعدها. 4. شـمل التقـويم أنواعـه الـثلاث(القـبلي، التكـويني، البعدي). 5. شمول أدوات التقويم لجميع جوانب التعلم المتضـمنة في الدرس.		

إجابات الأسئلة: 1. دقة الإجابات ووضوحها. 2. شمولية الإجابات.		
مصادر إضافية: 1. تضمن الدليل مصادر تعلم متنوعة. 2. ارتباط مصادر التعلم المقترحة بمحتوى الدرس. 3. توضيح كيفية الاستفادة من هذه المصادر.		

أهم الفروق بين الامتحان والتقويم

- الامتحان عملية نهائية تقيس جانب واحد من جوانب الطفل وهو الجانب المعرفي، أما التقوم فيمتد ليشمل جوانب الطفل المختلفة.
- الامتحان عملية يقوم بها طرف واحد وهو المدرس، أما التقويم فهو عملية تعاونية شاملة.
- الامتحان عملية قياسية، أما التقويم فعملية علاجية.

معايير التقويم:

نعلم جميعاً دور التقويم في التعليم... فالتقويم عملية تشخيص ومتابعة وعلاج وجمع أدله حول معرفة الطالب بشكل ذاتي أو عن طريق المعلم بالمادة العلمية، وقدرته على استخدامها وتحديد موقفه منها، ومستوى الكفاءة المتحققة لديه. فهو الأداة التي تساعد المعلم على إدراك ما يعرفه الطالب عن العلوم وما يستطيعون عمله. لذا اهتم التقويم بمستويات التفكير العليا وحل المشكلات واتخاذ القرار وإصدار الأحكام والتفكير الناقد.

يعرف دو كيتيل التقويم على أنه "جمع معلومات تتسم بالصدق والثبات والفعالية، وتحليل درجة ملاءمة هذه المعلومات لمجموعة معايير خاصة بالأهداف المحددة في البداية، بهدف اتخاذ قرار".

فبالنسبة للمعلومات، يمكن أن تكون:

- حقائق، كعدد التلاميذ الذين أجابوا عن سؤال، أو نسبة التمارين المنجزة من لدن تلميذ.

- تمثلات، كآراء ومواقف وتصورات الأشخاص المستهدفين من التقويم.

ويراعى في جمع المعلومات الفعالية والصدق والثبات. وتتمثل فعالية المعلومات في مطابقتها للهدف المحدد للتقويم. ويتعلق صدقها بتطابقها والمعلومات المستهدفة من التقويم. أما ثباتها فيتجلى في إمكانية الحصول عليها من لدن أشخاص آخرين وفي أوقات أو أماكن أخرى.

وتكتسي المعايير أهمية خاصة، إذ على ضوئها تتخذ القرارات. وترتبط المعايير بهدف التقويم. فإذا كان الهدف هو تقرير نجاح أو رسوب التلميذ، يكون المعيار مثلا مدى تمكن التلميذ من التعلمات، دون الاهتمام بكيف تم التعلم أو لماذا لم يتم. أما إذا كان الهدف هو تقرير تدارك هفوات التلميذ، فإن المعيار يرتبط بكيفية التعلم والصعوبات التي تحول دونه.

تعتبر معايير التقويم (critères dévaluation) صفات مميزة لإنجاز التلميذ، يتم تحديدها عند صياغة الكفاية أو الوضعيات-المشكلة المرتبطة بها. ويصاغ المعيار باستعمال اسم ذي دلالة إيجابية كصحة الجواب، أو اسم منعوت بصفة إيجابية كالتقديم الصحيح للجواب، أو على شكل جملة استفهامية مثل: هل تقديم الجواب صحيح ؟

وتصنف المعايير إلى صنفين:

- معايير دنيا (critères minima): وهي المعايير الضرورية للحكم بالتمكن مـن الكفايـة أو عدمه.

- معايير الإتقان(critères de perfectionnement): وهي المعايير التي لا يمكن اعتبارهـا إلا إذا تم احترام المعايير الدنوية. فهي لا تدخل في إطار اتخاذ القـرار، وإنمـا تسـتثمر في تحديد مستوى الإنجاز لكل تلميذ، ومقارنة التلاميذ فيما بينهم.

وفيما يلي أمثلة ببعض المعايير:

- الفهم الصحيح للوضعية-المسألة: معيار دنوي بالنسبة لجل المواد الدراسية.
- التقديم (présentation) الصحيح للإجابة: معيـار دنـوي بالنسبة للغـات والفنـون، ومعيار للإتقان بالنسبة لمادة علمية مثلا.

لكـن غالبـا مـا يكـون المعيار ذا طـابع شـمولي ومجـرد. ولأجرأتـه، يـتم تدقيقـه بمؤشرات(indicateurs) قابلة للملاحظة والقياس. وكمثال علـى ذلـك، يمكـن اعتبـار المؤشرين التاليين للمعيار: الفهم الصحيح للوضعية:

- المؤشر 1: فهم نص الوضعية-المشكلة.
- المؤشر 2: اختيار العلاقات والقوانين... (الموارد) الملائمة للوضعية.

ومن أهم مجالات استثمار نتائج التقويم، عملية العلاج أو الاستدراك (remédiation)، أو ما يعرف في نظامنا التربوي بالدعم والتثبيت. ويتحدد الهدف من التقويم في تشخيص مكامن الضعف لدى التلميذ، من خلال الأخطاء المرتكبة، وتصنيف هذه الأخطاء، والبحث عن أسبابها، لاقتراح تعلمات مدعمة.

وبشكل عام تصنف معايير التقويم إلى الأنواع الرئيسية التالية:

1. قياس جماعي المرجع Norm-Referenced Measurement:

ويهتم بتقويم أداء الطلاب على مقياس ما في ضوء أداء أفراد آخرين عـلى المقيـاس ذاته.

2. قياس محكي المرجع: Criterion-Referenced Measurment

ويستخدم لتحديد مستوى الفرد بالنسبة لمحـك ثابـت بمعنـى تقـويم الطالـب وإنجازاته وفقاً لما يحققه من مستوى على المقياس دون مقارنته بنسبة تحصيله بزملائه.

3. قياس فردي المرجع: Self-referenced Measurement

ويقوم أساساً على تقويم الفرد في مواقف متباعدة لقياس التغير الـذي يحـدث في بعض خصائص الفرد ومدى تقدمه من بداية التعلم إلى الوقت الحالي.

أساليب التقويم:

تتنوع أساليب التقويم وأدواته لتلائم الاستراتيجيات والنماذج التعليمية المختلفة وكذا حسب الأهداف المنشودة من عملية التقويم، ومن بين الأساليب المستخدمة:

الاختبارات بأنواعها المختلفة (تحريرية – شفوية – عملية.........):

- التحريرية Paper and Pencil Tests.
- الشفهية Oral Tests.
- اختبارات الأداء Performance Tests.

- التحصيلية Achievement Tests.
- النفسية Psychological Tests مثل اختبارات الميول، الاتجاهات، الشخصية.
- المعملية Laboratory Tests.
- العملية Practical Tests.
- التقرير الذاتي Self Report.
- أساليب الملاحظة Observation.
- المقابلات Interview.
- الاستبيانات Questionnaires.
- السجلات والمشروعات Logs & Journal.
- ملف الأعمال أو الإنجاز Student Portfolio.

الفصل الثالث

القياس والتقويم

والعلاقة بينهما

القياس والتقويم والعلاقة بينهما

الفرق بين التقويم والقياس؟

مفهوم التقويم : Evaluation:

هناك مصطلحان في اللغة أحدهما التقييم Valuation والآخر التقويم Evaluation وبهذا يمكن أن نحدد معنى الكلمة الاولى : التقييم على أنها تحديد القيمة والقدر، أما الكلمة الثانية ففيها هذا المعنى بالإضافة إلى معاني التعديل والتحسين والتطوير.

وفي إطار هذا المفهوم تصبح وظيفة المدرسة ليست قاصرة على الحكم على المتعلم بالنجاح أو الفشل من خلال نظام الامتحانات التقليدي بل أن مهمة المعلم ودوره تشبه أقرب إلى مهمة الطبيب لا تقتصر على مجرد قراءة ميزان الحرارة أو مقياس ضغط الدم وإنما يتجاوز ذلك التشخيص إلى العلاج.

لذا يمكن القول بأن التقييم هو مجرد إصدار أحكام أما التقويم فيتضمن إصدار الأحكام مقترنة بخطط تعديل المسار وتصويب الاتجاه في ضوء ما تسفر عنه البيانات من معلومات . ولقد عانينا تربوياً من الاقتصار على التقييم كما يتمثل في الامتحانات النهائية التقليدية والأصح أن نسعى إلى تحويل الوجهة إلى تقويم التربوى بمعناه الشامل وأن نهتم بالتدخل للعلاج والتطوير والتحسين.

ويمكننا تعريف التقويم بأنه عملية تخطيط للحصول على معلومات أو بيانات أو حقائق عن موضوع معين (المتعلم مثلاً) بطريقة علمية لإصدار حكم عليه بغرض التوصل إلى تقديرات كمية و أدلة كيفية تسهم في اتخاذ أو اختيار القرار الأفضل لأجل التطوير والتحسين.

يمثّل التّقويم في مفهومه الشّمولي عملية تثمين الشّيء بعناية ابتغاء التّأكد من قيمته.

ولما كان التثمين ينضوي تحت مفهوم الحكم، وكان مصطلح الشيء يقتصر على الصّفة المادية والمعنوية معا، كان التّقويم هو الحكم الصّادر على قيمة الأشياء أو الموضوعات أو المواقف أو السّلوكات أو الأشخاص، استنادا إلى معايير ومحكات معينة. وعليه اعتبرت العناية شرطاً أساسياً تقف عليه عملية التّثمين.

وثمة تصوّر آخر يجري مجرى مفهوم التّقويم من حيث التّرجيح وإصدار الحكم، وبضدّه من حيث المحكوم عليه. فالأول شيء، والثاني نشاط.

ويرى هذا المفهوم أنّ "التّقويم هو إعطاء وزن نسبي، أو قيمة وزنية لجانب من جوانب النّشاط من حيث اكتماله أو نقصانه، أو من حيث الصّواب أو الخطأ. وقد يكون هذا الحكم كيفيًّا أو كميًّا، نحو الثّناء على طالب تفوق، أو إعطائه العلامة المناسبة.

ومواصلة في الشّمولية فقد أُستخدم مصطلح التقييم للدّلالة على معنى التقويم. وفي هذا الاستخدام خطأ مفهومي حاد؛ لأنّ التّقييم يدل على بيان قيمة الشيء دون تعديل أو تصحيح ما اعوج منه، بخلاف التّقويم الذي يعني هذا الإصلاح.

ويعني التقويم التربوي بمفهومه الواسع عملية منظمة مبنية على القياس يتم بواسطتها إصدار حكم على الشيء المراد قياسه في ضوء ما يحتوي من الخاصية الخاضعة للقياس، وفي التربية تعنى عملية التقويم بالتعرف على مدى ما تحقق لدى الطالب من الأهداف واتخاذ القرارات بشأنها، ويعنى أيضاً بمعرفة التغير الحادث في سلوك المتعلم وتحديد درجة ومقدار هذا التغير.

مفهوم القياس Measurement:

يشير القياس إلى القيمة الرقمية (الكمية) التي يحصل عليها الطالب في الامتحان (الاختبار) وعليه يصبح القياس عملية تعنى بالوصف الكمى للسلوك أو الاداء والتقويم هو العلمية التي تستخدم في نتائج القياس.

ما هي طبيعة القياس و التقويم؟

The Nature of Measurement and Evaluation ?

في هذه القضية تكون المسألة متشابكة لان التقويم لا يصلح دون القياس - والقياس يهدف إلي تحقيق التقويم.

في المجال التّربوي، وبتحديد أدق في التّربية التقليدية، دلّ مصطلح القياس على مفهوم التّقويم من حيث هو "عمليّة تتمثل ببساطة في القياس القبلي والبعدي للأهداف العمليّة، مع استنتاج إنجاز هذه الأهداف أو عدم إنجازها، وإصدار الحكم القيمي الإيجابي أو السلبي المناسب".

ويقترن مصطلح القياس بالمفهوم العددي والمادي، كأنْ نُقدِّر محسوساً، فنعطيه قيمة ما. لكن إذا تعلّق الأمر بسلوكات الطالب مثلاً، وقدراته العقلية والانفعالية، ودرجات استيعابه للدّرس، فإنّ القياس لن يكون بالموضوعية نفسها فهو - هنا - يعطي فكرة جزئيّة عن الشّيء الذي نقيسه، حيث يتناول ناحية محدّدة فقط. فالقياس عمليّة تقدير أشياء مجهولة الكم أو الكيف باستعمال وحدات رقمية مُتّفق عليها"، نحو قياس أبعاد طاولة ما.

إنّ تقدير هذه الأبعاد يعطينا طول الطاولة وعرضها وارتفاعها بوحدة القياس المُتّفق عليها وهي (المتر)، لكن لا يمنحنا مادة صنعها ولونها وحالتها.

إن قياس بعض الخصائص أو الصفات لدى الأشخاص يكون سهلاً ومباشراً في بعض الأحيان كما هو الحال في قياس الطول والوزن أو قياس ضغط الدم، أما قياس الخصائص الداخلية والتي لا تظهر بشكل واضح ومباشر في سلوك الأشخاص فهو أمر معقد وصعب كقياس الذكاء والميول والتكيف الاجتماعي.

فبالقياس إذا نحدد مقدار ما في الشيء من الخاصية التي نقيسها وعن طريقه نستطيع أن نميّز ما بين الأشياء أو الأشخاص ومقارنتها بناء على خواص أو سمات فيها وفي عملية القياس نستخدم أداة قياس كميزان الحرارة أو المتر أو ...

القياس:

هو قواعد استخدام البيانات و الأعداد بحيث تدل علي الأشياء بطريقة تشير إلي كمية الصفة أو الخاصية.

وهو تصور كمي لعملية التقويم . ولكنه أقل عمومية من التقويم .كما إنه يوفر للباحث في مجال التربية وعلم النفس كم من البيانات قبل أن يقوم المختص بإصدار أي حكم.

يختلف معنى استخدام الأرقام وفقا لاختلاف نوع القياس:

فمثلا: (في تقسيم درجات الحرارة هناك ما هو فوق وتحت الصفر –تجمد عدم تجمد) بينما في قياس الطول ليس هناك طول تحت الصفر.

بينما نستخدم في قياس الذكاء ما هو فوق المتوسط و ما هو تحت المتوسط للتمييز بين من لديه ارتفاع في نسبة الذكاء و من لديه انخفاض فيها.

ويعرف القياس أيضاً على أنه العملية التي تحدد بواسطتها كمية ما يوجد بالشيء من خصائص يمكن قياسها وفق معايير محددة مسبقاً، فعن طريق القياس نحصل على بيانات رقمية "كمية" أو ما يسمى بوصف كمي للشيء، أما تربوياً

فالقياس يشير إلى معرفة درجة تعلم الطالب رقمياً إذ يمكن قياس مستوى التحصيل عن طريق اختبار والدرجة التي يحققها من هذا الاختبار تعتبر وحدة قياس.

فالقياس هو عملية التعبير الكمي عن الخصائص و الأحداث بناء على قواعد Rules و قوانين محددة .

ويمكن أن يشمل القياس على ثلاث مجموعات هي:

1. مجموعات الأرقام والرموز.
2. مجموعات الخصائص أو الأحداث أو السمات.
3. مجموعات القواعد و القوانين.

وقد حدد خبراء القياس خمس مشكلات أساسية تواجه تطوير أدوات القياس في مجالات النفسية وهي:

1. لا توجد طريقة محددة لتعريف الابنية النفسية، مقبولة عالميا.
2. تعتمد المقاييس النفسية على عينات سلوكية.
3. اخذ عينات من السلوك يؤدي إلى اخطاء في القياس.
4. وحدات القياس ليست محددة على نحو جيد.
5. يجب أن تظهر المقاييس علاقات بمتغيرات أخرى حتى تصبح ذات معنى.

وعليه فالتّقويم غير القياس، حيث:

يُقدِّر القياس الجزء، ويتناول التّقويم الكلَّ.

فبإمكاننا القول إن التقويم يشمل القياس و ليس العكس.

فالقياس هو عملية تشير إلى معايير محدودة أما كمية أو نوعية و لا تصل إلى درجة إصدار حكم.

أما التقويم يساعد صناع القرار بالإضافة إلى انه عملية مقارنة بين مستوى تقديم خدمة أو برنامج في أكثر من إقليم وفقا معايير محددة متفق عليها أو معايير أخرى، فهو يختلف عن الرقابة التي تقارن وتحاسب، فالتقويم يهدف إلى التحسين و التطوير و توجيه النشاط نحو الهدف.

يُكمِّل التَّقويم القياس حين يقصر هذا الأخير على أن يمدنا بخصائص وسمات الشّيء المراد قياسه، ومن ثمة الوقوف على مواطن الضعف، أو نواحي القوة . فقولنا أنّ الطالب أخذ خمسة من عشرين، لا يمدّنا بمعلومات عن هذا الطالب، ولا يمكّننا من تحسّس مواطن ضعفه، ومن ثمة اقتراح العلاج والبدائل. فلا ندري أنّ هذا الطالب مجتهد، تعثر يوم الامتحان، أم أنّه ضعيف المستوى لم يتمكن من استيعاب السؤال، أو غير ذلك.

يُعدُّ التقويم وسيلة تشخيص للواقع تُسهل الوقوف على نقاط القوة والضّعف، وهو أداة علاج لما اعترى هذا الواقع من عيوب، حيث يعطينا صورة عن جميع المعلومات التي لها علاقة بتقدّم الطالب سواء أكانت هذه المعلومات كمية أم كيفية، وذلك باستخدام القياس والملاحظة والتجريب، ويمتدّ إلى العلاج والأسباب والوقاية أيضاً، بخلاف القياس الذي يعطي معلومات تُعلمُها المحدودية.

يتأسس التقويم على نتائج نستمدّها من القياس، فلا نستطيع أن نثني مثلا على طالب وننصحه بمواصلة الاجتهاد، أو نوبّخه ونبيّن له جوانب تقصيره، ما لم نكن على إطلاع بعلامته.

تستند هذه الشّمولية إلى تطور الفلسفة التّربوية التي أصبح في ضوءها التقويم يرتكز على نماذج علمية، تمثل دعاماته النّظرية التي تربط بين عناصر الفعل التعليمي التعلمي، ويعتمد على إجراءات وتقنيات حديثة في عمليات القياس

وجمع البيانات وتحليلها. فهو بذلك، وفي ضوء التربية الحديثة، متنوع الوسائل، متعدد الوظائف.

وهو أيضا عنصر أساسي من عناصر المنهاج التعليمي، حيث يشبه ضابط الإيقاع إن جازت المشابهة، على أساس أنه يضبط ممارسات المعلم وصلاحياته داخل الغرفة الصّفية وخارجها. فلا يتفرّد المعلّم انطلاقا من هذا بالتّقويم، ويترك مجالا أرحب ليجعل تقويمه ممكنا. ويساعد الطالب على استثمار رحابة هذا المجال المفتوح، ويضبط رجعه وسلوكاته، وطرائق التدريس وأساليبه، وطبيعة المادة الدّراسية واختيارها، والأهداف التّربوية وتحققها.

وهو أيضا أحد معالم تطوير العملية التعليمية، إذ لا يمكن إحداث تطوير في أقطاب هذه العملية إلاّ بالرّجوع إلى نتائج ومؤشرات التّقويم.

ولما عُدَّت الاختبارات المدرسية أهم أدوات التقويم، وأكثرها شيوعا واستخداما؛ تحوّل فعل التّركيز على تحقيق الأهداف التعليمية المنشودة إلى عملية تصنيف المتعلمين في نهاية السنة الدّراسية إلى ناجحين وراسبين.
وتُعتبر نتائج الاختبارات التي تُقسِّم الطلاب إلى ثلاث فئات: المتفوقين والمتوسطين والضُّعفاء، وكذلك الملاحظات والعلامات التي يدونها المعلم على دفاتر الطلاب، أكبر دليل على هذا التّحول.

إنّ حصر مفهوم التّقويم على نتائج الاختبار في تقويم المتعلمين من شأنه أن:

- يُبعثر أولويات التّعليم ومرتكزات تطويره، فيصبح التّدريس من أجل الاختبار هو الهدف الأساس.
- يُكرس سُلطة المعلم، فيستعمل العلامة للضّغط والضّبط والثّواب والعقاب.
- يدفع بالمتعلم إلى الإحجام عن كشف ضعفه، مخافة الملاحظة السّيئة والعلامة الضّعيفة.

يُعوِّد الطالب البخل بالجهد، فلا يركز إلاّ على الموضوعات التي سيُمتحن فيها، أو يدخر قواه طيلة السّنة الدّراسية، ولا يستنفرها إلا في ليلة الامتحان.

وهناك من يربط علاقة بين التقويم والقياس والاختبارات فالقياس هو تلك العملية التي تقوم على إعطاء الأرقام أو توظيفها وفقا لنظام معين من أجل التقييم الكمي لسمة أو متغير معين أما الاختبارات تمثل أحد الأدوات الرئيسية التي تستخدم لجمع المعلومات لأغراض القياس والتقويم.

ويتضح مما سبق:

أن مفهوم التقويم أشمل ميدانا وأوسع مجالا من مفهومي القياس والاختبارات. فهو إذ يستفيد من الاختبارات، فأنه يستفيد كذلك من الأدوات والأساليب الأخرى لجمع المعلومات. و بينما يتوجه التقويم في الغالب إلى التعامل مع ظواهر ومجالات أوسع مثل الحكم على مدى كفاءة برنامج تعليمي معين فان الاختبارات والقياس غالبا ما يكونان محددين بجوانب و أغراض أقل شمولية وبذلك يختلف القياس عن التقويم في إن القياس يعطي قيمة رقيمة تدل على القدر الموجود من سمة ما أو متغير.

فالقياس و الاختبار و التقويم تعود إلى عناصر خاصة لعملية القرار فالقياس عملية التحديد عادة ما ينتج عن ذلك إعطاء أرقام لسمة الشيء المقاييس أيا كان.

الاختبار هو أداة أو وسيلة تستخدم للقيام بقياس معين قد تكون هذه الأداة مكتوبة أو شفهية أو أداة ميكانيكية، أو نوع أخر.

التقويم هو النوع، أو الجودة، أو الجدارة، أو القيمة أو عن الشيء المقاس ؛ إذن التقويم يتضمن اتخاذ قرار.

القياس و التقويم عمليتان منفصلتان و لكنهما أسلوبان مرتبطان عند محاولة معرفة فعالية برنامج أو مستوى الخدمات المقدمة. فالقياس يكشف التغيرات التي تحدث سلبا أو إيجابا فلا يخلوا بحث علمي من قياس أو وجود معيار بينما القويم هو يعنى الوصول إلى حكم إلى مساعدة متخذ القرار و لا يمكن اعتبار أي دراسة أو بحث انه تقويم ما لم يكن هناك مقارنه وفقا قياس أو معيار معين متفق علية أو غير متفق عليه.

إن الهدف من القياس Measurement هو إيجاد أداة لقياس الأداء البرنامج بطريقة موضوعية يتم تحديدها أو الاتفاق عليها ليتم جمع البيانات عن مستوى البرنامج أو الخدمة المقدمة و وضع تلك البيانات في فئات لمساعدة متخذ القرار أو المستفيدين أو الممولين أو المخططين للتقويم في الحكم على البرنامج أو الخدمة.

لذا فإن التقويم أشمل، حيث يتناول جميع عناصر العملية التّعليمية.

أضحى التقويم - كما سبق الذكر - أحد أهم عناصر المنهاج التّعليمي في ظل التّربية الحديثة يتفاعل مع هذه العناصر تفاعلا عكوسا، فيؤثر فيها ويتأثر بها. وهو في أثناء تعلقه بهذه العناصر يتأسّس على ثلاث مرتكزات أساسية تُلازم كلّ أشكال البحث في مجال العلوم الاجتماعية، وهي:

- تحديد أهداف الدراسة وموضوعاتها.
- تحصيل المعلومات المرتبطة بهذه الموضوعات.
- تحليلها وشرحها.

وهو أيضا وسيلة المعلم في الحكم على مدى تقدّم تلاميذه نحو الأهداف التّربوية المنشودة، والتي تنطلق من مبدأ إحداث تغيّرات معيّنة في سلوكهم، مستندا في ذلك إلى التّغذية الرّاجعة.

وقد يسئّل للدّم الطلاب نحو الأهداف المرجوة، فتأتي نتائجهم سلبية، وعليه يُطرح إشكالات القصور:

أفي الأهداف التربوية؟

أم في المادة الدِّراسية؟

أم في طرائق التّدريس؟

أم في غيرها؟

يكفُل التّقويم حلَّ هذا الإشكالات، حين يتقصّى حركة كلِّ عنصر من عناصر المنهاج التّعليمي، فيحدِّد أي هذه العناصر أصابه الفشل، ولا يكتفي ببيان مواطن الضّعف فيه، بل يسعى إلى علاج هذا القصور بالاعتماد على نتائج ومؤشرات الرّجع.

القياس:

تعريف القياس:

القياس لغة:

من قاس بمعنى قدر نقول قاس الشيء بغيره أو على غيره أي قدّره على مثاله القياس (تعريف علمي) عرفه وبستر (Webster) بأنه التحقق بالتجربة أو الاختبار من الدرجة أو الكمية بوساطة أداة قياس معيارية . فالقياس عملية نصف بها الأشياء وصفا كمياً .

أدوات القياس:

ظهرت تعريفات وتفسيرات متعددة لمفهوم اداة القياس ولكنها تجمع على تفسير في انها الطريقة أو الأسلوب الذي تقاس به صفة أو ظاهرة أو موضوع ما إذ يعرف مهرمز اداة القياس بانها اداة منظمة لقياس الظاهرة موضوع القياس والتعبير عنها بلغة رقمية.

أما كرونباخ فيعرفها بانها طريقة منظمة للمقارنة بين سلوك شخصين أو اكثر .

القياس اصطلاحاً:

هو الرقم الذي يحصل عليه الطالب نتيجة إجابته عن الأسئلة.

- القياس التربوي : هو وصف كمي أو رقمي لما حصله الطالب.
- أدوات القياس : يتم باستعمال الاختبار أو الفحص فقط.
- ملاحظة / القياس سابق للتقييم وأساس له.

التقييم:

التقييم: هو إصدار الحكم على قيمة الشيء. (فقط دون تعديل).

التقييم: هو إعطاء قيمة لشيء ما وفق مستويات محددة.

التقييم التربوي: هو بيان تحصيل الطالب أو مدى تحقيقه لأهداف التربية من خلال ما يلي:

- إصدار الحكم على تحصيل الطالب نموه وصحته وقدراته واستعداداته وذكائه ومهاراته وتكيفه.

- الحكم على نتائج القياس التربوي أي مدى كفاية الدرجات التي تمثل تحصيل الطالب أو ما يمتلكه من مقدره.

الفرق بين القياس والتقويم

التقويم Evaluation والقياس Measurement عمليتان طبيعيتان نمارسها في حياتنا اليومية بطريقة شعورية أو لا شعورية فكل واحد من يحاول أم قياس أو مقارنة مستوى أدائه أو مستوى الخدمات المقدمة له وفق معاييره الخاصة أو حسب خبرته السابقة أو حسب المعايير الاجتماعية أو الأكاديمية، فأحيانا نقيس أو نقارن بين أدائنا الآن و بين أدائنا في السنوات الماضية أو بيننا و بين اقرننا فتحن في العادة لا نسال أنفسنا هل نقيس أولا أم نقارن وعليه نصدر التقويم آم العكس.

فهل يمكننا الفصل بين التقويم و القياس؟ و هل هناك فرق بيينهما ؟ آم أنهما عمليتان مكملتين لبعضهما البعض.

يختلف مفهوم التقويم عن مفهوم آخر مرتبط به هو القياس. فالتقويم أساسا اعطاء حكم، بينما القياس هو تقدير الأشياء والمستويات تقديرا كميا عن طريق استخدام وحدات رقمية مقننة، فالتقويم أشمل وأعم من القياس لأنه يشمل القياس مضافا إليه حكم معين مع اتخاذ الاجراءات التي تكفل الوصول إلى الأهداف المنشودة.

يمكننا القول إن الفرق بين التقويم و القياس يتمثل في إن القياس Measurement يقتصر على الأحكام التحليلية للظواهر (Analytical) و التي تعتمد على استخدام المقاييس و الاختبارات، أما التقويم Evaluation فهو يمتد إلى الأحكام الكلية (Global) للظواهر. و عملية التقويم تهدف إلى إصدار أحكام على قيم الأشياء أو الأشخاص، و تتضمن عملية التقويم استخدام محكات (Criteria) أو معايير (Norms) و ذلك لتقدير كفاية الأشياء أو فعاليتها.

فالقياس Measurement هو وصف كمي لمقدار السمة التي يمتلكها الفرد، و لا يرقى ذلك إلى إصدار أحكام حول تلك السمة، آم التقويم Evaluation هو عملية إصدار الحكم أو وصف كمي أو نوفي للدرجة أو لمستوى الأداء.

وهناك مصطلح أخر هو التقييم Assessment فقد شاع استخدام في مجال قياس الشخصية و في وصف أداء أو إنتاج الفرد في العمل أو البرنامج التدريبي في ضوى عدد من المحكيات كالامتحانات التجريدية و غيرها. و بعض الدراسات تشير إلى إن كل من التقويم و التقييم مصطلحين يعبران عن عملية و احده، وآخرون يرون أن لفظ تقويم في اللغة العربية هو الأقرب والأنسب من لفظ التقييم والبعض أتفق إن التقويم يشمل كن من القياس و التقييم.

ولكن علينا الإيضاح هنا إلى أن هناك عملية تتوسط القياس والتقويم وهي عملية التقييم التي من خلالها يعطى الوصف الكمي "بيانات" الذي حصلنا عليه بعملية القياس قيمة فيصبح وصفاً نوعياً " معلومات" فمثلاً لا يستطيع أن يقيم الطبيب درجة حرارة المريض التي بلغت بالقياس 39 درجة مئوية إلا بمعالجتها أو دراستها بالرجوع إلى درجة الحرارة الطبيعية لجسم الإنسان والتي يصبح معها رقم 39 الذي لا يزيد عن كونه وصفاً كمياً " بيانات" وبدون أية دلالة أو قيمة، ويشير إلى ارتفاع في درجة حرارة المريض وهذا يعتبر تقييم للحالة وهذه الخطوة أي التقييم هي خطوة تشخيصية نحدد من خلالها نقاط القوة والضعف لتصبح بعدها عملية التقويم " تصحيح ما اعوج من الشيء" عملية علاجية تعالج نقاط الضعف أينما وجدت.

فالثلاث عمليات إذاً تتم كالتالي:

قياس "باستخدام أداة قياس" والحصول على نتائج "أو وصف كمي للصفة"

-------◄ تقييم "عملية تشخيصية"، "إعطاء وصف نوعي للسلوك"

----- ◄ تقويم "عملية علاجية"

ما بين التقويم والتقييم.. الاتفاق والاختلاف:

- في اللغة الانجليزية كلمتان توضحان المراد هم valuation وهي تترجم كلمة تقييم , بينما كلمة evaluation وهي تترجم بالتقويم – ويري فؤاد أبو حطب و آخرون (1999) أن كلمة تقييم لا تتجاوز معني تحديد القيمة, بينما كلمة تقويم تتجاوزه إلي التعديل و التحسين والتطوير.

- والتقييم يعتمد في جوهره علي تمركزه حول ذات المقيم فهو الذي يصدر أحكامه علي الأشخاص والأشياء و الموضوعات, و بالتالي هي في جوهره أحكام ذاتية تعتمد علي التخمين.

التقويم في جوهره هو عملية إصدار الحكم علي:

1. الأداء بحيث يتم تحديد مستواه وفقا لمعايير الجودة.
2. الأفراد من حيث المفاضلة بينهم في (خصائصهم, صفاتهم, قدراتهم...).
3. الأشياء – من حيث صلاحيتها أو عدم صلاحيتها.
4. الموضوعات (الأفكار, الانجازات, المعالجات).

- هناك خلط واضح بين المفهومين

التقييم
valuation

- لجوانب محددة ة ليس شاملا أو مستمرا

- ليس من أهدافه تغيير ما هو قا ئم

- محدد بزمن ومكان.
- مقدار الإنجاز هو أساس التقييم.
- يتمركز حول ذات المقيم.

التقويـــم
evaluation

بينما التقويم هو:

- متعـــدد.
- شامـــل.
- مستمـــر ومتتابع.
- يتجاوز الزمن و المكان.
- يهدف إلي تغيير الوضع القائم.

لعلنا نتفق ان عملية التقويم:

- أنها وسيلة وليست غاية في حد ذاتها.
- لا تقويم بدون معلومات أو بيانات أو حقائق.
- هى عملية مخططة وليست عملية عشوائية.
- لا بد من تحديد قيمة للشئ في ضوء معايير.
- أنها عملية سيتم من خلالها إصدار حكم على شئ ما.
- وسيلة إلى التطوير وتحسين الاداء.
- عملية مستمرة طوال العام الدراسى.
- تتوقف النتائج على جودة ودقة الأدوات المستخدمة.
- يتناول كافة الانشطة التي يزاولها المتعلم في المدرسة.
- الشمولية لجوانب النمو المختلفة للمتعلم.

- تعدد الأسالب وتنوع الادوات المستخدمة.
- عملية فنية ينبغى أن يقوم بها معلمين مدربين لهم خبراتهم الكافية.
- لا بد أن تكون الادوات ملتزمة بخصائص الصدق والثبات والموضوعية.

الفصل الرابع

استراتيجيات التقويم

استراتيجيات التقويم Assessment Strategies

أدت ثورة المعرفة المعلومات والاتصالات في القرن الحادى والعشرين،إلى ان تتجه معظم الدول نحو الاقتصاد المعرفي (ERFKE) ، وتطبيق استراتيجيات التقويم الحديثة وحسن توظيفها واستخدامها بما يتمشى مع طبيعة المنهاج والمتعلمين، ويحقق خلق بيئات تعلم تشجع على المبادرة والابتكار والتفكير الناقد وصنع القرار واتخاذه وحل المشكلات.

ويتوقف تطبيق استراتيجيات التقويم Assessment Strategies على ما يلي:

1. أنْ يتّجه تطبيق استراتيجيات التقويم إلى توضيح مدى تحقق الأهداف المنشودة عن طريق قياس نواحي النّمو العقلي والوجداني والاجتماعي للمتعلمين .
2. أنْ يزيد استخدام استراتيجيات التقويم في إمكانات تحديد مشكلات التّدريس والتّحصيل، ومن ثمّة إدراك مواطن القصور ونواحي النّجاح فيهما.
3. أنْ تُسهم في تحديد الآليات والإجراءات الوظيفية العاملة على تحقيق الأهداف ، باعتبار أن للتّقويم علاقة بجميع عناصر المنهاج.
4. أنْ يكون تطبيق الإستراتيجية شاملة للموضوع المُقوَّم ، حيث يتناول جميع عناصره المُكوِّنة، وبيئته التي أوجدته.. كأن نتناول في تقويم تحصيل الطالب الجوانب العقلية والوجدانية والاجتماعية واستعداداته واتجاهاته... أو نُقوِّم المنهاج التعليمي فنتناول بالتّقويم الأهداف التّربوية المحتوى الدّراسي والطّريقة والوسائل الإيضاحية.
5. أنْ يوائم تطبيق استراتيجيات التقويم طرائق التّدريس ؛ أي أن يبدأ التّقويم منذ تحديد الأهداف التّربوية، ويستمر مع كل درس ونشاط وتدريب لتلافي نواحي القصور في العملية التعليمية، ومن ثمّة تحقيق الأهداف التّربوية المتوخاة.

6. أنْ تتكامل أدوات التّقويم فيما بينها من منطلق أنها تسعى إلى غرض واحد، وعليه يعطينا التّقويم صورة محددة وواضحة على الشّخص أو الموضوع المُقوَّم.

7. أنْ يقوم التّقويم على مبدأ التّعاون، فلا يتفرد بعملية التّقويم شخصٌ واحدٌ، وإنّما الأسرة التربوية برمتها، بما في ذلك المعلمين والأولياء والموجهين التّربويين.

8. أنْ ينبني تطبيق استراتيجيات التقويم على أساس علميّ من حيث دقة أساليبه، وموضوعية إجراءاته، وعلمية منهجه.

9. أنْ يُنجَز تطبيق استراتيجيات التقويم بأقل تكلفة، وأيسر جهد، وأقصر وقت، وأكبر فعالية ممكنة.

10. أن ترتبط استراتيجية التقويم بأهداف تدريس الموضوع الأساسية.

11. أن تعالج استراتيجية التقويم الفروق الفردية بين الطلاب.

12. أن تراعي استراتيجية التقويم نمط التدريس ونوعه (فردي، جماعي).

13. أن تراعي استراتيجية التقويم الإمكانات المتاحة بالمدرسة.

14. أنْ ينبني تطبيق استراتيجيات التقويم على التفكير:

ينبغي أن يركز المعلم على جانب تنمية التفكير من خلال التقويم بحيث يطرح أسئلة وتمارين تتحدى عقول الطلاب وتضعها في موقف مثير ومدهش لتنشط عقولهم وتتوقد أذهانهم. ومن ذلك أسلوب العصف الذهني في استمطار الأفكار،،، عرض حالات معرفية مغايرة للعادة، البحث لاكتشاف الأخطاء،،،، وغيرها.

ومن أمثلة ذلك:

ماذا يحدث لو .... /تحليل استدلالي

كيف نطور المفهوم / القانون....../ إبداع

لماذا حدث ذلك .... /تفسير

كيف تصمم استراتيجية التقويم؟

تصمم استراتيجية التقويم في صورة خطوات إجرائية بحيث يكون لكل خطوة بدائل، حتى تتسم الاستراتيجية بالمرونة عند تنفيذها، وكل خطوة تحتوي على جزيئات تفصيلية منتظمة ومتتابعة لتحقيق الأهداف المرجوة، لذلك يتطلب من المعلم عند تنفيذ استراتيجية التقويم تخطيط منظم مراعياً في ذلك طبيعة المتعلمين وفهم الفروق الفردية بينهم والتعرف على مكونات التدريس.

مواصفات الاستراتيجية الجيدة في التقويم:

1. الموضوعية (Objectivité):
2. الثّبات (Fiabilité):
3. الصّدق (Validité):
4. الملاحظة: Observation:

وهي عملية مشاهدة الطلاب وتسجيل المعلومات لاتخاذ قرار في مرحلة لاحقة من عملية التعليم والتعلم ، ويمكن استخدام ادوات: قائمة الرصد، سلالم التقدير، والدفاتر الجانبية واليومية في الملاحظة.

5. التواصل: Communication:

وهو لقاء مبرمج بين المعلم والمتعلم لتقويم التقدم لدى الطالب في مشروع معين ويكون التركيز على مدى التقدم إلى تاريخ معين ومن ثم تحديد الخطوات اللاحقة .

6. مراجعة الذات : Reflection:

وتشتمل يوميات الطالب ، وملف الطالب ، التقويم الذاتي .

7. الشمول comprehension ، بحيث تتضمن جميع المواقف والاحتمالات المتوقعة في الموقف التعليمي.

8. المرونة والقابلية للتطوير aggiornamento ، بحيث يمكن استخدامها من صف لآخر.

إن استراتيجيات التقويم ترمي إلى التأكد من تحقق أهداف العملية التعليمية وذلك عن طريق:

1. تنظيم أساليب تقويم التحصيل الدراسي وإجراءاته في مراحل التعليم العام وما في مستواها.

2. تحديد مستوى تحصيل الطالب، والتعرف على مدى تقدمه نحو تحقيق الغايات والأهداف أو النتائج.

3. إمداد الطالب والقائمين على العملية التعليمية بالمعلومات اللازمة من أجل تحسين مستوى التعلم ورفع كفاية المناهج وأساليب التدريس.

4. تطوير عمليات التقويم وإجراءاته والمراجعة المستمرة لها وفق الأسس العلمية.

5. الإسهام في الحدِّ من مشكلات الرسوب وما يترتب عليه.

استراتيجيات التقويم Assessment Strategies:

أولاً: التقويم المعتمد على الأداء(Performance - based Assessment):

يتطلب التقويم المعتمد على الأداء من الطالب أن يوضح تعلمه من خلال توظيف مهاراته في مواقف حياتية حقيقية ، أو مواقف تحاكي المواقف الحقيقية (متقمصة).

فعاليات إستراتيجية التقويم المعتمد على الأداء:

- العرض التوضيحي Demonstration.
- الحديث Speech.
- المحاكاة (لعب أدوار) Simulation / Role-playing.
- المناقشة / المناظرة Debate.
- الأداء Performance.
- المعرض Exhibition.
- التقديم Presentation.

إن التقويم بالأداء يستخدم عندما يكون من الأفضل للطالب أن يظهر مهارات البحث من خلال العمل . حيث إن القلم والورقة غير كاف لإظهار التحصيل لبعض النتاجات.

من الممكن أن يوفر الأداء للطلبة فرصة استخدام مواد حسية مثل (أدوات رياضية ، بصريات حاسبية ، أزياء ، طباعة ، الحاسوب ، التجارب العلمية ،....) لإظهار أفكارهم ومهاراتهم.

إن الأداء يتطلب تقوماً مبنياً على معايير واضحة ، تم تطويرها من قبل المعلم والطالب في معظم الأحيان.

دور المعلم في تطوير التقويم المعتمد على الأداء واستخدامه:

- تحديد نقاط الفهم الرئيسة التي يجب أن يظهرها الطالب.
- تقرير فيما إذا كان الأداء سيطبق فردياً أو على شكل مجموعات.
- العمل مع الطلاب لبناء معايير التقويم.
- وضع خطوط زمنية للإعداد والأداء.
- جمع خطط الطلاب حول الأداء المنوي تطبيقه.

- مساعدة الطلاب في الحصول على المواد والتجهيزات .
- مراقبة الطلاب في مراحل مختلفة من التحضير .
- تقويم الأداء الحقيقي الذي يظهره الطلاب .
- إعطاء تغذية راجعة واقتراحات حول تطورهم بعد تقديمهم الأداء .

نموذج استراتيجة التقويم المعتمد على الأداء

الرقم	الأداء	ممتاز	جيد	مقبول
1.	يستخدم لغة علمية صحيحة واضحة			
2.	يتواصل مع الآخرين لفظياً			
3.	يتواصل مع الآخرين بصرياً ، تعابير الوجه			
4.	يشارك أفراد المجموعة في الحوار والمناقشة			
5.	يستمع لأفراد الفريق			
6.	يتقبل آراء الآخرين والاحترام المتبادل			
7.	يتخذ القرارات المناسبة			
8.	ينجز الأعمال المطلوبة منه			
9.	ملاحظات المعلم			

استراتيجية التقويم المعتمد على (الأداء) تقويم مشاريع الطلبة.

أداة التقويم (سلم التقدير).

الصف / الشعبة : التاريخ :

قدر بـ
4 ممتاز 3 جيد جداً
2 جيد 1 ضعيف

الرقم	عنصر التقويم	اسم الطالب														
1	يعرض المفهوم العلمي بشكل جيد															
2	يظهر الترابط مع المواد الأخرى															
3	يتميز بكونه خلاقاً															
4	يثير مزيد من التحقيقات حول الموضوع															
5	يتسلسل في طرح عناصر المشروع															
6	تظهر فيه براعة التخطيط والإعداد															
7	تظهر فيه قدرة ضبط الوقت															
8	يظهر فيه توزع المهام على أفراد المجموعة التي كلفت به															
9	يجيب عن الأسئلة ويثير المزيد من الاهتمام بالموضوع															
10	المشروع يثري المعلومات وينميها															
11	برزت في المشروع روح الفريق															

يمكن للمعلم هنا أن يقوّم أفراد مجموعة واحدة على أن يقوّم المجموعات الأخرى في حصص لاحقة.

ضرورة اطلاع الطلبة على ملاحظات المعلم على أداء كل منهم و إعطاء تغذية راجعة سريعة.

علامة الطالب التي تسجل في سجل العلامات = (مجموع علامات الطالب على فقرات الأداء / 40) *العلامة المقررة لخانة الأداء في دفتر العلامات.

ثانياً: استراتيجيه الورقة والقلم: (Pencil and Paper):

يستخدم التقويم بالورقة والقلم ، لجمع أدلة حول تعلم الطالب . ويمكن تقويم كل من تذكر الحقائق والمهارات العليا باستخدام الورقة والقلم، وباستخدام أدوات معدة بعناية . ويمكن أيضاً للطلاب أن يظهروا مهاراتهم من خلال إكمال جدول أو رسم.

تعد استراتيجيه الورقة والقلم من الاستراتيجيات الهامة؛ لأن أبرز الوسائل المستخدمة في قياس التحصيل المدرسي هي الاختبارات. وكذلك من الممكن أن تظهر اختبارات الورقة والقلم الحاجة إلى إعادة التعليم متبوعاً باختبار آخر ، يمكن للطالب من خلاله أن يوضح تعلم مهارات لم يكن يتقنها من قبل. وكمبدأ أساسي، ينبغي أن لا يكون هنالك مفاجآت في الاختبارات.

دور المعلم في تطوير التقويم باستخدام الورقة والقلم وتوظيفه:

- تحديد الكلمات والعبارات المفتاحية في المفاهيم الأساسية في الدرس.
- تصميم الاختبار القصير، الاختبار بالاعتماد على مفاتيح الفهم الأساسية التي يجب تقويمها.
- التأكد من أن التقويم بالورقة والقلم يعكس مدى تقدم الطلبة.

- إعطاء نماذج من الأسئلة وإجاباتها لمساعدة الطلاب على الدراسة.
- تزويد الطلاب بتفاصيل توزيع العلامات، مبيناً بالضبط كيف يمكن الحصـول عـلى العلامة .
- تزويد الطلاب بعينة من الإجابات النموذجية لمساعدة الذين واجهتهم صعوبات في الاختيار.
- إعادة تدريس المادة إذا تطلب الأمر ذلك.

ثالثاً : استراتيجية الملاحظة observation:

تعني الملاحظة عملية مشاهدة ومراقبة الطلاب عن طريق حواس المعلم أو الملاحظ ، وتسجيل معلومات لاتخاذ قرار في مرحلة لاحقة من عملية التعليم والتعلم . وتوفر الملاحظة معلومات منظمة ومستمرة حول كيفية التعلم واتجاهات المتعلمين وسلوكا تهم واحتياجاتهم كمتعلمين وكذلك أدائهم. ولذلك يجب أن يكون للملاحظة معايير محددة ومجال واضح.

وتقسم الملاحظة إلى عدة أنواع منها:

1. **الملاحظة التلقائية observation automatic :**

تعرف الملاحظة التلقائية بشكل عام : ملاحظة المرء لظواهره النفسية الخاصة أي الملاحظة ... المرئية، لمعارضة الآراء الجدلية التلقائية للمدرسة ...وتشمل صور مبسطة من المشاهدة والمراقبة بحيث يقوم المعلم أو الملاحظ فيها بملاحظة سلوكا ت المتعلم الفطرية من خلال ... التجربة المباشرة.. الملاحظة أثناء التعليم.

2. الملاحظة المنظمة observation Organization:

وهي الملاحظة المخطط لها مسبقاً والمضبوطة ضبطاً دقيقاً ، ويحدد فيها ظروف الملاحظة كالزمان والمكان والمعايير الخاصة للملاحظة . وفيها يتم الإطلاع ودراسة الحالة النفسية والأفكار الفطرية للمتعلم ؛ للتنبؤ بتقدم المتعلم ونجاحه في مهنته في المستقبل.

وهذا النوع يكشف عن أداء المتعلم بشكل جيد عند التدريب بالأوضاع المحددة ، كملاحظة معلم التربية الرياضية مهارات اللعب مع فريق " لكل لاعب منفرداً أثناء اللعب. لذلك يناقش المعلم مع الصف صفات "عضو الفريق " ، مثل مساعدة زملاء الفريق، واستخدام الأدوات وإظهار الاحترام . ثم يقسم قائمة أسماء الطلاب إلى خمسة أجزاء. ومن ثم – ولمدة خمس حصص صفية متتالية – يركز المعلم على تسجيل ملاحظاته على طلاب مجموعة من المجموعات الخمس، كل مجموعة في حصة.

وتتضمن الملاحظة سجلاً كتابياً يفترض أن يكون موضوعياً وواضحاً، ومن الممكن أن تشمل السلوك الملاحظ ، والتغير عبر الوقت ، وأداء الطالب بالاستناد إلى معايير متفق عليها والتقدم أو النمو عند الطالب.

من الممكن كذلك تدوين الملاحظة في قائمة رصد ، أو سلالم التقدير اللفظية أو سلالم التقدير العددية ، أو في الدفاتر الجانبية (اليومية).

- دور المعلم في استخدام الملاحظة وتطويرها.
- التحديد المسبق لما سيتم ملاحظته من مفاهيم مفتاحيه وممارسات ونتاجات.
- اعتماد معايير لاستخدامها خلال المشاهدة، إما عن طريق تطوير معايير مع الصف أو إبلاغ الصف عنها بوضوح.
- مراقبة الطلاب أثناء الاستجابة للأسئلة واستكمال المهام المطلوبة منهم.

- ملاحظة الخصائص اللفظية وغير اللفظية للطلاب، مثل الاهتمامات والقدرات أو الاستعدادات.
- تسجيل الملاحظات باستخدام قائمة رصد وسلالم تقدير ، أو أي وسيلة تسجيل أخرى.
- التزويد بالتغذية الراجعة، تدوين نقاط الضعف ونقاط القوة والخطوات اللاحقة في التعلم. وتحديد الخطوات القادمة لتحسين أداء كل طالب وتطويره.

رابعاً : إستراتيجية التواصل Communication:

يُعّد التواصل بمفهومه العام نشاطاً تفاعلياً يقوم على إرسال واستقبال الأفكار والمعلومات باستخدام اللغة ، ويمكن إجراؤه إلكترونياً.

ومن الأمثلة على إستراتيجية التواصل:

1. **المؤتمرConference:**

وهو لقاء مبرمج يعقد بين الطالب ومعلمه لتقويم التقدم المستقل للطالب في مشروع معين . ويكون التركيز على مدى التقدم إلى تاريخ معين ومن ثم تحديد الخطوات اللاحقة .

ويستخدم المؤتمر غالباً كتقويم تكويني يأخذ مجراه أثناء عمل الطالب في مشروع أو أداء ، مثل الخطابة أو المقابلة أو أي عمل كتابي آخر.

2. **المقابلة Interview:**

لقاء بين الطالب ومعلمه محدد مسبقاً يمنح المعلم فرصة الحصول على معلومات تتعلق بأفكار الطالب واتجاهاته نحو موضوع معين ، وتتضمن سلسة من الأسئلة المعدة مسبقاً.

3. الأسئلة والأجوبة Answer & Question:

أسئلة مباشرة من المعلم إلى المتعلم لرصد مدى تقدمه ، وجمع معلومات عن طبيعة تفكيره ، وأسلوبه في حل المشكلات ، وتختلف عن المقابلة في أن هذه الأسئلة وليدة اللحظة والموقف وليست بحاجة على إعداد مسبق. (وزارة التربية والتعليم / الأردن - الفريق الوطني للتقويم 2004).

إن هذه الاستراتيجية مفيدة للطلاب أثناء عملهم على مشاريع كبيرة أو في الدراسات المستقلة. ومن الممكن أن تستخدم اللقاءات في التقويم النهائي عندما يكتمل المشروع.

وهذه الاستراتيجية عملية تعاونية، بمعنى أن الطالب يتعلم من المعلم، وكذلك فإن المعلم يتعلم طبيعة تفكير الطالب وأسلوبه في حل المشكلات.

أمثلة:

يعين المعلم موضوعا للكتابة، كالمقالة مثلاً؛ ومن ثم يناقش مع الصف قائمة معايير لهذه المقالة. ومن الممكن أن يعدّ لهذا الغرض سلالم تقدير لفظي تبين الهيئة التي يمكن أن تظهر عليها المقالة عند مستويات الأداء المختلفة.

مثلاً: قد يكون هيكل أو تنظيم المقالة على النحو الآتي:

المستوى الأول: واضح إلى حد ما.

المستوى الثاني: واضح على الأغلب.

المستوى الثالث: واضح جداً.

ثم يعين المعلم التواريخ التي يجب إكمال المسودة عندها، وعندما يكمل الطالب المسودة الأولى ، يحدد لقاء مع المعلم لمراجعة التقدم الذي تم حتى تاريخه ، ولتحديد الخطوات اللاحقة لتحرير المقالة وتطويرها . ويمكن أن يقترح المعلم مصادر أوسع ليستخدمها الطالب، ويتأكد من أن الطلاب جميعاً قد عقدوا لقاء في التاريخ المحدد.

دور المعلم في تطوير التواصل واستخدامه:

- تحديد المهمة والاتفاق على مواعيد لرصد التقدم وعقد مؤتمرات.
- إعداد أسئلة لتوجيه الطلاب لفهم وجهة نظرهم ، واقتراح الخطوات اللاحقة.
- إدارة لقاء لفهم وجهة نظر الطالب ومبرراته.
- إعطاء درس للطالب في المجال الذي يواجه فيه صعوبة إذا كان ذلك ضرورياً.
- متابعة تقدم الطلبة والتأكد من أن لديهم الفرصة لعقد مقابلة أو لقاء مع أقرانهم.

خامساً: إستراتيجية مراجعة الذات Reflection Assessment Strategy:

تعتبر إستراتيجية مراجعة الذات مفتاحاً هاماً لإظهار مدى النمو المعرفي للمتعلم ، وهي مكون أساسي للتعلم الذاتي الفعال، والتعلم المستمر، وتساعد المتعلمين في تشخيص نقاط قوتهم وتحديد حاجتهم وتقييم اتجاهاتهم.

وتشمل مراجعة الذات: ملف الطالب، يوميات الطالب، وتقويم الذات.

1. ملف الطالب (Student Portfolio):

سجلات الأداء (البورتفوليو):

وهي عبارة عن سجلات للتعلم والتقويم يتجمع فيها عينات ممثلة من أعمال المتعلمين التي توضح تحصيلهم وتقدمهم وجهدهم، وتشمل كل من مخرجات التعلم، إلى جانب عملياته، وقد تركز على مجال دراسي معين أو أكثر من مجال.

وتعتبر محتويات هذا الملف أداة رئيسية لتقدير مستوى الطالب من خلال الانجازات الملموسة التي توصل اليها حيث يختار الطالب بعض الأعمال المنجزة في هذا الملف ليتم تقييمه عليها، وكذلك يختار المعلم أعمالا أخرى إلى جانب التي يختارها الطالب لغرض التقويم.

يعدُّ ملف الطالب أداة مساعدة للطلبة لتقويم تعلمهم ذاتياً ، وهو عبارة عن جمع نماذج من أعمال الطلبة التي تم انتقاؤها بعناية لتظهر مدى التقدم عبر الوقت . ولذلك يجب مشاركة ، الطلبة في انتقاء النماذج المراد حفظها في الملف ، لأن ذلك يفيد الطلبة في تقويم كل نموذج أو عمل ، وتقرير سبب رفض النموذج ، أو إدخاله في الملف .

ويقدم ملف الطالب دليلاً واضحاً على تقدمه عبر الوقت . ويظهر نقاط ضعفه ونقاط قوته . ويستطيع الطالب والمعلم وولي الأمر مراجعة الملف مع الطالب ومناقشة الخطوات اللاحقة . وبهذه الطريقة فإن الطلبة يصبحون أكثر مسؤولية عن تعلمهم ويستطيعون مشاهدة نجاحهم عبر الزمن.

مثال: اللغة العربية:

في درس من دروس اللغة يتحدث المعلم للصف عن جَمْع أعمالهم عبر الزمن . حيث يكتب الطلاب نصوصاً كثيرة ويجمعونها في الملف ، ثم يناقشون عدد النماذج التي يجب الاحتفاظ بها في الملف ، فمثلاً ، يحددّون نموذجاً كل أسبوعين . ويؤرخ الطلبة أعمالهم ثم يختارون نصوصاً من الكتابة لحفظها في الملف . بعد ذلك يبرمج المعلم لقاءات مع الطلاب لرؤية مدى تقدمهم واقتراح الخطوات اللاحقة . وبعد عدة شهور يُطْلع الطلاب آباءهم على أعمالهم لإظهار مدى تقدمهم .

ما أهداف ملف تقويم الطالب؟

إن ملف تقويم الطالب يرمي إلى التأكد من تحقق أهداف العملية التعليمية التعلمية ، وذلك عن طريق:

1. تنظيم أساليب تقويم التحصيل الدراسي وإجراءاته في مراحل التعليم العام وما في مستواها.
2. تحديد مستوى تحصيل الطالب، والتعرف على مدى تقدمه نحو تحقيق الغايات والأهداف التي نصت عليها سياسة التعليم في المملكة.
3. إمداد الطالب والقائمين على العملية التعليمية بالمعلومات اللازمة من أجل تحسين مستوى التعلم ورفع كفاية المناهج وأساليب التدريس.
4. تطوير عمليات التقويم وإجراءاته والمراجعة المستمرة لها وفق الأسس العلمية.
5. الإسهام في الحدّ من مشكلات الرسوب وما يترتب عليه.

2. يوميات الطالب (Response journal) :

يمكن استخدامها لمباحث عدة ، حيث يكتب الطلبة خواطرهم حول ما يقرؤونه ويشاهدونه . فيسجلون أفكارهم وملاحظاتهم وتفسيراتهم الذاتية . فهي

تشجع / تحفز أفكارا إبداعية منبثقة عن مستوى فكري عال. ويوميات الطالب ذات طبيعة شخصية ، ولها خصوصية مهمة .

دور المعلم:

- مناقشة طرق تنظيم ملف الطالب أو اليوميات.
- تشجيع الطلاب على الأخذ بعين الاعتبار، الهدف من الملف ومن سيطلع عليه.
- تطوير معايير لتقويم ملف الطالب بمشاركة الطلبة.
- إعطاء تغذية راجعة للطلبة مبنية على الأعمال الموجودة في ملف الطالب.
- برمجة لقاءات مع الطلاب والآباء لمراجعة ملف الطالب لتحديد نقاط القوة ونقاط الضعف، والخطوات اللاحقة في التعلم.

3. **تقويم الذات:**

قدرة المتعلم على الملاحظة ، والتحليل والحكم على أدائه بالاعتماد على معايير واضحة ثم وضع الخطط لتحسين وتطوير الأداء بالتعاون المتبادل بين المتعلم والمعلم.

الفرق بين تقويم الذات و مراجعة الذات:

مراجعة الذات تهدف على فهم الأداء، بينما يهدف تقويم الذات على الحكم على الأداء.

استراتيجية التقويم: مراجعة الذات:

اداة التقويم : تقويم الذات:

يسأل الطالب نفسه الاسئلة الآتية:

1. هل تعرفت أنواع الملوثات.
2. هل تعرفت مصادر الملوثات.
3. هل أستطيع ان ساهم في الحد من التلوث، ما النشاطات الواجب علي تصحيحها او القيام بها في هذا الموضوع.
4. كيف أستطيع أن أشارك مع زملائي في حماية البيئة.
5. هل أستطيع أن احدد أخطار التلوث.
6. هل تعرفت على القوانين والتشريعات البيئية.
7. هل أستطيع ان احدد ان هذه القوانين كافيه.
8. هل أستطيع ان أعطى رأيا في تطور هذه القوانين.
9. هل تعرفت على المؤسسات المهمة بحماية البيئة.
10. هل استطيع مشاركة هذه المؤسسات في حماية البيئة.

ملاحظة: يقيم الطالب نفسه من اجل التعرف على نقاط الضعف عنده لمعالجتها، ولا تهتم بالعلامة هنا.

الوحدة الخامسة

استراتيجيات التسجيل

(أدوات التقويم)

استراتيجيات التسجيل (أدوات التقويم)

Recording Strategies

أولاً: قائمة الرصد / الشطب Check List:

قائمة الرصد عبارة عن قائمة الأفعال التي يرصدها الطالب أو المعلم أثناء التنفيذ، أو قائمة من الخصائص التي يرصدها الطالب أو المعلم أثناء ملاحظتها.

ويستجاب على فقراتها باختيار إحدى الكلمتين من الأزواج التالية:

صح أو خطأ.

نعم أو لا.

موافق أو غير موافق.

مرضٍ أو غير مرضٍ.

غالباً أو نادراً.

مناسب أو غير مناسب.....وهكذا.

إن المعلم أو الطلبة يعدّون قائمة الرصد مع التنويه إلى مؤشرات نجاح الطالب. من الممكن أن تكون القائمة مجموعة من الخطوات التي يجب أن يتبعها الطلاب لإكمال تعيين أو مشروع. ومن الممكن أن تكون قائمة الرصد مجموعة من المهارات أو المفاهيم أو الممارسات أو الاتجاهات.

إن قائمة الرصد مفيدة وسريعة عندما يكون هنالك عدد من المعايير المهمة. وهي وسيلة فعالة للحصول على معلومات في صيغة مختصرة. تستطيع أن تساعد الطالب والمعلم على تحديد مواطن القوة والضعف عند الطالب بسرعة، والخطوات اللاحقة في التعلم.

إستراتيجية التقويم: الملاحظة:

أداة التقويم: قائمة الشطب.

الرقم	الأداء	نعم	لا
1.	التعاون بين أفراد المجموعة		
2.	تحديد أجزاء الخلية بدقة		
3.	تحديد الجزء الذي يحتوي على المادة الوراثية من الخلية بشكل صحيح.		
4.	التوصل إلى أن المادة الوراثية توجد في النواة على شكل كرموسومات		
5.	التوصل إلى أن الجزء من الكرموسوم المسئول عن نقل صفة وراثية يسمى جين.		
6.	التوصل إلى أن الصفة الوراثية الواحدة تحدد بزوج من الجينات.		
7.	استنتاج أن زوج الجينات التي يتحكم بنقل الصفة الوراثية احدهما مورث من الأب والآخر من الأم		
8.	تدوين الإجابات بصورة منظمة		

دور المعلم في تطوير قائمة الرصد واستخدامها:

- تحديد المعايير التي سيتم تقويم الطالب بناءً عليها.
- توجيه الطلاب إلى رصد السلوك، أو المهارة، أو العنصر عندما يكون موجوداً، أو في حال تنفيذه.

(ملاحظة: لا يتم تقويم نوعية العمل في هذه المرحلة).

إستراتيجية تقويم المعتمد على الملاحظة / قائمة شطب

الموضوع: المرآة المقعرة **التاريخ: / /**

الرقم	السلوك	التقدير	
....	....	نعم	لا
.1	يحدد صفات الخيال المتكون للجسم عند وضعه على بعد أكبر من ضعفي البعد البؤري.		
.2	يوضح بالرسم صفات الخيال المتكون للجسم عند وضعه على بعد أكبر من ضعفي البعد البؤري.		
.3	يحدد صفات الخيال المتكون للجسم عند وضعه في مركز التكور.		
.4	يوضح بالرسم صفات الخيال المتكون للجسم عند وضعه في مركز التكور.		
.5	يحدد صفات الخيال المتكون للجسم عند وضعه على بعد أكبر من البعد البؤري وأقل من ضعفي البعد البؤري.		
.6	يوضح بالرسم صفات الخيال المتكون للجسم عند وضعه على بعد أكبر من البعد البؤري وأقل من ضعفي البعد البؤري.		
.7	يحدد صفات الخيال المتكون للجسم عند وضعه على بعد يساوي البعد البؤري.		
.8	يوضح بالرسم صفات الخيال المتكون للجسم عند وضعه على بعد يساوي البعد البؤري.		
.9	يحدد صفات الخيال المتكون للجسم عند وضعه على بعد أقل من البعد البؤري.		
.10	يوضح بالرسم صفات الخيال المتكون للجسم عند وضعه على بعد أقل من البعد البؤري.		

إستراتيجية تقويم المعتمد على الملاحظة / قائمة شطب

الموضوع: المرآة المحدبة   التاريخ: / /

الرقم	السلوك	التقدير	
		نعم	لا
1.	يحدد صفات الخيال المتكون للجسم عند وضعه على بعد أكبر من ضعفي البعد البؤري.		
2.	يوضح بالرسم صفات الخيال المتكون للجسم عند وضعه على بعد أكبر من ضعفي البعد البؤري.		
3.	يحدد صفات الخيال المتكون للجسم عند وضعه في مركز التكور.		
4.	يوضح بالرسم صفات الخيال المتكون للجسم عند وضعه في مركز التكور.		
5.	يحدد صفات الخيال المتكون للجسم عند وضعه على بعد أكبر من البعد البؤري وأقل من ضعفي البعد البؤري.		
6.	يوضح بالرسم صفات الخيال المتكون للجسم عند وضعه على بعد أكبر من البعد البؤري وأقل من ضعفي البعد البؤري.		
7.	يحدد صفات الخيال المتكون للجسم عند وضعه على بعد يساوي البعد البؤري.		
8.	يوضح بالرسم صفات الخيال المتكون للجسم عند وضعه على بعد يساوي البعد البؤري.		
9.	يحدد صفات الخيال المتكون للجسم عند وضعه على بعد أقل من البعد البؤري.		
10.	يوضح بالرسم صفات الخيال المتكون للجسم عند وضعه على بعد أقل من البعد البؤري.		

إستراتيجية تقويم المعتمد على الملاحظة / قائمة شطب

الموضوع: العدسة المقعرة   التاريخ: /   /

التقدير		السلوك	الرقم
لا	نعم	....	....
		يحدد صفات الخيال المتكون للجسم عند وضعه على بعد أكبر من ضعفي البعد البؤري.	1.
		يوضح بالرسم صفات الخيال المتكون للجسم عند وضعه على بعد أكبر من ضعفي البعد البؤري.	2.
		يحدد صفات الخيال المتكون للجسم عند وضعه في مركز التكور.	3.
		يوضح بالرسم صفات الخيال المتكون للجسم عند وضعه في مركز التكور.	4.
		يحدد صفات الخيال المتكون للجسم عند وضعه على بعد أكبر من البعد البؤري وأقل من ضعفي البعد البؤري.	5.
		يوضح بالرسم صفات الخيال المتكون للجسم عند وضعه على بعد أكبر من البعد البؤري وأقل من ضعفي البعد البؤري.	6.
		يحدد صفات الخيال المتكون للجسم عند وضعه على بعد يساوي البعد البؤري.	7.
		يوضح بالرسم صفات الخيال المتكون للجسم عند وضعه على بعد يساوي البعد البؤري.	8.
		يحدد صفات الخيال المتكون للجسم عند وضعه على بعد أقل من البعد البؤري.	9.
		يوضح بالرسم صفات الخيال المتكون للجسم عند وضعه على بعد أقل من البعد البؤري.	10.

إستراتيجية تقويم المعتمد على الملاحظة / قائمة شطب

الموضوع: العدسة المحدبة   **التاريخ:** / /

التقدير		السلوك	الرقم
لا	نعم	....	....
		يحدد صفات الخيال المتكون للجسم عند وضعه على بعد أكبر من ضعفي البعد البؤري.	.1
		يوضح بالرسم صفات الخيال المتكون للجسم عند وضعه على بعد أكبر من ضعفي البعد البؤري.	.2
		يحدد صفات الخيال المتكون للجسم عند وضعه في مركز التكور.	.3
		يوضح بالرسم صفات الخيال المتكون للجسم عند وضعه في مركز التكور.	.4
		يحدد صفات الخيال المتكون للجسم عند وضعه على بعد أكبر من البعد البؤري وأقل من ضعفي البعد البؤري.	.5
		يوضح بالرسم صفات الخيال المتكون للجسم عند وضعه على بعد أكبر من البعد البؤري وأقل من ضعفي البعد البؤري.	.6
		يحدد صفات الخيال المتكون للجسم عند وضعه على بعد يساوي البعد البؤري.	.7
		يوضح بالرسم صفات الخيال المتكون للجسم عند وضعه على بعد يساوي البعد البؤري.	.8
		يحدد صفات الخيال المتكون للجسم عند وضعه على بعد أقل من البعد البؤري.	.9
		يوضح بالرسم صفات الخيال المتكون للجسم عند وضعه على بعد أقل من البعد البؤري.	.10

ثانياً: سلّم التقدير Rating Scale:

سلّم التقدير هو أداة بسيطة لإظهار فيما إذا كانت مهارات الطالب متدنية أم مرتفعة. فهي تظهر الدرجة التي يمكن عندها ملاحظة المهارات والمفاهيم والمعلومات والسلوكات. ويستخدم سلم التقدير للحكم على مستوى جودة الأداء. وغالباً ما يجد المعلم أن سلم التقدير ذا النقاط الثلاث، قد يكون فاعلاً للمتعلم مثله مثل سلم التقدير ذي الخمس أو العشر نقاط. من المهم تذكر النقاط الآتية:

• يجب أن يكون الطلبة مشاركين في مساعدة المعلم على وضع المعايير.

يجب أن يظهر سلم التقدير مدى تطور المفاهيم والمهارات.

مثــال:

يطلب من الطالب أن يصمم مشروعاً لعمل ما. يجب أن يقوم الطالب بعمل خطة يدرج فيها المصادر التي يحتاجها، ويحدد كلفة المواد، ويأخذ إذن المعلم قبل البدء. وفي العينة أدناه يقوم المعلم بتقدير الطلبة حسب النقاط التي تم ذكرها.

عناصر الأداء	مقبول	جيد	متقدم (جيد جداً)
جودة التصميم للمشروع.			
دقة الحسابات لتكلفة المواد			
مدى فائدة العمل وإمكانية استخدامه.			
ملاحظات المعلم			

دور المعلم في تطوير سلّم التقدير واستخدامه

- تطوير المعايير مع الطلبه لإظهار مؤشرات النمو على سلم التقدير.
- اتخاذ قرار حول عمل الطالب بالاعتماد على سلم التقدير.
- تشجيع الطلبة على تقويم أعمالهم باستخدام سلم التقدير.

تقييم الطالب بوضع إشارة (×) عند الأداء الذي حققه الطالب على سلم التقدير، وتوفير تغذية راجعة على شكل تعليقات، أو تحديد الخطوات التالية للتحسن.

ثالثاً: سلّم التقدير اللفظي Rubric:

سلم التقدير اللفظي هو سلسلة من الصفات المختصرة التي تبين أداء الطالب في مستويات مختلفة. إنه يشبه تماماً سلم التقدير الكتابي، لكنه في العادة أكثر تفصيلاً منه. مما يمكّن هذا السلم من أن يكون أكثر مساعدة للطالب في تحديد خطواته التالية في التحسن ويجب أن يوفر هذا السلم مؤشرات واضحة للعمل الجيد المطلوب.

قد يستخدم هذا السلم لتقويم خطوات العمل والمنتج، وبهذه الطريقة يمكن للسلم اللفظي أن يوفر تقويماً تكوينياً لأجل التغذية الراجعة، إضافة إلى التقويم الختامي لمهمة ما (يقدم عند نهاية الوحدة) مثل المقال والمشروع، ويعمل هذا السلم بطريقة أفضل عندما يترافق مع أمثلة لأعمال الطلبة على مختلف المستويات.

دور المعلم في تطوير سلم التقدير اللفظي واستخدامه:

تطوير المعايير لإظهار النمو على سلم التقدير بالعمل مع الطلبة، وهذا يعطي للطالب فرصة استيعاب معايير التقويم ويساعده في تصور كيف يبدو العمل الجيد.

تشجيع الطلبة على تقويم أعمالهم الخاصة، وتقويم أعمال زملائهم باستخدام منظومة المعايير.

يُقوَّم عمل الطالب مرتكزاً على منظومة المعايير وإعطاء تغذية راجعة له.

جمع العينات أو الأمثلة من الأعمال على مختلف المستويات لمنظومة المعايير، بهدف استخدامها في التدريس مستقبلا.

رابعاً: سجل وصف سير التعلُّم Learning Log:

سجُلّ وصف سير التعلم عبارة عن سجل يكتبه الطالب خلال فترة من الزمن أثناء قيامه بواجب محدد، أو خلال دراسته لمساق دراسي، ويتطلب من الطالب أن يكون عمله منظماً وأن يقوم بإدخال المعلومات في هذا السجل بانتظام، ليتسنى لكل من المعلم والطالب ملاحظة التقدم الحاصل.

يوفر هذا السجل للطالب إمكانية ممارسة القراءة والكتابة، وكذلك يمكن أن يستخدم لإظهار مدى تقدمه في التفكير في مبحثي الرياضيات والعلوم.

وفي مبحثي الرياضيات والعلوم يحدد الطلبة المشكلة التي يعملون على حلها ويسجلون محاولاتهم لحل هذه المشكلة.

ويتبادل الطلبة أفكارهم مع المعلم من خلال السجل، ويشاركون في الأسئلة حول موضوع ما، ويفكرون في الخطوات المقبلة في التعليم. ويُعدُّ هذه السجل أداة مفيدة تساعد المعلم والطالب عند عقد اللقاء بينهما لمناقشة التقدم الذي طرأ.

مثـــال في الرياضيات:

يعيّن المعلم مجموعة من المسائل التي تتطلب خطوات عديدة للحل، وهناك طرق متعددة يستطيع الطلبة من خلالها حل المسألة. والمعلم يريد من الطلبة تجريب عدّة طرق لحل هذه المسألة ومقارنة هذه الطرق من حيث الفاعلية.

يطلب المعلم من الطلبة المواظبة على تسجيل الخطوات التي يتبعونها لحل كل مسألة، وفي نهاية كل يوم يسجل الطلبة المسألة والخطوات التي قاموا باستخدامها في الحلّ، وفيما إذا كانوا يشعرون بأنهم استخدموا أفضل طريقة أم لا ولماذا.

وأثناء انهماك الطلاب في العمل على حل المسائل، يلتقي المعلم مع ستة من الطلبة كل يوم، ويراجع معهم (الجزء الخاص بالرياضيات). ويطلب منهم شرح أعمالهم. وبهذه الطريقة يستطيع المعلم أن يسمع ويرى طريقة تفكير طلابه. وبعد ذلك يقوم المعلم بعمل اقتراحات لكل خطوة.

دور المعلم في تطوير سجل وصف سير التعلّم واستخدامه:

يقدم إطاراً للسجل. مثلاً: يحدد المعلم المتطلبات الأساسية لحجم ما سيكتب الطالب والفترات الزمنية التي يتم التدوين فيها.

يراجع سجلات الطلبة من خلال اللقاءات معهم أو من خلال جمع المعلومات من السجلات بانتظام.

يطلب من الطلبة تقويم أساليب عملهم ويوضح فيما إذا كانـت هـذه الأسـاليب فاعلة أم لا ولماذا.

يوفر التغذية الراجعة والاقتراحات للخطوات المقبلة بانتظام.

خامساً: السجل القصصي Anecdotal record:

إن السجل القصصي عبارة عن وصف قصير من المعلم ليسجل ما يفعله الطالب والحالة التي تمت عندها الملاحظة. مثلاً، من الممكن أن يدون المعلم كيف عمل الطالب ضمن مجموعة. وعادة يدون المعلم أكثر الملاحظات أهمية. وهذا مفيد للمعلم عندما يكون عنده عدد كبير من الأحداث التي يجب أن يتذكرها ويكتب عنها تقارير.

من المفيد أن يكون للمعلم نظام لحفظ وقائع السجل القصصي، وطريقة ما لتتبع الطلاب الذين تمت ملاحظتهم، حتى لا يُترك أي طالب دون ملاحظة. ومن الممكن أن يعطي السجل القصصي صورة ممتازة عن تقدم الطلاب.

إن هذه العملية تتطلب وقتاً طويلاً لكتابة السجل ومتابعته وتفسيره. كما يجب على المعلم أن تكون أحكامه موضوعية قدر الإمكان عندما يدّون في السجل القصصي. ويجب أن يكون المعلم مستعداً للكتابة في أي وقت، لأن الطلاب يظهرون دلالات على النمو والتحول في لحظات غير متوقعة.

مـــثال في الرياضيات:

تريد معلمة الرياضيات أن تحتفظ بسجـل منظم عن محاولات الطلبة في "حل المشكلات". تفكر المعلمة ملياً في الموضوع وتقرر أنها ستقوّم المعايير الآتية:

- عمل أكثر من محاولة عند كل مهمة حسبما يقتضي الأمر.
- الإبداع واستخدام الأفكار الخلاقة.
- التأكد من دقة النتائج.
- استخدام استراتيجيات ناجحة.

وتخصص المعلمة صفحة في السجل القصصي لكل طالب، وتضع المعايير الأربعة كترويسات في أعلى كل صفحة، وأثناء عمل الطلاب في وحدة حل المشكلات، تتأكد من أنها لاحظت الطلاب يعملون في حل المشكلات، وتدون الاستراتيجيات التي يتبعونها ومثابرتهم ومحاولاتهم في تجريب أفكار جديدة. وفيما بعد عندما تكتب تقارير للآباء عن سير أبنائهم يكون لديها ملاحظات تستطيع أن تعود إليها عندما تقترح الخطوات اللاحقة في تعلم الطلاب لديها.

دور المعلم في تطوير السجل القصصي واستخدامه:

* إعداد طريقة للرصد عند إكمال السجلات (بما في ذلك عدد التكرارات، وعدد الطلاب).
* تحديد الملاحظات المهمة، أو ذات الدلالة للطالب.
* إنهاء السجل بأسرع ما يمكن بعد الملاحظة.
* تفسير المعلومات المسجلة للمساعدة في تخطيط الخطوات اللاحقة للطالب.

تقويم التعلم بالاستقصاء وحل المشكلات

يقصد بالاستقصاء أن يبحث الفرد معتمدا على نفسه للتوصل الي الحقيقة أو المعرفة، أما في مجال عمليتي التعليم والتعلم فأن الاستقصاء هو نوع من أنواع التعليم يستخدم المتعلم المستقصي مجموعة من المهارات والاتجاهات اللازمة لعمليات توليد الفرضيات وتنظيم المعلومات والبيانات وتقويمها، وإصدار قرار ما إزاء الفرضيات المقترحة التي صاغها المستقصي لإجابة عن سؤال أو التوصل الي حقيقة أو مشكلة ما ثم تطبيق ما تم التوصل إليه على أمثلة ومواقف جديدة.

يطلق علي الطريقة الاستقصائية في التعليم والتعلم بالطريقة التنقيبية، لأن المتعلم المستقصى يبحث وينقب في مصادر المعرفة المختلفة من أجل التوصل الي هدفه.

ما المقصود بالاستقصاء؟

الاستقصاء: أحد أنماط الأنشطة المستخدمة في التدريس والتقويم، ومن خلاله يجري الطالب اختبارا لفرضية وضعت كحل لمشكلة، أو إجابة عن سؤال.

ويشتمل الاستقصاء مجموعة من العمليات العقلية، والمهارات العملية التالية:

- وضع الفرضيات.
- التخطيط.
- التنبؤ.
- التقويم.
- المناقشة.
- الحوار والتفسير.
- الاتصال.
- التعاون.
- الاستنتاج.
- القياس.
- الإجراء العملي.

والفكرة الأساسية في الاستقصاء، هي تغيير عامل، وقياس أثر هذا التغير على عامل آخر.

طريقة المشكلات:

المشكلة بشكل عام معناها: هي حالة شك وحيرة وتردد تتطلب القيام بعمل بحث يرمي الي التخلص منها والي الوصول الي شعور بالارتياح ويتم من خلال هذه الطريقة صياغة المقرر الدراسي كله في صورة مشكلات يتم دراستها بخطوات معينة.

والمشكلة هي حالة يشعر فيها التلاميذ بأنهم أمام موقف قد يكون مجرد سؤال يجهلون الإجابة عنه أوغير واثقين من الإجابة الصحيحة، وتختلف المشكلة من حيث طولها ومستوى الصعوبة وأساليب معالجتها، ويطلق على طريق حل المشكلات (الأسلوب العلمي في التفكير) لذلك فأنها تقوم على إثارة تفكير التلاميذ وإشعارهم بالقلق إزاء وجود مشكلة لا يستطيعون حلها بسهولة. ويتطلب إيجاد الحل المناسب لها قيام التلاميذ بالبحث لاستكشاف الحقائق التي توصل الي الحل.

مسوغات تقويم التعلم بالاستقصاء وحل المشكلات:

1. مساعدة المعلمين في استخدام أساليب تتلاءم وطبيعة المواد العلمية
2. مساعدة المعلمين والطلاب في فهم أهداف الاستقصاء وطريقة إجرائه.
3. تشجيع الطلبة على استخدام المهارات العملية.
4. وبشكل محدد سيتمكن الطلبة من إتقان مهارات التخطيط، والتقويم، وتنفيذ ما تم التخطيط له، وتفسير النتائج التي تم التوصل إليها.

عناصر الاستقصاء:

يشتمل الاستقصاء على المهارات الآتية:

1. التخطيط Planning
2. التنبؤ (صياغة الفرضية) Making Predictions / hypothysis
3. إجراء التجربة وجمع الأدلة Making Experiment and Collecting Evidences
4. التوصل إلى النتائج وكتابة التقارير Recording and Reporting
5. التفسير والتقييم Interpreting and Evaluating

أهمية الاستقصاء وحل المشكلات:

1. تعود المتعلم على البحث والعمل من أجل الوصول الي معرفة،وبذلك فأن دور المتعلم ايجابي أما المعلم ينحصر في توفير وتنظيم الإمكانات والظروف التي تساعد المتعلم للتوصل الي المعرفة.

2. تكسب المتعلم المهارات والاتجاهات والقيم الاستقصائية التي يتطلبها هذا النوع من التعليم والتعلم ومن هذه المهارات:

- التنبؤ.

- الاتصال.

- المهارات الحسابية لدى المتعلمين.

- مهارة تحديد الهدف.

- موضوع البحث والتعرف علي المفاهيم والمصطلحات.

- القدرة على الوصف والمقارنة والتصنيف والتحليل والتصميم والاستنباط ووزن الأدلة وتقويم صدقها ودقتها العلمية.

- اتخاذ القرارات وتدوين المعلومات واستخدام المكتبة أما ما يكتسب من الاتجاهات فمنها حب الاطلاع والتعود على القراءة والتحصيل المستقل.

- الاعتماد على النفس وتحمل المسؤولية والتحلي بالصبر على الصعوبات والمعاناة.

3. يكتسب المتعلم مهارات التفكير العلمي في حل المشكلات التي تواجهه.

4. التعليم من خلال الاستقصاء يمثل إستراتيجية تدريسية تسمى بإستراتيجية التدريس الاستقصائي. وذلك لأن المتعلمين يستخدمون أكثر من أسلوب أو وسيلة لدى تحديد الهدف وجمع المعلومات والبيانات وتدوينها والتحقق من صحتها وتقويم الأدلة المتصلة بها ومن هذه الأساليب: المناقشة، الاستكشاف، التحليل، التركيب، التقويم، التعميم.

5. تدفع المتعلمين الي كشف الحقائق والمعلومات بأنفسهم وتزودهم بمهارات التفاعل والتواصل والاتصال الاجتماعي مع الجماعة، والعمل فيما بينهم في جمع الأدلة وتبادل الأراء والأفكار للوصول الي المعرفة.
6. تدريب التلاميذ على مواجهة المشكلات في الحياة الواقعية.
7. تنمية روح العمل الجماعي وإقامة علاقات اجتماعية بين التلاميذ.
8. إن طريقة حل المشكلات تثير اهتمام التلاميذ وتحفزهم لبذل الجهد الذي يؤدي الي حل المشكلة.

تعد استراتيجية حل المشكلات استراتيجية تعليمية توفر قضايا حياتية ليتم تفحصها من قبل الطلبة. وهذه الاستراتيجيات تشجع مستويات أعلى من التفكير الناقد، وغالباً ما تتضمن المكونات الآتية:

أ. تحديد المشكلة.
ب. اختيار نموذج.
ج. اقتراح حل.
د. الاستقصاء، جمع البيانات والتحليل.
ه. استخلاص النتائج من البيانات.
و. إعادة النظر - التمعن ومراجعة الحل إن تطلب الأمر.

وخلال هذه الخطوات في عملية الاستقصاء يتبادل الطلبة الأفكار من خلال الكتابة والمناقشة والجداول والرسومات البيانية والنماذج والوسائل الأخرى، ويربط الطلبة التعلم الجديد بمعرفتهم السابقة وينقلون عملية الاستقصاء إلى مشكلات مشابهة.

وخلال هذه العملية على الطلبة أن يكونوا مشاركين فاعلين في تقويم العملية ونتائج الاستقصاء ومراجعتها، وفيما يلي أمثلة على هذه الاستراتيجية:

عملية التصميم التقني:

- الاستقصاء الرياضي.
- دراسة الحالة.
- البحث العلمي.

تهدف عملية تقويم الاستقصاء إلى الحصول على تغذية راجعة حول مهارات الطلبة في تنفيذ الاستقصاء، ويمكن الحصول على التغذية الراجعة من خلال:

- ملاحظة المعلم للطلبة في أثناء تنفيذهم الاستقصاء.
- توجيه أسئلة شفوية.
- قراءة التقرير الذي يعده الطالب حول الإستقصاء.

مهارات الاستقصاء ومحكات تقييمها

المهارات	محكات التقويم والعلامات المستحقة	العلامة المخصصة
تحديد هدف الاستقصاء.	يحدد هدف الاستقصاء ويبين فهمه للمشكلة موضوع البحث	
تحديد المتغيرين: المستقل والتابع.	• يحدد المتغير المستقل (المراد دراسته). • يحدد المتغير التابع (المراد قياسه)	
ضبط العوامل الأخرى ذات العلاقة حسب	• يحدد (3) متغيرات مضبوطة على الأقل.	

الضرورة.	• يحدد متغيرين مضبوطين على الأقل • يحدد أقل من متغيرين مضبوطين.	
كتابة فرضية علمية.	يكتب فرضية علمية توضح العلاقة بين المتغير المستقل التابع.	
كتابة خطوات التجربة والأدوات اللازمة.	• يكتب خطوات التجربة وكيفية ضبط العوامل وقياس أثر المتغير المستقل والمتغير التابع • يحدد المواد والأدوات اللازمة	
تبني إجراءات مناسبة ومأمونة	يكتب إجراءات الأمن والسلامة التي سيراعيها عند تنفيذ الاستقصاء	
الدقة في القياس	• الدقة في القياس لكل متغير • القياسات المتكررة.	
تنظيم النتائج وجدولتها	• يسجل النتائج بشكل منظم في جدول مبينا المتغير المستقل، التابع. • يستخدم وحدات قياس مقبولة.	
عرض النتائج بأشكال مختلفة	يختار شكلا مناسبا أو اكثر لتمثيل النتائج بشكل دقيق	

استخدام التعميمات والملاحظات؛ لاستخلاص استنتاجات صادقة من خلال النتائج التي تم التوصل إليها	• يصف اتجاها أو نمطا (إذا كان ذلك مناسبا)، أو يحدد بأنه لا يوجد اتجاه أو نمط واضح. • يقدم استنتاجا ذا صلة بالاستقصاء المحدد وفي ضوء النتائج التي تم الحصول عليها.	
قبول تثبيت، أو تعديل الفرضية.	• يثبت الفرضية إذا أكدت النتائج صحة الفرضية. • يعدل الفرضية إذا كانت النتائج تدحض الفرضية	
المجموع الكلي		

مبحث العلوم:

يطلب المعلم من الطلبة استقصاء بعض الأمراض الصحية، مثل مرض السكري وضغط الدم المرتفع ومشكلات الجهاز الهضمي...الخ. ويساعد المعلم الطلبة باختيار المراجع الحديثة مثل مصادر الإنترنت. ومن ثم يخططون ويبحثون ويقدمون حلولاً وطرائق للعلاج بناء على قضايا صحية واعتبارات شخصية ودينية.

تقرير الطالب:

موضوع الاستقصاء:	
التاريخ:	
الاسم / أسماء المجموعة:	الصف:
المشكلة:	
العوامل التي يمكن استقصاؤها:	
العامل المراد استقصاؤه:	
فرضية الاستقصاء (التنبؤ):	
المتغير المستقل (المتغير الذي نريد تغييره):	
المتغير التابع (الذي نريد قياسه):	
المتغيرات المضبوطة:	
خطوات تنفيذ الاستقصاء:	
المواد والأدوات اللازمة:	
تفسير النتائج:	
المقارنة بين النتيجة والفرضية:	
التحسينات المقترحة:	

مبحث الحاسوب:

يختبر الطلبة في حصة الحاسوب مدى توافر فرص التعلم الإلكتروني في المناطق النائية. ويحددون القضايا التي يواجهها الريف، ويدرسون الحلول المتداولة حالياً في الشرق الأوسط وأوروبا. ثم يقدمون التحليل وإمكانية تطبيق هذه الحلول في صفوفهم.

نموذج لتقييم مشروع كلف به طالب

التقويم المبني على الأداء والملاحظة.

أداة التقويم ().

الصف / الشعبة: التاريخ:

قدر بـ

+ ممتاز
√ جيد جداً
• جيد
X ضعيف

الرقم	عنصر التقويم	اسم الطالب											
1													
2													
3													
4													
5													
6													
7													
8													
9													
10													
11													
12													
13													
14													
15													

نموذج لتقييم مشروع كلف به طالب

التقويم المبني على الأداء والملاحظة.

أداة التقويم (   ).

الصف / الشعبة: التاريخ:

قدر بـ

+ ممتاز
√ جيد جداً
• جيد X ضعيف

الرقم	عنصر التقويم	اسم الطالب											
1	يعرض المفهوم العلمي بشكل جيد												
2	يظهر الترابط مع المواد الأخرى												
3	يتميز بكونه خلاقاً												
4	يثير مزيد من التحقيقات حول الموضوع												
5	يتسلسل في طرح عناصر المشروع												
6	تظهر فيه براعة التخطيط والإعداد												
7	تظهر فيه قدرة ضبط الوقت												
8	يظهر فيه توزع المهام على أفراد المجموعة التي كلفت به												

											9	يقدم للموضوع ويمهد له بشكل مناسب
											10	التواصل مع الزملاء
											11	يجيب عن الأسئلة ويثير المزيد من الاهتمام بالموضوع
											12	يستخدم الأدوات التي تعرض المشروع بشكل سليم
											13	المشروع يثري المعلومات وينميها
											14	برزت في المشروع روح الفريق
											15	يثير الاهتمام ويدفع المستقبل إلى المتابعة بتشوق

الاختبارات:

ما هي الاختبارات ؟ وما أهدافها ؟ ثم ما أنواعها ؟ وأخيراً ما دور الأسئلة في التعليم الصفي؟

تعريف الاختبار:

وسيلة منظمة لتقويم قدرات الطلاب ولتحديد مستوى تحصيل المعلومات والمهارات عندهم، في مادة دراسية تعلموها مسبقاً، وذلك من خلال إجابتهم على مجموعة من الفقرات التي تمثل محتوى المادة الدراسية.

هو أداة للقياس للتحقق من وجود السلوك المتوقع واكتشاف درجة إتقان هذا السلوك.

هو مجموعة من الأسئلة تقدم للطلبة ليجيبوا عنها.

هو إجراء تنظيمي تتم فيه ملاحظة الطلاب والتأكيد من مدى تحقيقهم للأهداف الموضوعية مع وصف الاستجابات بمقاييس عددية.

هو أهم طرق التقويم وأكثرها في الميدان التربوي.

هو سلسلة من المثيرات تتطلب استجابات من المتعلم لقياس سلوكه أو معرفته في موضوع من الموضوعات.

هو الذي يصلح لأداء الغرض الذي وضع من اجله (الاختبار الجيد).

يمكن أن نلخص ما سبق أن الاختبارات التحصيلية:

- الاختبارات وسيلة وليست غاية.
- وسيلة منظمة لتقويم قدرات الطالب وتحصيله ومستواه العلمي والفكري والأدائي.
- وسيلة واحدة وليست الوسيلة الوحيدة.

ما الفرق بين الاختبارات التحصيلية والاختبارات المقننة؟

الاختبارات التحصيلية: هي عملية منظمة، يقوم بها معلم أو مجموعة من المعلمين، تحت إشراف جهة رسمية هي المدرسة. ويمكن أن تجرى أو تنفذ لمرة واحدة أو لمرات عديدة وفي أوقات مختلفة، حسب وضع الطلاب الذين سيؤدونها وعمرهم ومستواهم. والهدف منها أن تقيس تقدم الطالب في ناحية من نواحي التحصيل الدراسي مثلاً، أو تقيس الذكاء أو الاتجاهات أو الميول عند طالب أو مجموعة من الطلاب، بواسطة مجموعة من الأسئلة أو المشكلات أو التمرينات، وتظهر نتائجها بعد أن تتم على شكل درجات أو تقديرات توضع مسبقاً من قبل المشرفين عليها.

الاختبارات المقننة: يُقصَدُ بها هنا الاختبارات التي يتم إعدادها من قبل فريق من المختصين وتطبق في ظروف وشروط معيارية موحدة لجميع من يطبق عليهم الاختبار.

من أغراض الاختبارات:

1. قياس تحصيل الطلاب.
2. تقويم عمل المعلم.
3. تقويم المنهج الدراسي.
4. تقويم نظم التعليم وطرائقه بهدف تحسينها.
5. نقل الطلاب من فصل إلى أخر.
6. نقل الطلاب من مرحلة إلى أخرى.
7. الكشف عن الاختلافات الفردية بأنواعها في (الذكاء- وسرعة التعلم-والمهارة).
8. تسجل علامة للطالب ليقيم بموجبها.
9. معرفة مدى تحقيق الأهداف التربوية.
10. تحديد تخصصات ورغبات واتجاهات الطلاب.
11. اختيار المعلمين وتحسين مستوى الهيئة التدريسية.
12. اختبار الاختبار نفسه (بالتحليل الإحصائي لنتائجها واستخراج معامل الصعوبة والسهولة والتمييز لكل سؤال كي يحدد فعاليته).
13. التشخيص (عند رسوب الطالب في مادة اكثر من مرة فان المعلم يؤلف اختباراً تشخيصيا يغطي المادة في السنوات السابقة ثم يعطيه للطالب كي يحدد أخطاءه ثم يعلمه تعليما علاجيا فيما بعد).
14. تحديد مستوى الطلاب.
15. التنبؤ بأداء الطلاب مستقبلاً.
16. تنشيط الدافعية للتعلم، وتعني الدافعية أن الاختبارات تنمي لدى الطلاب، روح الجد والمذاكرة، والاجتهاد والمثابرة، والرغبة في تصحيح الأخطاء، كما

أنها تتيح الفرصة لهم لممارسة التعبير عن آرائهم بوضوح وطلاقة وسرعة، وتجبرهم في الوقت ذاته على تنظيم أفكارهم وتنمية قدراتهم على التركيز.

17. قياس الاستعداد (لتحديد مستوى الطالب الجديد).

18. تهدف إلى تحسين التعليم والتعلم، كونها تجعلنا على دراية بمستويات الطلاب، ومدى نجاح أو فشل   المعلم، والمنهج، وطرق التدريس وخلافه.

19. يمكن أن تكون نتائجها أساساً للقرارات الإدارية المختلفة، والمرتبطة بالعملية التربوية والتعليمية بشكل عام.

20. يمكن أن تعطينا بعض المؤشرات عن المستقبل التعليمي للكثير من الطلاب.

21. بواسطتها تمنح الشهادات.

من صفات الاختبار الجيد:

1. الصدق – أن يقيس الاختبار فعلاً ما وضع لقياسه.

2. الثبات – هو حصول الطالب على النتائج نفسها عند إعادة الاختبار أكثر من مرة بشرط عدم حدوث تعلم بين المرتين.

3. الموضوعية – هو الذي يعطي نتيجة معينة بغض النظر عمن يصححه (ليس هناك تأثير لشخصية المصحح على وضع وتقدير علامات الطلاب).

4. سهولة التطبيق: اسهل الاختبارات من حيث التطبيق اختبارات التحصيل غير المقننة و أسهلها اختبار المقال.

5. سهولة التصحيح: اختبارات الموضوعي سهل التصحيح.والمقالي بالغ التعقيد

6. اقتصادي (غير مكلف مادياً) أرخص اختبار من حيث التكلفة المادية اختبار المقال.

7. التميز: (تميز بين الطلاب يستطيع أن يبرز الفروق الفردية بين الطلاب ويميز بين المتفوقين والضعاف).

8. الشمول: شامل لجميع أجزاء المنهج.

9. الوضوح: خالية من اللبس والغموض.

مهارة طرح الأسئلة:

وتعني القدرة على طرح عدد كبير من الأسئلة الواضحة المحددة، في زمن مناسب.

وينبغي على المعلم مراعاة ما يلي:

- أن يكون السؤال واضحا لتجنب إعادة صياغته طرح السؤال على الجميع ثم اختيار الطالب المجيب.
- تجنب الأسئلة الموحية بالإجابة إلا في حدود الحاجة إليها.
- إعطاء التلاميذ الوقت الكافي للتفكير في السؤال المطروح قبل اختيار الطالب المجيب.
- استخدام الأسئلة السابرة والمتنوعة (تذكر، تطبيق، تقويم).
- احترام أسئلة التلاميذ وعدم رفضها.

أنواع الاختبارات:

يمكن حصر أنواع الاختبارات المستخدمة في تقويم التحصيل المدرسي وقياسه، كما يلي:

1. الاختبارات الشفوية.
2. الاختبارات التقليدية.
3. الاختبارات الموضوعية.
4. وسائل أخرى للتحصيل المدرسي.
5. وظيفة الأسئلة.

1. الاختبارات الشفوية:

ربما تكون الاختبارات الشفوية أقدم طريقة استخدمت في تحديد استيعاب المتعلمين للدروس التي تعلموها، فيقال أن سقراط قد استعمل الاختبارات الشفوية منذ القرن الرابع قبل الميلاد للوقوف على مستوى مستمعيه لكي يبني تعليمه لهم على أساس خبرتهم الماضية.

ولا شك أن للاختبارات الشفوية أهميتها في تقييم قدرة المتعلم على القراءة والنطق السليم، والتعبير والمحادثة، وكذلك في مجال الحكم على مدى استيعابه للحقائق والمفاهيم، كما يمكن عن طريق الاختبارات الشفوية الكشف عن أخطاء المتعلمين وتصحيحها في الحال ويستطيع المتعلمين الاستفادة من إجابات زملائهم.

ومن المآخذ على الاختبارات الشفوية أنها لا تتسم غالبا بالصدق والثبات والموضوعية حيث تتأثر بالمستوى العلمي للمعلم وظروفه النفسية والمهنية وكذلك المناخ التربوي الذي يحيط به، كما تتطلب وقتا طويلا لاختبار عدد كبير من الطلاب.

2. الاختبارات التقليدية (اختبارات المقال):

وهي عبارة عن عدد محدود من الأسئلة، يطلب من الطلاب أن يجيبوا عليها بمقال طويل أو قصير بحسب مستواهم الدراسي، وفي وقت محدد لذلك. وأسئلة الاختبارات التقليدية أو (المقال) – غالباً – تبدأ بكلمات مثل: عدد، اذكر، اشرح، ناقش، قارن، متى حدث كذا وكذا... الخ.

اختبارات المقال تتيح للمتعلمين الفرصة للتعبير عن أنفسهم بالصورة التي يرونها، كما أنها تنمي قدرتهم على التأمل والإبداع الفكري ونقد وتقييم المعلومات والحقائق والمفاضلة بينها.

ويمكن تقسيم اختبارات المقال إلى نوعين:

1. الاختبارات ذات الإجابة المطولة:

وهنا يمنح المتعلم كامل الحرية في الإجابة من حيث اختيار الحقائق وطريقة شرحها وكمية الكتابة للوصول إلى إجابة شاملة.

2. الاختبارات ذات الإجابة المحدودة:

وهنا يجيب المتعلم على هذا النوع من الأسئلة المقالية إجابة محددة قصيرة.

تمتاز الاختبارات المقالية بما يلي:

أ. سهولة بناء وتصميم الاختبار.

ب. كفاءته في قياس كثير من القدرات المعرفية، كالقدرة على تكوين رأي والدفاع عنه، المقارنة بين شيئين، بيان العلاقة بين السبب والنتيجة، شرح وتفسير المعاني والمفاهيم والمصطلحات، القدرة على التحليل، تطبيق القواعد والقوانين والمبادئ، القدرة على التمييز وحل المشكلات.

ج. يتيح للمتعلم الفرصة لتنظيم إجابته وترتيبها، وعرض الحقائق عرضا منطقيا.

د. معالجتها للوحدات الكلية من الخبرة المتعلمة، وهي بذلك تفيد الطلاب وتدربهم على هذه المعالجة.

ه. يمكنها أن تقيس اتجاهات الطلاب التي تكونت أو تعدلت نتيجة لخبرة التعلم (الدراسة).

ويعيب الأسئلة المقالية ما يلي:

أ. لا تغطي الاختبارات المقالية جميع موضوعات المادة لأن عدد أسئلتها قليل.

ب. أن تصحيحها قد يتأثر بعوامل ذاتيه او شخصية من قبل المعلم؛ أي اختلاف تقدير درجاتها من مصحح لآخر، ومعنى هذا أن التقدير الذاتي للمصحح، يلعب دوراً كبيراً في عدم ثبات نتائجها، كما أن مزاج المصحح وحالته النفسية تؤثر على نتائجها.

ج. تستغرق وقتا طويلا وجهدا في تصحيحها.

د. اهتمام الاختبارات المقالية بالمعارف المحضة، وتغليب الجانب النظري على الجانب العملي، ولا تغطي الجوانب العلمية والمهارية، والنشاطات المختلفة التي لها دور في بناء شخصيات الطلاب وجعلهم أعضاء نافعين.

● **مقترحات لتحسينها:**

لتحسين هذا النوع من أسئلة الاختبارات نرى اتباع ما يلي:

أ. أسئلة المقال لطلاب المرحلة الأساسية، يجب أن تكون قصيرة وإجاباتها محددة بدقة.

ب. حدد هدف السؤال قبل وضعه، مع تحديد حرية الإجابة حتى لا يخرج الطالب عن الجواب الذي   تطلبه.

ج. حدد على ورقة الأسئلة علامة كل سؤال من الأسئلة لكي يعطى الطلاب الوقت المستحق لكل سؤال.

د. لتكن الأسئلة متنوعة من حيث السهولة والصعوبة، ومتعلقة بأساسيات المادة.

3. الاختبارات الموضوعية:

سميت الاختبارات الموضوعية بهذا الاسم لأن:

أ. طريقة تصحيحها تُخْرِجُ رأي المصحح أو حكمه من عملية التصحيح وذلك بجعل الجواب محدداً تماماً.

ب. لأنها تمثل مختلف أجزاء المادة، ويمكننا ذلك من قياس قدرة الطلاب بدقة ومن ثم الوقوف على نقاط الضعف والقوة لكل طالب.

فالاختبارات الموضوعية: هي الاختبارات التي لا يتأثر تصحيحها بالحكم الذاتي للمصحح، والإجابة عليها محددة لا يختلف في تصحيحها اثنان.

مميزاتها:

1. تستغرق وقتا قصيرا في تصحيحها.
2. يمكن لغير المتخصص تصحيحها.
3. تغطي قدرا كبيرا من المنهج الدراسي لكثرة عدد الأسئلة في الاختبار الواحد.
4. تزيل الأسئلة الموضوعية خوف ورهبة المتعلمين من الاختبارات لأنها تتطلب منهم التعرف فقط على الإجابة الصحيحة.
5. تتصف بثبات وصدق عاليين نتيجة للتصحيح الموضوعي.
6. تشعر المتعلمين بعدالة التصحيح وتبعد التهمة بالتحيز والظلم عن المعلمين.
7. تسهل عملية التحليل الاحصائي لنتائج المتعلمين.
8. تمكن المعلم من تشخيص نقاط القوة والضعف لدى المتعلمين.
9. يمكن تجربتها على المتعلمين في السنة الدراسية الحالية ومن ثم تحليلها وادخال التعديلات المناسبة عليها وتطبيقها بعد ذلك في الأعوام القادمة.
10. تصحيحها يتم بطريقة موضوعية بعيدة عن عيوب التقدير الذاتي وبوقت قصير.
11. إجاباتها لا تتأثر بقدرات الطلاب اللغوية وأساليبهم في الكتابة.
12. تزيل الخوف من الاختبار، كون المطلوب فيها التعرف على الإجابة الصحيحة، كما أن فرص النجاح فيها كبيرة لكثرة أسئلتها.
13. تمنع الطالب من التحايل أو التهرب من الإجابة مباشرة على ما يريده المعلم.
14. يمكن استعمال الحاسب الآلي في تصحيحها.

عيوبها:

1. تهمل القدرات الكتابية.

2. تشجع على التخمين وخاصة في أسئلة الصواب والخطأ إلا إذا عالجنا ذلك بتطبيق معادلة التصحيح وهي ما يعرف بمبدأ "الخطأ يأكل الصح".

3. تأخذ جهدا في صياغتها وتتطلب كذلك مهارة ودقة.

4. الغش فيها سهل، علماً بأن هذه المشكلة أخلاقية قبل أن تكون مشكلة متعلقة بنمط أسئلة الاختبار.

وتنقسم الاختبارات الموضوعية إلى أقسام أهمها:

1. أسئلة اكمال العبارات: وتستخدم في معرفة المفاهيم والمصطلحات والحقائق والأجهزة والأدوات وأسماء المواقع على الخريطة.

2. أسئلة الصواب والخطأ: ونسبة التخمين عالية جدا في هذا النوع من الأسئلة الموضوعية.

3. أسئلة الاختيار من متعدد: وتستخدم في التعريف والغرض والسبب ومعرفة الخطأ والتمييز والتشابه والترتيب.

4. أسئلة المزاوجة: تكون بين قائمتين أو مجموعتين الأولى تضم المقدمات أو الدعامات والثانية تضم الاستجابات.

ويجب أن تكون مادة السؤال في هذا النوع متجانسة بحيث يحتوي السؤال على مجموعة من القادة مثلا والاستجابات عبارة عن معارك أو مدن والاستجابات هي الدول التي توجد فيها، كما يجب استخدام عدد أكبر أو أصغر من الاستجابات لتقليل عامل التخمين.

5. أسئلة تعتمد على الصور والخرائط والجداول والرسوم البيانية: ويتطلب هذا النوع من الأسئلة أن يرسم المتعلم بعض الخرائط أو الرسوم البيانية أو

الأشكال التوضيحية، أو يطلب منه اكمال بعض أجزاء من رسم معين، أو يجيب على أسئلة تعتمد فيها الإجابة على خرائط ورسوم ومخططات.

6. أسئلة إعادة الترتيب: وفيها يعطى المتعلم عددا من الكلمات أو التواريخ أو الأحداث ويطلب منه ترتيبها وفق نظام معين وذلك بإعطائها أرقاما متسلسلة.

الأنواع السابقة من الاختبارات الموضوعية شائعة الاستخدام في مدارسنا، وهي ليست بديلا عن الاختبارات الشفوية أو اختبارات المقال ولكنها مكملة لها، وعموما الاختبار الجيد هو ما كان متعدد الأهداف، شاملا لموضوعات المنهج، جامعا بين أنماط الأسئلة المختلفة، مراعيا ما بين المتعلمين من فروق فردية، ومظهرا مستوياتهم التحصيلية الحقيقية.

أنواع فقرات الاختبارات الموضوعية:

أولاً: الفقرات ذات الإجابة الموجهة:

1. فقرات التكميل (أسئلة إكمال العبارات):

وفي هذا النوع يطلب تكميل عبارة أو جملة بكلمات محدودة، ويمكن أن تكون الكلمة المطلوب إضافتها في بداية الجملة أو منتصفها أو في نهايتها.

نموذج:

أكمل العبارات التالية بوضع الكلمة أو الجملة المناسبة في المكان الخالي:

- تتكون الكربوهيدرات من وحدات بنائية أساسية تسمى..................
- ....هو الخليفة الثالث من الخلفاء الراشدين.
- يتناقص الضغط الجوي مع الارتفاع بمقدار............ لكل 10م.
- أركان الصلاة عددها....................

2. أسئلة الإجابات القصيرة:

شروطها:

1. إيضاح ما يجب أن يفعله الطالب في مقدمة أسئلة التكميل.
2. أن لا يحتمل الفراغ أكثر من إجابة صحيحة.
3. أن تصاغ الأسئلة بدقة حتى لا تعطي إجابات متنوعة وكلمات مترادفة.
4. تصاغ الجمل بصيغة سؤال مباشر، ويترك للطالب مكان خالٍ ليكتب الإجابة المطلوبة.
5. يمكن صياغتها بطرائق عدة منها:

- **صيغة السؤال:**

مثاله:

- كم عدد أركان الصلاة ( ).
- متى فرضت الصلاة ( ).
- مقدار زكاة خمس من الإبل ( ).
- كم عدد ركعات صلاة العشاء ( ).

- **صيغة الربط:**

في هذا النوع من الأسئلة توضع كلمات أو عبارات ويطلب من الطالب تكملتها بكتابة معلومات معينة مرتبطة بها.

مثاله:

- في حالة الشهيق............ حجم الرئتين نتيجة لـ............ الهواء إليها.
- يبدأ الجهاز البولي بـ................وينتهي بـ......................

- الغاية من عملية التكاثر عند الإنسان هي...
- يعود سبب تعاقب الفصول على الكرة الأرضية إلى.........................
- أبعد نقطة في مدار الأرض عن الشمس تسمى.............................
- تحدث ظاهرة المد والجزر بفعل...................................
- الإيمان بالملائكة هو الركن الثاني من أركان.......................................
- الخوارج هم القائلون بأن مرتكب الكبيرة...
- مظاهرة المشركين ومعاونتهم على المسلمين من نواقض................

- اختيار الكلمة المناسبة:

مثاله:

اختر المصطلح المناسب للعبارات التالية:

(التردد، انعكاس الضوء، انكسار الضوء، الصدى، درجة الصوت، شدة الصوت)

- ظاهرة انعكاس الصوت بعد اصطدامه في حاجز---------
- ظاهرة ارتداد الضوء عن سطح مصقول-----------
- عدد الاهتزازات التي يتمها الجسم في الثانية الواحدة-------
- تحلل الضوء إلى عدة ألوان في المنشور الزجاجي---------
- الخاصية التي تميز بها الأذن بين الصوت القوي والصوت الضعيف---

- الفقرات الإنشائية محددة الإجابة:

في هذا النوع من الأسئلة يطلب من الطالب الإجابة عن السؤال بشكل نقاط محددة.

مثاله:

- ما أسباب الحرب العالمية الأولى؟

- أذكر مكونات الجهاز العصبي المركزي؟

- عدد ثلاثة من أسباب تلوث المياه؟

- أكتب نص قانون أوم بالكلمات؟

- **أكتب الصيغة الكيميائية للمعادن التالية:**

الصيغة الكيميائية للمعدن	المعدن
	الكوارتز
	الهاليت
	النحاس
	الغالينا
	الفضة

- **أذكر اسم كل مركب من المركبات التالية:**

MnO_2:........................

CO:........................

$Al2O3$:........................

ZnO:........................

$NaOH$:........................

- **أكمل المعادلات التالية، وزنها:**

$\rightarrow Ca+O2$

$Mg+HCl\rightarrow$

$SO_2+H2O\rightarrow$

- **حل المسائل الحسابية البسيطة:**

مثاله:

- احسب سرعة جسم يقطع 100م في خمس ثوان؟
- جد محصلة القوتين مقداراً واتجاهاً للشكل التالي:

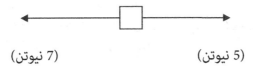

(7 نيوتن) (5 نيوتن)

- تحديد الأجزاء لشكل معين:

مثاله:

يوضح الشكل التالي نسيج طلائي عمادي بسيط، أذكر الأجزاء المشار إليها.

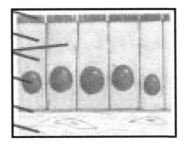

ثانياً – الفقرات ذات الإجابة المنتقاة:

ويمتاز هذا النوع من الفقرات بالموضوعية ويقصد بذلك عدم تأثر نتيجة اختبار الطالب بذاتية المصحح أو بالعوامل الشخصية المؤثرة فيه فلا يعطى الطالب درجة لا يستحقها لأي عامل مؤثر،بل لابد وأن يحتكم المصحح أثناء التصحيح إلى معايير ثابتة ودقيقة وواضحة حتى يأخذ الطالب ما يستحقه في الامتحان دون زيادة أو نقصان.

الأسس العامة التي ينبغي مراعاتها عند وضع اختبارات الفقرات ذات الإجابة المنتقاة:

1. أن يحدد الهدف من أسئلة الاختبار الموضوعي بدقة.
2. أن تصاغ أسئلة الاختبار الموضوعي بلغة واضحة، وبلغة عربية فصحى.
3. أن يراعى التوازن في قياس الأهداف التربوية،فلا يطغى قياس هدف على هدف آخر.
4. أن لا يكون السؤال منقولا نصا من المقرر المدرسي، وأن لا يحمل في ثناياه إجابة سؤال آخر.
5. أن لا يحتمل السؤال أكثر من إجابة واحدة، وأن لا تتوقف إجابة سؤال على إجابة آخر فلا بد من مراعاة استقلالية الأسئلة.
6. أن تكون الأسئلة كثيرة ومتعددة لتشمل جميع مفردات المنهج.
7. أن تكون الأسئلة متنوعة من حيث سهولتها و درجة صعوبتها حتى يمكن تحديد مستوى كل طالب على حدة.
8. أن تكون الإجابات غير الصحيحة معقولة ومقبولة ظاهريا.
9. أن تحتوي خيارات الإجابة على السؤال إجابة واحدة صحيحة فقط حتى لا يزداد تأثير التخمين.
10. أن تتجنب الفقرات المنفية وخاصة ازدواج النفي لأنها غالبا يساء فهمها،وإن كان ولابد من استعمال النفي فضع خطا تحته لاسترعاء الانتباه.

11. أن تتجنب الكلمات التي تنبه الطالب إلى أن يعتبر الفقرة خطأ أو صوابا، مثل (دائما – غالبا – كل – أبدا – فقط – لا شيء).

12. أن تصاغ الأسئلة مرتبة من السهل إلى الصعب قدر الإمكان.

13. أن تجمع الأسئلة الخاصة بكل موضوع مع بعضها البعض.

14. أن تجمع الأسئلة التي في صورة واحدة مع بعضها البعض، كأسئلة الصواب والخطأ – الاختيار من متعدد...وهكذا.

وتقسم اختبارات الفقرات ذات الإجابة المنتقاة إلى الأنواع الآتية:

1. **اختبارات المزاوجة (المطابقة):**

اختبار المزاوجة (وهو ما يسمى أحيانا بالربط أو المقابلة أو المطابقة).

وتستعمل اختبارات المزاوجة لبيان العلاقات بين الحقائق والأفكار والمبادئ. وهذه الاختبارات كثيرة الشيوع في المدارس الأساسية، ويتألف من قائمتين يطلب من الطالب أن يوفق بينهما بالطريقة التي تبينها التعليمات.

كما يمكننا أن نحول سؤال المزاوجة إلى سؤال مصور، بحيث تكون في أحد العمودين صور معينة أو أدوات مثلاً، وفي العمود الثاني أسماؤها مرقمة. وما على الطالب إلا أن يضع بجانبها أو بين الأقواس رقم الشيء أو الجزء.

شروط صياغة أسئلة المزاوجة:

1. يجب أن تكون تعليمات السؤال واضحة – خاصة لطالب المدرسة الأساسية – بحيث يستطيع فهم المطلوب منه.

2. يجب أن يكوّن من عمودين يحتوي كل منهما على قائمة من الكلمات أو العبارات.

3. يطلب من الطالب أن يربط بين العناصر أو الكلمات من العمود الأول بالعناصر من العمود الثاني.
4. يجب أن يكون السؤال بكامله على صفحة واحدة، حتى لا يسبب الإرباك للطالب.
5. يجب أن تكون عناصر العمود الثاني أكثر من عناصر العمود الأول.
6. أن لا ترتبط أي عبارة من عبارات العمود الأول بأكثر من عنصر من عناصر العمود الثاني.
7. أن لا تساعد الصياغة اللغوية في التعرف على الإجابة الصحيحة.
8. يستحسن إذا اشتمل أحد العمودين على أسماء أن ترتب هجائيا.

إذا كان هناك تواريخ أو أرقام فيحسن تسلسلها حسب تسلسل معين توفيرا لجهد الطالب في البحث عن الإجابة الصحيحة.

أمثلة:

- صل بخط بين كلمات العمود الأول بما يتفق معها في العمود الثاني:

العمود الأول	**العمود الثاني**
1. خلايا الدم الحمراء.	أ. تحمي الجسم من الأجسام الغريبة التي تسبب المرض
2. خلايا الدم البيضاء.	ب. لها علاقة بتخثر الدم
3. الصفائح الدموية.	ج. تحتوي على صبغة الهيموغلوبين
4. النسيج العضلي القلبي.	د. ألياف عضلية إرادية الحركة
5. النسيج العضلي الهيكلي.	هـ. ألياف عضلية لا إرادية الحركة

- صل بخط بين كلمات العمود الأول بما يتفق معها في العمود الثاني:

العمود الأول	العمود الثاني
1. السيزموميتر	أ. المخطط الزلزالي
2. السيزموغراف	ب. مقياس يستخدم لقياس شدة الزلزال
3. السيزموغرام	ج. مقياس يستخدم لقياس قوة الزلزال
4. ميركالي	د. جهاز اللاقط في محطة رصد الزلزال
5. ريختر	هـ. جهاز المستقبل في محطة رصد الزلزال

- صل بخط بين كلمات العمود الأول بما يتفق معها في العمود الثاني:

العمود الأول	العمود الثاني
1. نيوتن	أ. المسافة التي يقعطها الجسم في وحدة الزمن
2. الكيلوغرام	ب. التغير في سرعة الجسم في وحدة الزمن
3. الوزن	ج. وحدة قياس الكتلة
4. السرعة	د. وحدة قياس الوزن أو القوة
5. التسارع	هـ. مقدار ثابت يساوي (10م/ ث2)
6. تسارع السقوط الحر	و. قوة جذب الأرض للجسم

- صل بخط بين كلمات العمود الأول بما يتفق معها في العمود الثاني:

العمود الأول	العمود الثاني
مخ	**يحتوي مراكز لأفعال منعكسة مثل حركة العين**
مخيخ	**ينظم التنفس**
دماغ متوسط	**يعد مركز العمليات العقلية العليا كالذكاء**
قنطرة	**رد الفعل المنعكس**

ينظم بعض الأفعال المنعكسة مثل نبض القلب	نخاع مستطيل
يساهم في اتزان الجسم بتنسيق التقلصات العضلية	حبل شوكي

2. الاختيار من متعدد:

يتكون اختبار الاختيار من متعدد من قسمين رئيسيين هما:

- متن السؤال.
- قائمة الإجابات أو البدائل المقترحة.

وتتم صياغة متن السؤال على شكل عبارة غير كاملة أو سؤال غير مباشر، وعلى الطالب أن يختار الإجابة الصحيحة من بين قائمة الإجابات المطروحة.

- **استعمالاته:**

يمكن استعمال هذا النوع من الاختبارات الموضوعية، لتقويم أي هدف تربوي وقياس المعلومات والمفردات، والحقائق المجردة، وعلاقات السبب والنتيجة، والفهم، وحل المشكلات، وتفسير البيانات، وتطبيق المبادئ أو النظريات.

- **شروط كتابة أسئلة الاختيار من متعدد:**

يمكن تجنب تصميم أسئلة ضعيفة بمراعاة القواعد التالية:

- يجب تحديد الأهداف التي نود قياس مدى تحققها، بحيث لا يقيس

  السؤال الواحد أكثر من مدى تحقق هدف واحد.

- يجب أن يكون هناك جواب واحد صحيح فقط.
- أجعل أجوبة السؤال متجانسة.

● يجب وضع علامة السؤال.

أمثلة:

ضع دائرة حول رمز الإجابة الصحيحة:

1. تقاس القوة الدافعة الكهربائية بوحدة:

أ) الأمبير   ب) الأوم   ج) الفولت   د) الكولوم

2. البطاريات التي يمكن اعادة شحنها عند نفاذ طاقتها هي الأعمدة:

أ) الجافة   ب) البسيطة   ج) الأولية   د)الثانوية

3. سيارة تسير بسرعة 10م/ث ازدادت سرعتها حتى أصبحت 30م/ث خلال أربع ثوان، فان تسارع السيارة بوحدة (م/ث^2):

أ) 2   ب) +5   ج) -5   د) 10

4. عدد الصفائح الرئيسية في الغلاف الأرضي الصخري:

أ) 3   ب) 5   ج) 7   د) 9

5. موجة ترددها 15هيرتز وسرعتها 600م/ث، فان طولها الموجي بوحدة المتر يساوي:

أ) 30   ب) 40   ج) 1200   د) 9000

6. تعادل قساوة الكوارتز:

أ) 4   ب) 5   ج) 6   د) 7

7. السمة المميزه لمعدن الملاكيت، هي:

أ) القساوة   ب) اللون الطبيعي   ج) البريق الفلزي   د) الحُكَاكَة

8. المعدن الذي يُظهر خصيصة مغناطيسية، هو:

أ) الكالسيت   ب) الملاكيت   ج) الماغنتيت   د) الكوارتز

9. تُعَدُّ جذور النبات من عوامل:

أ) التجوية الفيزيائية   ب) التجوية الكيميائية   ج) التعرية   د) الترسيب

10. تتشكل الكهوف بفعل:

أ) عمليات الأكسدة   ب) الإذابة   ج) التميؤ   د) جذور النبات

11. الصخر غير المتورق الذي ينتج من تحول الحجر الجيري، هو:

أ) الشيست   ب) الكوارتزيت   ج) الرخام   د) النايس

12. إحدى الصخور الآتية ليست صخراً رسوبياً كيميائياً:

أ) الهاليت   ب) الجبس   ج) الحجر الرملي   د) الحجر الجيري

13. إحدى العمليات الآتية تؤدي إلى تحول الراسب لصخر رسوبي:

أ) السمنتة   ب) التجوية   ج) التعرية   د) الترسيب

14. يُعد أحد الآتية أولى خطوات المنهجية العلمية:

أ) الفرضية   ب) المشكلة   ج) النتيجة   د) التجربة

15. يُعد أحد الآتية من مظاهر الحياة المشتركة لدى الكائنات الحية جميعها:

أ) النمو   ب) الإبصار   ج) النوم   د) التفكير

16. أحد الآتية يمثل نوع الأشعة المستخدمة في المجهر الإلكتروني:

أ) الضوء العادي   ب) الأشعة السينية   ج) الإلكترونات   د) البروتونات

17. الجزء المسؤول عن بناء البروتين داخل النواة هو:

أ) سـائل نـووي   ب) نويـة   ج) DNA   د) ثقـب نووي

18. أحد أنواع العضيات الآتية تحدث فيه عملية البناء الضوئي:

أ) الأجسام الحالة   ب) البلاستيدات الخضراء

ج) الرايبوسومات   د) أجسام غولجي

19. المصدر المباشر للطاقة الناتجة من عملية التنفس الخلوي هو:

أ) المركبات العضوية   ب) الطاقة الشمسية

ج) روابط الماء   د) الميتوكندريا

20. يربط الأنسجة ويدعم الجسم أحد الأنسجة الآتية:

أ) طلائي   ب) عضلي   ج) عصبي   د) ضام

21. يتكون معظم الدماغ من أحد الأنسجة الآتية:

أ) طلائي   ب) عضلي   ج) عصبي   د) ضام

22. يصنف البراميسيوم في مملكة:

أ) البدائيات ب) الطلائعيات ج) الفطريات د) الحيوانات

23. يصنف أحد الكائنات الحية التالية من الطيور:

أ) الدجاج ب) الفراش ج) النحل د) الخفاش

24. العضو المسؤول عن امتصاص الغذاء في الجهاز الهضمي للأرنب هو:

أ) الفم ب)الأمعاء الدقيقة ج) الأمعاء الغليظة د) المعدة

25. الغاز الذي يوجد في المشروبات الغازية هو:

أ) H_2 ب) O_2 ج) CO_2 د) SO_2

26. رقم التأكسد الكبريت في الحمض (H2SO4) يساوي:

أ) I ب) Π ج) Iv د) vI

ومن أمثلته:

- اختر الإجابات الصحيحة من بين الأقواس وضع تحتها خطا:

1. من أركان الإسلام الخمسة:

(الإيمان بالله - الإيمان بالملائكة - الإخلاص - الزكاة - الصدقة).

2. حكم الغيبة:

(سنة - مكروه - واجب - محرم - مباح).

3. توفي رسول الـلـه ﷺ وعمره:

(63 - 60 - 65 - 70 - 55).

3. **اختبارات الصواب والخطأ:**

الشكل العام أو الشائع لهذا النوع من الأسئلة يتألف من جملة واحدة. ويطلب من الطالب عادة أن يبين إذا كانت الجملة صحيحة أو خاطئة بوضع إشارة (✓) لتدل على الصواب أو إشارة (X) لتدل على الخطأ، أو كلمة (نعم) لتدل على الصواب وكلمة (لا) لتدل على الخطأ.

مميزاتها:

- سهولة كتابتها.
- تغطيتها للمقرر الدراسي تغطية شاملة بوضع أسئلة كثيرة لمختلف أجزاء المادة.

عيوبها:

- قياسها للحقائق والمبادئ دون غيرها من الأهداف التربوية.
- تشجع الحفظ والاستظهار.
- سهولة الإجابة عليها بالصدفة أو التخمين.

مثاله:

ضع علامة (✓) أمام العبارة الصحيحة وعلامة (x) أمام العبارة الخاطئة فيما يلي:

1. الإيمان بالقدر من أركان الإيمان ( ).
2. إن لو الدالة على عدم الرضا لا تنافي كمال التوحيد ( ).

3. حق الله على العباد أن يعبدوه ولا يشركوا به شيئا   (   ).
4. الصلاة مع الجماعة في المساجد سنة   (   ).

4. أسئلة الترتيب:

شروطها:

1. أن يعطى الطالب في هذا الاختبار مجموعة من الكلمات أو التواريخ غير مرتبـة.
2. يطلب من الطالب إعادة ترتيبها حسب أقدميتها أو صحتها أو غير ذلك من المعايير.
3. يجب أن تكون واضحة لا يعتريها غموض.
4. أن لا يكون من بينها احتمال المساواة.
5. أن لا يكون من بينها أفضلية، بحيث لو قدم أي منها استقامت العبارات إلا أنها مفضولة.
6. أن تكوّن بعد ترتيبها عبارة متكاملة مفهومة للطلاب.

مثاله:

فيما يلي خطوات الوضوء الصحيحة. والمطلوب منك ترتيبها ترتيبا يتفق مع تسلسل حدوثها وذلك بوضع رقم مسلسل أمام كل خطوة.

(   ): مسح الأذنين.

(   ): غسل الرجلين مع الكعبين.

(   ): التسمية.

(   ): غسل الوجه ثلاثا.

(   ): غسل الكفين ثلاثا.

(   ): مسح الرأس.

(   ): غسل اليدين إلى المرفقين.

(   ): الاستنشاق والاستنثار ثلاثا.

(   ): المضمضة ثلاثا.

4. **وسائل أخرى لتقويم التحصيل المدرسي: ومنها:**

1. الواجبات المنزلية: وبواسطتها نعرف مدى حرص كل طالب على تنفيذها وتسليمها في موعدها المحدد، وقدرته على حل المسائل التي تعطى له في هذه الواجبات.

2. أوراق العمل: التي يتم تنفيذها داخل الفصل، وبواسطتها نقيس مدى استجابة الطلاب للمعلمين، وتنفيذهم التعليمات التي تعطى لهم.

3. المناقشات الحرة: وهي المناقشات التي تدور داخل الفصل بين الطلاب بعضهم البعض وتحت إشراف المعلم، أو بينهم وبين المعلم، وتساعد المعلم على تكوين فكرة معينة عن الكثير من الطلاب من خلال أسلوبهم في النقاش والحوار، مما يعطيه مجالاً واسعاً لتقويم قدرات الطلاب المختلفة.

5. **وظيفة الأسئلة:**

تلعب الأسئلة بمختلف أنواعها دوراً كبيراً في عملية التقويم والقياس الخاص بالتحصيل المدرسي. كون الأسئلة تستخدم في التعليم الصفي لأغراض مختلفة. منها على سبيل المثال: قياس مدى استعداد الطلاب للتعلم، أو لمعرفة معلوماتهم السابقة، ومدى تذكرهم وفهمهم لما درسوه.

وتستخدم كذلك لإدارة الأنشطة في الفصل، أو لإعطاء توجيهات للطلاب وتصحيح سلوكهم. كما أنها توظف لأمور أخرى عديدة، مثل: تعويد الطلاب على التفكير السليم والناقد.

- **أنواع الأسئلة:**

بسبب تعدد أهداف الأسئلة فقد تعددت أنواعها، بحيث أصبح كل نوع منها يقيس مستوى معيناً من مستويات التفكير. لذلك فإن صياغتها تحتاج إلى مهارة المعلمين وبراعتهم، حتى تؤدي أهدافها التعليمية والتربوية، وتشمل في الوقت ذاته مستويات التفكير المختلفة. ومن أنواع الأسئلة:

أ. أسئلة التذكر للمعلومات:

عدد خصائص.................

اذكر العوامل.................

اذكر الفوائد (المعلومات من الدرس).

ب. أسئلة الفهم:

مثل: صف موقفاً شاهدته -

تكلم عن قضية سمعتها (تدور حول الدرس).

ج. أسئلة التطبيق:

أعرب الجملة التالية.................

حل المسألة التالية.................

تتبع مسار انتقال الدم من البطين الأيمن إلى الأذين الأيسر؟

ارسم مثلثاً قائم الزاوية.

د. أسئلة التركيب:

ماذا يحدث لو زادت الأمطار على المناطق الجبلية؟

حل المشكلات التالية.

ه. أسئلة التحليل:

علل ما يأتي.................

لماذا يجب التنفس من الأنف؟

لماذا يجب فتح نوافذ الفصل؟

فسر ما يلي:

- يُعد الجهاز الليفي جزءاً من الجهاز المناعي للجسم.
- احتواء جسم الإنسان على آلاف البروتينات المختلفة.
- الكائنات الحية في التيجا أكثر منها في التندرا.
- صخر الغرانيت لا يسمح بخزن الماء.
- الكواكب الأرضية متقاربة، أما الشبيهة بالمشتري فمتباعدة.

و. أسئلة التقويم:

ما موقفك من طفل يعذب عصفوراً؟

ما رأيك في...؟

أيهما أفضل في رأيك...؟

أي شيء أجمل من...؟.

وهذه الأسئلة تسمى أسئلة عمليات التفكير العليا، حيث إنها تدعو الطالب إلى إعمال فكره، وتشغيل قدراته العقلية، فهو يحفظ ويطبق ثم يحلل المعلومات ويركبها، ثم يصدر حكمه على الأشياء، ويقوِّم المواقف ويتذوق... وهكذا.

وهناك أنواع أخرى من الأسئلة، منها:

1. **أسئلة التفكير المتمايز:**

وهي أسئلة توضح مدى إدراك الطلاب للعلاقات، وتظهر مستويات تفكيرهم، فالمعلم قد يطرح سؤالاً. مثل: ماذا يستفيد الطلاب من تشكيل النص؟ فتكون إجابات الطلاب مختلفة (متمايزة) وفقاً لتفكير كل طالب، منهم من يذكر فائدة التشكيل للنطق السليم، ومنهم يذكر فائدته في التفريق بين الاسم والفعل، و آخر لمعرفة موقع كل كلمة ووظيفتها النحوية...الخ.

2. **الأسئلة السابرة:**

وهي التي تسبر أغوار الطلاب (اكتشاف ما في نفوسهم).

مثل: ماذا تحب أن تكون؟

لماذا تذهب إلى المدرسة؟

أي المواد تحبها أكثر من غيرها؟

3. **أسئلة الطلاقة الارتباطية:**

وهي الأسئلة السريعة، التي توضع لمعالجة مواقف معينة. وتكون إجاباتها سريعة ومرتبطة بالموقف، فقد يسمع المعلم وطلابه، صوتاً مدوياً خارج الصف، فوراً يقول المعلم: ما هذا؟ طالب – انفجار غاز – يا أستاذ. طالب آخر: لا الظاهر أنه إطار سيارة. آخر: ربما سقط أحد المنازل... وكل هذه الإجابات المختلفة – دون مشاهدة الموقف – ربما تكون غير صحيحة، ولكنها تكشف للمعلم إحساس طلابه، والمواقف المؤثرة في حياتهم.

وأخيراً لكي تكون الأسئلة مؤثرة، وموحية، ومحققة لأهدافها التربوية سواء كانت تحريرية أو شفوية، يجب على المعلم عند صياغتها <u>مراعاة الأمور التالية:</u>

1. وضوح صياغتها وخلوها من الغموض حتى يتمكن الطالب من الإجابة عليها بكل دقة.

2. أن تراعي أعمار ومستويات الطلاب العقلية والمعرفية.

3. يفضل بالنسبة لطلاب المرحلة الأساسية، تجنب الأسئلة المركبة التي تحتوي على إجابتين فأكثر. مثل: متى يكون الفعل المضارع مرفوعاً؟ ومتى يجزم؟ ومتى ينصب؟

4. أن يتيح المعلم وقتاً كافياً للطلاب للتفكير في الأسئلة وإجاباتها، وعدم مقاطعة أي طالب أثناء إجابته، إلا إذا خرج عن موضوع السؤال، أو لم يتمكن من فهم السؤال بشكل جيد.

5. يجب توزيع الأسئلة داخل الفصل على جميع الطلاب، وإتاحة الفرصة للضعاف منهم للمشاركة في الإجابة عن الأسئلة المختلفة، وعدم الرفض الدائم للإجابة الخاطئة من قبل بعض الطلاب. كي لا يتكون لديهم سلوك انسحابي من العملية التعليمية التعلمية، وعلى المعلم أن يساعد طلابه على اكتشاف أخطائهم وتصحيحها، وتشجيعهم على الاشتراك الفعلي في عملية التعلم، حتى تكون عملية التقويم متكاملة وشمولية.

6.

أنواع المقاييس:

1. المقاييس الاسمية nominal: تستخدم الأرقام دون أن تكون لها دلالة أو معني مثل (أن تكون المقررات ذات أرقام، أو أن يكون للشعب أرقام، وللهواتف أرقام، وللسيارات ولرحلات الطيران...).

   هذه المقاييس تستخدم للتصنيف لسهولة التعرف وضمان للحيادية، ويكون كل ما يحمل تلك الأرقام له خصائص مشابهة للحالات الأخرى، ويحكم هذا النوع علاقات التساوي.

2. مقاييس الترتيب الجزئي partial ordinal:

   نجد هذا النوع في الفئة الواحدة من المقاييس الاسمية التي تقسم الأفراد في مجموعات..بينما داخل المجموعة الواحدة لا نجد الصفات بين الأفراد متساوية (ليسوا جميعا من طول واحد، أو من وزن واحد، أو من مستوي اجتماعي وثقافي واقتصادي واحد.. وبالتالي يتم ترتيب أفراد المجموعة وفقا لمعايير مثل معيار الطول والوزن..إلخ) ويكون الترتيب في صفة واحدة فقط وليس في جميع الصفات.

3. مقاييس الرتبة: ordinal scales - تعتمد هذه المقاييس علي تنظيم الوحدات المقاسة أو الأفراد الذين يتم قياس خصائصهم في ترتيب يبدأ من الأدنى إلي الأعلى في الخاصية أو السمة أو القدرة المقاسة. ولكن المشكلة أننا لا نستطيع أن نحدد بدقة الفرق بين رتبتين (مثل الأول، الثاني، الثالث..إلخ) وهذا الترتيب يصلح لترتيب مجموعة من المتقدمين لشغل وظيفة ما. ويعتبر معامل ارتباط الرتب هو أكثر المعادلات الإحصائية استخداما في هذا النوع من المقاييس.

4. مقياس الرتب المتري: ordinal metric scale المقاييس السابقة تمثل فئات أشخاص أو أشياء والعلاقات بينها أو الفروق متساوية (مثلا الفرق بين الأول و الثاني هو الفرق بين الثاني والثالث والفرق بين الثالث والرابع هو

5. نفس إذا جميع العلاقات متساوية).ولا نستطيع أن نقول إي من هذه الفروق الأكبر أو الأصغر.

ولكن عندما نجعل هذه الفروق ذات قيمة قياسية لنميز بين من هو أكبر ومن هو أقل فيكون الأول هنا هو الأعلى لأنه صاحب التقدير الأعلى , بينما يكون الرابع أو الخامس هو الأدنى في الترتيب لأنه الأخير بين المجموعة.

ونضرب مثل أخر مدير المدرسة من حيث السلطات المتوفرة لديه هو الأعلى في السلطة داخل المدرسة من المدرس الأول , والمدرس الأول أعلي سلطة من المعلم الجديد والقديم وتصبح الفروق بينهم لها قيمة وهذه الفروق ليست مجرد ترتيب بل هو ترتيب له قيمة مثل أن نقول الرجل الذي طوله 190سم الأطول عن الرجل الذي طوله 170 سم.

6. مقاييس المسافة: interval:

تتميز مقاييس المسافة عن مقاييس الرتبة المختلفة؛ بأنها تسمح بتحديد مدي بعد شيئين , أو شخصين بعضهما عن بعض في السمة المقاسة. كما تسمح بجعل هذه المسافات متساوية وفقا لقواعد معينة يتم الاتفاق عليها لاستخدام الأعداد حتي يمكن تحديد كم الصفة أو الخاصية التي يتم قياسها. فعندما نقول أن طول فلان (أ) 165سم وطول فلان (ب)189سم ندرك أن (أ) أقصر من (ب)، اذا البعد بين الطوليين هي المسافة بين القصير والطويل.

مثال:

نحصل علي مقياس لأطوال مجموعة من الأفراد بحيث يصبح الفرد الأقل طولا هو بداية قياس المجموعة ويحصل علي الدرجة صفر و الأطول منه بخمسة سنتيمترات يحصل علي الدرجة 1, وهكذا والذي يزيد عنه ب 10 سم يحصل علي الدرجة 2..إلخ. وقد نلجأ إلي حساب متوسط أطوال المجموعة و درجة انحرافها

المعيارية. فإذا كان المتوسط 100سم والانحراف عنه 5سم يصبح الفرد الذي طوله 105سم يحصل على 1+ , والفرد الذي طوله 90سم يحصل, -2- وهذا النوع من المقاييس هو الأكثر انتشارا في المقاييس النفسية و التحصيلية المقننة و المقاييس العقلية.

7. مقاييس النسبة: ratio scales:

في هذه المقاييس يتم قياس الصفة بوحدات أو مقادير معيارية تقبل استخدام جميع العمليات الحسابية , ويصلح لجميع الأبعاد الفيزيائية المعروفة كالطول والوزن والحجم. والقليل من المقاييس النفسية التي تستخدم هذه المقاييس في قياس الخصائص النفسية.

(مثال أن نقول أن أحمد وزنه100كجم فهو ضعف وزن علي الذي وزنه 50 كجم , وهذه العلبة حجمها 100سم مكعب فهي ضعف العلية التي حجمها 50سم مكعب , و محمود طوله 80سم فهو نصف طول ابراهيم الذي طوله 160 سم). وهذا النوع من المقاييس قليل الاستخدام في قياس الظواهر النفسية. مثل المقاييس الخاصة بزمن رد الفعل , و قياس التعلم , وقياس العمليات المعرفية التي تستخدم في قياسها الثانية والميللثانية).

طرق القياس في علم النفس:

القياس في العلم يهتم بقياس خصائص الأشياء وليس قياس الأشياء. والمقارنة تتم وفقا لمقدار ما يتوفر من الخاصية الواحدة. مثلا لا نقيس الطفل بل نقيس سلوك الطفل أو ذكائه. ولذلك من المهم أن نجعل الصفة المقاسة صالحة للقياس , حتي يمكن قياسها لأن هناك خصائص يصعب تجريدها وجعلها صالحة للقياس. هل نستطيع أن نحدد اللاشعور مثلا , هل نستطيع أن نحدد مستوي الوعي كميا حتي الآن لا..

علي الرغم من وجود مقاييس تقيس خليط من الصفات (مثل مقياس مينيسوتا المتعدد الأوجه الذي يقيس بالعبارة الواحدة عدة سمات) و لكن هذا النوع من المقاييس يراه البعض ضعيفا علميا. لأن القياس العلمي ينظر إلي المقياس باعتباره مقياس السمة الواحدة (هذا مقياس للطول و هذا للوزن وهذا لشدة التيار الكهربائي..إلخ)

طبيعة القياس النفسي:

ما هي عملية القياس: يجب أن نعرف أن ما يتم قياسه ليس الظاهرة نفسها، بل هي مؤشرات وجود هذه الظاهرة. فالكهرباء المغناطيسية والذكاء وغيرها من الظواهر هي تكوينات فرضية (نفترض وجودها)، فعندما نقيس درجة الحرارة نستخدم جهاز الترمومتر ونجد عندما ترتفع الحرارة تتمدد مادة الزئبق في الأنبوبة الشعرية ونقرأ التدريج المصاحب لنعرف مقدار ارتفاع درجة الحرارة، وبالتالي ليست مادة الزئبق هي درجة الحرارة وكذلك ليست الأنبوبة الشعرية هي درجة الحرارة. وبالتالي ما تم قياسه هو شيء افتراضي. وفي القياس النفسي نحن أيضا لا نقيس الظاهرة نفسها بل نقيس مؤشرات وجود الظاهرة ,فأساليب الأداء التي يظهرها الفرد هي دلائل وجود الظاهرة.

القدرة اللغوية علي سبيل المثال تقاس بما يظهره الفرد من أداء.

لغوي يتمثل في صورة نطق و تحدث و تلفظ واتصال شفوي و ايماءات وإشارات وكتابة وقراءة..إلخ. وعندما نتعرف علي الحالة الصحية نقول أن عدد ضربات القلب كذا و نسبة الكولسترول كذا و الهرمونات كذا وكذا وغير ذلك من الفحوصات والتحليلات , ثم من هذه التحليلات يتبين الطبيب الحالة الصحية.

كما سبق أن أوضحنا من استعراضنا لأنواع المقاييس أن هناك اختلاف في الظواهر التي نقيسها وتختلف باختلافها أدوات قياسها.

كما إننا لا نقيس الظواهر بل نستدل عليها من قياس خصائصها

وبالتالي تنشغل المقاييس في علم النفس بقياس خصائص الظواهر النفسية التي يمكن ملاحظتها مباشرة في أداء الأفراد ويطلق عليها بأساليب الأداء performance وهي تكون علي صورة من ثلاث:

1. أداء لغوي: يتمثل في النطق و التحدث و التلفظ و استخدام الإشارات والإيماءات.
2. أداء حركـي: كما يظهر في استخدام أجزاء الجسم كالأيدي والأصابع و الأقدام و.....
3. الأداء الفسيولوجي: كما تظهر في النشاط المخي والهرموني والدوري...

طرق القياس في علم النفس:

1. تكرار حدوث مؤشر السمة:

فعدد الاستجابات الصحيحة يمثل دالة وجود السمة , وبالتالي فإن عدد الإجابات الصحيحة يعطي دالة علي مستوي التلميذ في الاختبار. بينما إجابة الفرد علي كل مفردة من مفردات اختبار للذكاء بطريقة صحيحة تحدد مستوي ذكائه. فالتكرار هنا يؤكد بقوة وجود السمة ومستواها.

القدرة علي إظهار نفس الاستجابة كلما تكرار الموقف.

2. شدة حدوث مؤشر السمة:

الشدة هنا دالة الحدة intensity بمعني قوة الاستجابة في الموقف، فالإجابة علي أكثر الأسئلة صعوبة يشير إلي قدرة الفرد علي الإجابة علي الأسئلة الأقل صعوبة، فقياس الجهد المبذول يتم بتحديد سعة الاستجابة و قوة الاستجابة (في لعبة رفع الأثقال يقاس التفوق بمقدار ما يرفعه اللاعب في الرفعة الواحدة....).

الاستجابة الصحيحة للمهام الأكثر صعوبة.

3. **مدى حدوث مؤشر السمة:**

في السمات التي تتنوع فيها خصائص السمة يصبح حصول الفرد علي إجابات في مختلف هذه السمات دالة علي اتصافه بمقدار كبير من السمة وليس حصوله فقط علي الدرجات النهائية في جانب واحد فقط.

الاستجابة الصحيحة للمواقف المتنوعة التي تستخدم في قياس السمة.

الاختبار كأداة للقياس النفسي:

1. تعريف الاختبار the test:

هناك عدة تعريفات للاختبار ويعتبر تعريف كل من انستازي Anastasi عالمة النفس الأمريكية, حيث تعرف الاختبار بأنه مقياس موضوعي مقنن لعينة من السلوك.

وتعريف كرونباك Cronbach بأنه طريقة منظمة لمقارنة سلوك شخصين أو أكثر. و تعتبر هذه التعريفات الأكثر شيوعا.

حيث إن الجمع بين التعريفين هام في القياس النفسى.

ويجب الإشارة أن القيمة التنبؤية و التشخيصية للاختبار تتوقف علي توفر شروط التقنين و الموضوعية.

ولكن الإشارة إلي عينة من السلوك يجب التعامل معها بشيء من الحيطة؛ لأن العينة تجعل مجال القياس ضيقا , إلا في حالة أن يكون موضوع القياس تلك العينة من السلوك أو أن تكون هذه العينة من مقاييس القوة (شدة حدوث مؤشر السمة).

هل هو اختبار test أو مقياس measure:

- لفظ مقياس أكثر عمومية و يعتمد علي الحصول علي أوصاف كمية كما هو الحال في مجالات الإدراك و السيكوفيزيائية.

بينما يستخدم لفظ اختبار و اختبارات في مجال علم النفس الفارق , و تعتمد علي مقاييس المسافة أو الرتبة. و هدف علم النفس الفارق هو المقارنة بين سلوك الأفراد في ضوء معيار normو مستوي standardو محك criterion.

أنواع الاختبارات النفسية:

يقسم كرونباك الاختبارات إلي قسمين - هما:

القسم الأول: اختبارات الأداء الأقصى maximum performance:

وهى تحدد المدي الذي يستطيع الفرد أن يصل إليه بأقصى ما يمكن ما لديه من قدرة - و الاختبارات تسمي باختبارات القدرة.

وتتصف تعليمات هذه المقاييس بأنها تشجع الفرد علي بذل أقصى ما لدية من قدرة ليثبت تفوقه (مثل مقاييس الذكاء و المهارات و الاختبارات التحصيلية..).

وهذه الاختبارات قد تستخدم بشكل فردي أو جماعي و عادة ما تشترط الإجابة في زمن محدد.

وتعتبر مقاييس الكفاءة proficiency مثل القدرة علي قراءة نص باللغة الاجنبية , أو العزف علي آلة موسيقية أو اصلاح مكينة معطلة.. من مقاييس الأداء الأقصى.

وهناك نوع أخر هو اختبارات الاستعداد aptitude فالأداء المتفوق علي مقياس للأداء الميكانيكي يشير إلي قدرة الفرد علي النجاح في اختبار تحصيلي للرياضيات.

القسم الثاني - اختبارات الأداء المميز typical performance:

هذه الاختبارات تقيس ما يحتمل أن يفعله الشخص في موقف معين , كما تحاول أن تتعرف علي الطريقة التي يعمل بها. و هناك من الخصائص التي لا تستطيع اختبارات القدرة أن تقيسها مثل الصبر و الأمانة و التسامح وبالتالي يمكن لهذا النوع من الاختبارات قياسها من جانب أنها سلوك يميز الفرد عن غيره وليس بكونها سلوك يظهر الفرد فيها قوته. وهذه الاختبارات لا تعمد إلي تشجيع الأفراد علي الاجابة بأقصى ما لديهم بل تشجيعهم علي اختيار الاستجابة التي يفضلونها..

خصائص اختبارات الأداء المميز:

1. ليس من المهم أن تكون استجابة الفرد للاختبارات صائبة أو خاطئة , بل المهم ان تكون الاستجابة المفضلة له.
2. تستخدم في هذا النوع من المقاييس عدة طرق منها ما يعتمد علي الملاحظة بأشكالها المختلفة , حيث تتم ملاحظة عينات من سلوك الشخص المراد تحديد أدائه المميز.
3. كما تستخدم وسائل التقرير الذاتي بالاعتماد علي ملاحظة الفرد لسلوكه الذاتي و تقرير ما إذا كانت هذه الخصائص تظهر في سلوكه أم لا.
4. تعتبر اختبارات الشخصية هي الأكثر وضوحا في هذا النوع من الاختبارات , وتسمي الاختبارات في هذا النوع بالاستخبارات أو الاستبيانات (الاستبانة).
5. وأهم عيوب هذا النوع ميل المفحوص لما يعرف بالمرغوبية الاجتماعية أو ميل الفرد للكذب.

الاختبارات التحصيلية-achievement test:

تعتبر الاختبارات التحصيلية الأكثر استخداما و شيوعا. و يمكن اعتبارها الأكثر عالمية من جميع الاختبارات الآخري حيث لايوجد نظام تعليمي لا يستخدمها.

هي الأداة التي تستخدم في قياس المعرفة و الفهم و المهارة في مادة دراسية أو تدريبية معينة.

الاختبارات التحصيلية هي الأداة المعتمدة في جميع عمليات التقويم الخاصة بالمخرجات التربوية. و لكن ما هي هذه الاختبارات؟

الاختبار التحصيلي كأداة للتقويم التربوي:

يعتبر التقويم التربوي عملية اصدار حكم علي مدي تحقيق الأهداف التربوية و ينتج عنه تشخيص للحالة التي وصلت إليها العملية التربوية.

هناك ثلاثة خطوات لعملية التقويم التربوي هي:

1. تحديد الأهداف التربوية في صورة أهداف تعليمية ذات صياغة اجرائية.
2. جمع البيانات عن سلوك التلاميذ بعد القيام بعملية التعلم , مع استخدام الأدوات المناسبة لكل هدف بحيث تكون أدوات التقويم متنوعةو شاملة لجميع الجوانب.
3. اصدار حكم في ضوء المقارنة بين البيانات التي نحصل عليها من أدوات التقويم و الأهداف المطلوب انجازها.

أهمية وصف العمل التربوي في إعداد الاختبارات التحصيلية:

هناك طريقتين لوصف العمل التربوي المطلوب اعداد اختبار لقياسها وهما طريقتي ميجر Mager و طريقة ميللر Miller.

طريقة ميجر تعتمد علي ما يلي:

1. تحديد الأداء النهائي الذي يسعي النظام التعليمي أو التدريبي إلي انتاجه.
2. وصف الظروف و الأحوال الهامة التي يتوقع حدوث السلوك فيها.
3. وصف مستوي الجودة الذي يجب أن يصل إليه أداء المتعلم.

طريقة ميللر في وصف العمل التربوى- تعتمد علي ثلاثة خطوات:

1. ظروف الاستثارة (Stimulus condition).
2. التنشيط activation وهي تظهر في الاستجابة التي يظهرها الفرد
3. التغذية الراجعة feedback عملية متابعة الاستجابة وبيان مدي ملائمتها.وسوف نتحدث عن هذه العملية بالتفصيل لاحقاً.

تحليل العمل التربوي:

هي مرحلة تأتي بعد عملية وصف العمل التربوي. في هذه العملية يكون المطلوب هو معرفة المعلم بأنسب الظروف التي يتم فيها التعلم. حيث أن هناك اختلاف في الظروف التي تحيط بكل نوع من أنواع التعلم.

علي سبيل المثال التعلم المهاري (مثل التدريب علي القيام بأعمال صناعة طبق من الحلوة الشرقية) تختلف ظروف التعلم فيها عن تعلم درس في الكيمياء أو تعلم استخدام برنامج حاسوبي.

هناك نموذجان معروفان في سياق تحليل العمل التربوي هما:-

1. تصنيف جانيه Gagne للتعلم يقوم بتحليل العمل لثمانية أنواع تندرج من البسيط للمعقد أو المركب وهي علي النحو التالي:-
   أ. التعلم الإشاري Signal learning:و يعتبر التعلم الشرطي نموذج له.
   ب. تعلم الاستجابة - المثير - الاستجابة أو ما يعرف بالاشتراط الإجرائي.
   ج. التسلسل chaining و هو خاص بالتعلم المهاري الحركي.
   د. الارتباط اللغوي verbal association أو التداعي اللفظي.
   ه. التمييز المتعدد multiple discrimination.
   و. تعلم المفاهيم concept learning.
   ز. تعلم المبادئ (الاسس) principle learning.
   ح. حل المشكلة problem solving أو التفكير.
2. تصنيف بلوم Bloom للميدان العقلي: حيث قسمه إلي فئتين رئيسيتين الأولي خاصة بالمعرفة knowledge , و الثانية خاص بالمهارات العقلية mental skills وهي علي النحو التالي:

1. المعرفة knowledge.
2. الفهم comprehension.
3. التطبيق application.
4. التحليل analysis.
5. التركيب synthesis.
6. التقويم evaluation.

أنواع الاختبارات التحصيلية:

يحدد الهدف التعليمي الناتج النهائي المراد تقويمه. فإذا كان هدف معلم اللغة الفرنسية أن ينطق التلاميذ الكلمات بطريقة صحيحة, فيكون التقويم هنا

منصبا علي ملاحظة طريقة نطق التلاميذ لهذه الكلمات عندما تعرض عليهم. و إذا كان الهدف من تدريس قطعة قراءة هو فهم هذه القطعة و التمكن من معرفة الأحداث التي تدور فيها, فيجب أن يكون التقويم هنا منصبا علي فهم الأحداث و دور أفراد القصة التي يدور حولها النص القرائي. وبالتالي اختبار الفهم القرائي هو أداة التقويم المناسبة.

وبالتالي تتعدد أدوات التقويم بتعدد الأهداف التي نسعي إلي تحقيقها.

كيفية إعداد اختبار تحصيلي:

يمر اعداد الاختبار التحصيلي بعدة مراحل هامة تشمل ما يلي:

1. تحليل محتوي content analysis المادة الدراسية.
2. تحديد الوزن النسبي للأهداف التعليمية و محتوي المادة الدراسية (وفقا لعدد الصفحات , وعدد الساعات , عدد المحكمين).
3. إعداد جدول المواصفات.
4. تحديد نوعية الأسئلة.

الخطوات التي يمر بها إعداد الاختبار ألتحصيلي:

1. تحليل محتوي المادة الدراسية. و تعرف بعملية تحليل المحتوي Content analysis – وتشمل التحليل اللفظي للمحتوي وفقا للأهداف التربوية التي يحققها.
2. تحديد الوزن النسبي للمحتوي وفقا للأهداف التعليمية التي يحققها ويعتمد في ذلك علي ثلاثة محكات:

1. عدد الصفحات التي يشغلها الموضوع الواحد.
2. عدد الساعات التي يتم تدريسها فيهز.

3 آراء ثلاثة محكمين لتحديد الأهميه النسبية لكل موضوع من حيث الأهمية و الصعوبة والجدة..

إعداد جدول المواصفات الخاص بالاختبار:

يتم وضع هذا الجدول بناء علي التحليل السابق حيث سوف يتضح ما الموضوعات الاكثر أهمية و كم تبلغ هذه النسبة من الأهمية.و بالتالي سوف تتضح عدد الأسئلة بالنسبة لكل موضوع. و ما تقيسه هذه الموضوعات و ما هي الأهداف المتضمنة في هذا الموضوع.

تحديد نوعية الأسئلة:

وتشمل الأنواع التالية: اسئلة المقالة – ماهي اسئلة المقالـة؟ مـا مزاياهـا ومـاهي عيوبها..؟

الأسئلة الموضوعية: وتشمل ما يلي....

- أنواع الأسئلة الموضوعية:
- أسئلة الاختيار من متعدد.......
- أسئلة التفسير.......
- أسئلة المزاوجة......
- أسئلة الاجابات القصير(الاستدعاء)......
- أسئلة الصواب و الخطأ........أو اسئلة البديلين...
- أسئلة الترتيب.............
- الاختبارات العملية.........

تحديد عدد الأسئلة: وفقا للوقت الممنوح للاختبار يتم تحديد عدد الأسئلة:

أنواع الاختبارات:

في عملية التقويم التربوي تستخدام عدة أنواع من الاختبارات تشمل الاختبارات الشفوية والتحريرية, و الاختبارات الموضوعية و اختبارات المقالة, والاختبارات العملية, و الملاحظة العلميةو تقارير البحث....

أولا: الاختبارات الموضوعية: تحت هذا التصنيف هناك العديد من الاختبارات و سوف نتناول أكثرها استخداما وشهرة في الساحة التربوية - وهي علي النحو التالي:

أ. الاختيار من متعدد multiply choices: يقيس النواتج البسيطة للتعلم - و صياغة السؤال فيه إما مباشرة أو في عبارة ناقصة و تسمي الجذر stem ويعقبها مجموعة من البدائل الاختيارية alternatives وعلي المفحوص انتقاء البديل الصحيح أو الأفضل.و يقيس هذا النوع عملية تذكر الحقائق و التفاصيل عند بلوم , وتعلم التمييز المتعدد عند جانييه.

ب. أسئلة المزاوجةmixing- tests: تتألف من عمودين يسمى العمود الأول المقدمات و الثاني يسمي الاستجابات. يحتوي العمودين علي مجموعتين من العبارات أو الرموز أو الكلمات. و يصلح هذا النوع من الاختبارات في تقويم أهداف معرفة الحقائق و التفاصيل التي تتطلب التعرف البسيط مثل معرفة البلدان و الشخصيات الهامة و انجازاتها و الآحداث التاريخية و المصطلحات و الأداوات و القواعد , و المفاهيم , و المؤلفون ومؤلفاتهم....

ج. أسئلة الاجابات القصيرة short-answers وتعرف باختبارات الاستدعاء - قد يكون المطلوب تكملة موضوع أو عبارة أو مجموعة من الجمل.وقد يطلب من المفحوص ذكر مجموعة من الحقائق أو بعض التفاصيل عن موضوعات محددة. و من هذا النوع حل المسائل الحسابية.

يقوم هذا النوع من الاختبارات مدي تحقيق أهداف التذكر و الحفظ و القدرة علي حل المسائل الرياضية.

يمكن حصر أنواع الاختبارات المستخدمة في تقويم التحصيل المدرسي وقياسه، كما يلي:

1. الاختبارات الشفوية.
2. الاختبارات التقليدية.
3. الاختبارات الموضوعية.
4. وسائل أخرى للتحصيل المدرسي.
5. وظيفة الأسئلة.

1. الاختبارات الشفوية:

ربما تكون الاختبارات الشفوية أقدم طريقة استخدمت في تحديد استيعاب المتعلمين للدروس التي تعلموها، فيقال أن سقراط قد استعمل الاختبارات الشفوية منذ القرن الرابع قبل الميلاد للوقوف على مستوى مستمعيه لكي يبني تعليمه لهم على أساس خبرتهم الماضية.

ولا شك أن للاختبارات الشفوية أهميتها في تقييم قدرة المتعلم على القراءة والنطق السليم، والتعبير والمحادثة، وكذلك في مجال الحكم على مدى استيعابه للحقائق والمفاهيم، كما يمكن عن طريق الاختبارات الشفوية الكشف عن أخطاء المتعلمين وتصحيحها في الحال ويستطيع المتعلمين الاستفادة من إجابات زملائهم.

ومن المآخذ على الاختبارات الشفوية أنها لا تتسم غالبا بالصدق والثبات والموضوعية حيث تتأثر بالمستوى العلمي للمعلم وظروفه النفسية والمهنية وكذلك

المناخ التربوي الذي يحيط به، كما تتطلب وقتا طويلا لاختبار عدد كبير من الطلاب.

2. الاختبارات التقليدية (اختبارات المقال):

وهي عبارة عن عدد محدود من الأسئلة، يطلب من الطلاب أن يجيبوا عليها بمقال طويل أو قصير بحسب مستواهم الدراسي، وفي وقت محدد لذلك. وأسئلة الاختبارات التقليدية أو (المقال) – غالباً – تبدأ بكلمات مثل: عدد، اذكر، اشرح، ناقش، قارن، متى حدث كذا وكذا... الخ.

اختبارات المقال تتيح للمتعلمين الفرصة للتعبير عن أنفسهم بالصورة التي يرونها، كما أنها تنمي قدرتهم على التأمل والإبداع الفكري ونقد وتقييم المعلومات والحقائق والمفاضلة بينها.

ويمكن تقسيم اختبارات المقال إلى نوعين:

1. الاختبارات ذات الإجابة المطولة:

وهنا يمنح المتعلم كامل الحرية في الإجابة من حيث اختيار الحقائق وطريقة شرحها وكمية الكتابة للوصول إلى إجابة شاملة.

2. الاختبارات ذات الإجابة المحدودة:

وهنا يجيب المتعلم على هذا النوع من الأسئلة المقالية إجابة محددة قصيرة.

تمتاز الاختبارات المقالية بما يلي:

أ. سهولة بناء وتصميم الاختبار.

ب. كفاءته في قياس كثير من القدرات المعرفية، كالقدرة على تكوين رأي والدفاع عنه، المقارنة بين شيئين، بيان العلاقة بين السبب والنتيجة، شرح وتفسير المعاني والمفاهيم والمصطلحات، القدرة على التحليل، تطبيق القواعد والقوانين والمبادئ، القدرة على التمييز وحل المشكلات.

ج. يتيح للمتعلم الفرصة لتنظيم إجابته وترتيبها، وعرض الحقائق عرضا منطقيا.

د. معالجتها للوحدات الكلية من الخبرة المتعلمة، وهي بذلك تفيد الطلاب وتدربهم على هذه المعالجة.

ه. يمكنها أن تقيس اتجاهات الطلاب التي تكونت أو تعدلت نتيجة لخبرة التعلم (الدراسة).

ويعيب الأسئلة المقالية ما يلي:

أ. لا تغطي الاختبارات المقالية جميع موضوعات المادة لأن عدد أسئلتها قليل.

ب. أن تصحيحها قد يتأثر بعوامل ذاتية أو شخصية من قبل المعلم؛ أي اختلاف تقدير درجاتها من مصحح لآخر، ومعنى هذا أن التقدير الذاتي للمصحح، يلعب دوراً كبيراً في عدم ثبات نتائجها، كما أن مزاج المصحح وحالته النفسية تؤثر على نتائجها.

ج. تستغرق وقتا طويلا وجهدا في تصحيحها.

د. اهتمام الاختبارات المقالية بالمعارف المحضة، وتغليب الجانب النظري على الجانب العملي، ولا تغطي الجوانب العلمية والمهارية، والنشاطات المختلفة التي لها دور في بناء شخصيات الطلاب وجعلهم أعضاء نافعين.

- مقترحات لتحسينها:

لتحسين هذا النوع من أسئلة الاختبارات نرى اتباع ما يلي:

أ. أسئلة المقال لطلاب المرحلة الأساسية، يجب أن تكون قصيرة وإجاباتها محددة بدقة.

ب. حدد هدف السؤال قبل وضعه، مع تحديد حرية الإجابة حتى لا يخرج الطالب عن الجواب الذي تطلبه.

ج. حدد على ورقة الأسئلة علامة كل سؤال من الأسئلة لكي يعطى الطلاب الوقت المستحق لكل سؤال.

د. لتكن الأسئلة متنوعة من حيث السهولة والصعوبة، ومتعلقة بأساسيات المادة.

3. الاختبارات الموضوعية:

سميت الاختبارات الموضوعية بهذا الاسم لأن:

أ. طريقة تصحيحها تُخْرِجُ رأي المصحح أو حكمه من عملية التصحيح وذلك بجعل الجواب محدداً تماماً.

ب. لأنها تمثل مختلف أجزاء المادة، ويمكننا ذلك من قياس قدرة الطلاب بدقة ومن ثم الوقوف على نقاط الضعف والقوة لكل طالب.

فالاختبارات الموضوعية: هي الاختبارات التي لا يتأثر تصحيحها بالحكم الذاتي للمصحح، والإجابة عليها محددة لا يختلف في تصحيحها اثنان.

مميزاتها:

1. تستغرق وقتا قصيرا في تصحيحها.
2. يمكن لغير المتخصص تصحيحها.
3. تغطي قدرا كبيرا من المنهج الدراسي لكثرة عدد الأسئلة في الاختبار الواحد.
4. تزيل الأسئلة الموضوعية خوف ورهبة المتعلمين من الاختبارات لأنها تتطلب منهم التعرف فقط على الإجابة الصحيحة.
5. تتصف بثبات وصدق عاليين نتيجة للتصحيح الموضوعي.

6. تشعر المتعلمين بعدالة التصحيح وتبعد التهمة بالتحيز والظلم عن المعلمين.
7. تسهل عملية التحليل الاحصائي لنتائج المتعلمين.
8. تمكن المعلم من تشخيص نقاط القوة والضعف لدى المتعلمين.
9. يمكن تجربتها على المتعلمين في السنة الدراسية الحالية ومن ثم تحليلها وادخال التعديلات المناسبة عليها وتطبيقها بعد ذلك في الأعوام القادمة.
10. تصحيحها يتم بطريقة موضوعية بعيدة عن عيوب التقدير الذاتي وبوقت قصير.
11. إجاباتها لا تتأثر بقدرات الطلاب اللغوية وأساليبهم في الكتابة.
12. تزيل الخوف من الاختبار، كون المطلوب فيها التعرف على الإجابة الصحيحة، كما أن فرص النجاح فيها كبيرة لكثرة أسئلتها.
13. تمنع الطالب من التحايل أو التهرب من الإجابة مباشرة على ما يريده المعلم.
14. يمكن استعمال الحاسب الآلي في تصحيحها.

عيوبها:

1. تهمل القدرات الكتابية.
2. تشجع على التخمين وخاصة في أسئلة الصواب والخطأ إلا إذا عالجنا ذلك بتطبيق معادلة التصحيح وهي ما يعرف بمبدأ "الخطأ يأكل الصح".
3. تأخذ جهدا في صياغتها وتتطلب كذلك مهارة ودقة.
4. الغش فيها سهل، علماً بأن هذه المشكلة أخلاقية قبل أن تكون مشكلة متعلقة بنمط أسئلة الاختبار.

وتنقسم الاختبارات الموضوعية إلى أقسام أهمها:

1. أسئلة اكمال العبارات: وتستخدم في معرفة المفاهيم والمصطلحات والحقائق والأجهزة والأدوات وأسماء المواقع على الخريطة.

2. أسئلة الصواب والخطأ: ونسبة التخمين عالية جدا في هذا النوع من الأسئلة الموضوعية.

3. أسئلة الاختيار من متعدد: وتستخدم في التعريف والغرض والسبب ومعرفة الخطأ والتمييز والتشابه والترتيب.

4. أسئلة المزاوجة: تكون بين قائمتين أو مجموعتين الأولى تضم المقدمات أو الدعامات والثانية تضم الاستجابات.

ويجب أن تكون مادة السؤال في هذا النوع متجانسة بحيث يحتوي السؤال على مجموعة من القادة مثلا والاستجابات عبارة عن معارك أو مدن والاستجابات هي الدول التي توجد فيها، كما يجب استخدام عدد أكبر أو أصغر من الاستجابات لتقليل عامل التخمين.

5. أسئلة تعتمد على الصور والخرائط والجداول والرسوم البيانية: ويتطلب هذا النوع من الأسئلة أن يرسم المتعلم بعض الخرائط أو الرسوم البيانية أو الأشكال التوضيحية، أو يطلب منه اكمال بعض أجزاء من رسم معين، أو يجيب على أسئلة تعتمد فيها الإجابة على خرائط ورسوم ومخططات.

6. أسئلة إعادة الترتيب: وفيها يعطى المتعلم عددا من الكلمات أو التواريخ أو الأحداث ويطلب منه ترتيبها وفق نظام معين وذلك بإعطائها أرقاما متسلسلة.

الأنواع السابقة من الاختبارات الموضوعية شائعة الاستخدام في مدارسنا، وهي ليست بديلا عن الاختبارات الشفوية أو اختبارات المقال ولكنها مكملة لها، وعموما الاختبار الجيد هو ما كان متعدد الأهداف، شاملا لموضوعات المنهج، جامعا بين أنماط الأسئلة المختلفة، مراعيا ما بين المتعلمين من فروق فردية، ومظهرا مستوياتهم التحصيلية الحقيقية.

4. وسائل أخرى لتقويم التحصيل المدرسي: ومنها:

1. الواجبات المنزلية: وبواسطتها نعرف مدى حرص كل طالب على تنفيذها وتسليمها في موعدها المحدد، وقدرته على حل المسائل التي تعطى له في هذه الواجبات.

2. أوراق العمل: التي يتم تنفيذها داخل الفصل، وبواسطتها نقيس مدى استجابة الطلاب للمعلمين، وتنفيذهم التعليمات التي تعطى لهم.

3. المناقشات الحرة: وهي المناقشات التي تدور داخل الفصل بين الطلاب بعضهم البعض وتحت إشراف المعلم، أو بينهم وبين المعلم، وتساعد المعلم على تكوين فكرة معينة عن الكثير من الطلاب من خلال أسلوبهم في النقاش والحوار، مما يعطيه مجالاً واسعاً لتقويم قدرات الطلاب المختلفة.

5. وظيفة الأسئلة:

تلعب الأسئلة بمختلف أنواعها دوراً كبيراً في عملية التقويم والقياس الخاص بالتحصيل المدرسي. كون الأسئلة تستخدم في التعليم الصفي لأغراض مختلفة. منها على سبيل المثال: قياس مدى استعداد الطلاب للتعلم، أو لمعرفة معلوماتهم السابقة، ومدى تذكرهم وفهمهم لما درسوه.

وتستخدم كذلك لإدارة الأنشطة في الفصل، أو لإعطاء توجيهات للطلاب وتصحيح سلوكهم. كما أنها توظف لأمور أخرى عديدة، مثل: تعويد الطلاب على التفكير السليم والناقد.

● أنواع الأسئلة:

بسبب تعدد أهداف الأسئلة فقد تعددت أنواعها، بحيث أصبح كل نوع منها يقيس مستوى معيناً من مستويات التفكير. لذلك فإن صياغتها تحتاج إلى مهارة

المعلمين وبراعتهم، حتى تؤدي أهدافها التعليمية والتربوية، وتشمل في الوقت ذاته مستويات التفكير المختلفة. ومن أنواع الأسئلة:

أ.   أسئلة التذكر للمعلومات:

عدد خصائص.................

اذكر العوامل.................

اذكر الفوائد (المعلومات من الدرس).

ب. أسئلة الفهم:

مثل: صف موقفاً شاهدته –

تكلم عن قضية سمعتها (تدور حول الدرس).

ج. أسئلة التطبيق:

أعرب الجملة التالية.................

حل المسألة التالية.................

تتبع مسار انتقال الدم من البطين الأيمن إلى الأذين الأيسر؟

ارسم مثلثاً قائم الزاوية.

د.   أسئلة التركيب:

ماذا يحدث لو زادت الأمطار على المناطق الجبلية؟

حل المشكلات التالية.

ه. أسئلة التحليل:

علل ما يأتي.................

لماذا يجب التنفس من الأنف؟

لماذا يجب فتح نوافذ الفصل ؟

فسر ما يلي:

- يُعد الجهاز الليفي جزءاً من الجهاز المناعي للجسم.
- احتواء جسم الإنسان على آلاف البروتينات المختلفة.
- الكائنات الحية في التيجا أكثر منها في التندرا.
- صخر الغرانيت لا يسمح بخزن الماء.
- الكواكب الأرضية متقاربة، أما الشبيهة بالمشتري فمتباعدة.

و. أسئلة التقويم:

ما موقفك من طفل يعذب عصفوراً ؟

ما رأيك في... ؟

أيهما أفضل في رأيك... ؟

أي شيء أجمل من...؟.

وهذه الأسئلة تسمى أسئلة عمليات التفكير العليا، حيث إنها تدعو الطالب إلى إعمال فكره، وتشغيل قدراته العقلية، فهو يحفظ ويطبق ثم يحلل المعلومات ويركبها، ثم يصدر حكمه على الأشياء، ويقوِّم المواقف ويتذوق... وهكذا.

وهناك أنواع أخرى من الأسئلة، منها:

1. أسئلة التفكير المتمايز:

وهي أسئلة توضح مدى إدراك الطلاب للعلاقات، وتظهر مستويات تفكيرهم، فالمعلم قد يطرح سؤالاً. مثل: ماذا يستفيد الطلاب من تشكيل النص؟ فتكون إجابات الطلاب مختلفة (متمايزة) وفقاً لتفكير كل طالب، منهم من يذكر فائدة التشكيل للنطق السليم، ومنهم يذكر فائدته في التفريق بين الاسم والفعل، وآخر لمعرفة موقع كل كلمة ووظيفتها النحوية... الخ.

2. الأسئلة السابرة:

وهي التي تسبر أغوار الطلاب (اكتشاف ما في نفوسهم).

مثل: ماذا تحب أن تكون؟

لماذا تذهب إلى المدرسة؟

أي المواد تحبها أكثر من غيرها؟

3. أسئلة الطلاقة الارتباطية:

وهي الأسئلة السريعة، التي توضع لمعالجة مواقف معينة. وتكون إجاباتها سريعة ومرتبطة بالموقف، فقد يسمع المعلم وطلابه، صوتاً مدوياً خارج الصف، فوراً يقول المعلم: ما هذا؟ طالب - انفجار غاز - يا أستاذ. طالب آخر: لا الظاهر أنه إطار

سيارة. آخر: ربما سقط أحد المنازل... وكل هذه الإجابات المختلفة - دون مشاهدة الموقف - ربما تكون غير صحيحة، ولكنها تكشف للمعلم إحساس طلابه، والمواقف المؤثرة في حياتهم.

وأخيراً لكي تكون الأسئلة مؤثرة، وموحية، ومحققة لأهدافها التربوية سواء كانت تحريرية أو شفوية، يجب على المعلم عند صياغتها مراعاة الأمور التالية:

1. وضوح صياغتها وخلوها من الغموض حتى يتمكن الطالب من الإجابة عليها بكل دقة.
2. أن تراعي أعمار ومستويات الطلاب العقلية والمعرفية.
3. يفضل بالنسبة لطلاب المرحلة الأساسية، تجنب الأسئلة المركبة التي تحتوي على إجابتين فأكثر. مثل: متى يكون الفعل المضارع مرفوعاً ؟ ومتى يجزم ؟ ومتى ينصب ؟
4. أن يتيح المعلم وقتاً كافياً للطلاب للتفكير في الأسئلة وإجاباتها، وعدم مقاطعة أي طالب أثناء إجابته، إلا إذا خرج عن موضوع السؤال، أو لم يتمكن من فهم السؤال بشكل جيد.
5. يجب توزيع الأسئلة داخل الفصل على جميع الطلاب، وإتاحة الفرصة للضعاف منهم للمشاركة في الإجابة عن الأسئلة المختلفة، وعدم الرفض الدائم للإجابة الخاطئة من قبل بعض الطلاب. كي لا يتكون لديهم سلوك انسحابي من العملية التعليمية التعلمية، وعلى المعلم أن يساعد طلابه على اكتشاف أخطائهم وتصحيحها، وتشجيعهم على الاشتراك الفعلي في عملية التعلم، حتى تكون عملية التقويم متكاملة وشمولية.

البرنامج التقويمي:

عملية التقويم تحتاج إلي وجود خطة منظمة للحصول علي المعلومات و البيانات الصحيحة عن الأفراد الذين نقوم سلوكهم. ويعتبر وجود هذا البرنامج في

المجال التربوي أكثر أهمية لدورها في تحديد مدي صلاحية العمل التربوي ونجاحه في تحقيق الأهداف التي وضعها. ويري خبراء التربية أن وجود البرنامج التقويمي جزاءا أساسيا من بناء النظام التربوي وليس مجرد إجراءات مستقلة لتقويم الأداء التربوي.

خطوات بناء البرنامج التقويمي:

يجب النظر إلي أن البرنامج التقويمي ليس مسؤولية الجهات العليا التي تضع الخطط والاستراتيجيات العامة للدولة في التعليم فقط, بل هي برامج تصلح للتطبيق في مختلف مستويات العملية التربوية حتي مستوي المدرسة الصغيرة. ويتم بناء هذا البرنامج بعدة خطوات هي:

1. تحديد الأهداف:

السلطات التربوية بمختلف مستوياتها مسئولة عن تحقيق أهداف المجتمع في العملية التربوية. ويعتبر تحديد الأهداف التي يجب أن تحققها المؤسسات التربوية بمختلف مستوياتها عملية أولية لتعريف القائمين علي تنفيذ العملية التربوية المطلوب منهم القيام به , ولذلك لابد من وجود دليل للأهداف.

2. جمع البيانات:

كي يتم التقويم لابد من اختيار أدوات التقويم المناسبة لكل مؤسسة ولكل هدف.

ولا بد أن تتصف هذه الاختبارات أو المقاييس بقدرتها علي قياس مختلف جوانب العملية التربوية.

وتشمل أدوات جمع البيانات السجلات المدرسية ونتائج الامتحانات السابقة, والتقارير التي لدي جهات المتابعة العليا عن تلك المؤسسة التربوية.

ولابد أن تتصف مصادر المعلومات بالحيادية و التعددية والاستمرارية و تغطية مختلف الجوانب التربوية.

وقد يتطلب تطبيق هذه المصادر إلي تدريب من يقومون باستخدامها علي الطرق الصحيحة لاستخدامها.

3. اصدار الأحكام:

وفقا لما تم جمعه من بيانات تقويمية يمكن الحكم علي مدي تحقق الأهداف المحددة , و بالتالي يمكن اصدار أحكام محددة.

و تعتبر عملية صياغة الأهداف بشكل أكثر وضوح و اجرائية ضرورية لدقة الأحكام.

لابد أن ترتبط هذه الحكام بتحديد ما تم انجازه بشكل موضوعي و دقيق و متصل مباشرة به.

خصائص البرنامج التقويمي:

حتي يؤدي البرنامج دوره بشكل فعال لابد من تحديد خصائصه وهي علي النحو التالي:

1. الشمول:

يجب ألا ينحصر البرنامج في جانب دون الأخر وذلك لأن هناك تكامل بين جوانب العملية التربوية.

فميول و اهتمامات التلاميذ لا تقل أهمية في تربيتهم عن الاهتمام بالمعارف والمقررات الدراسية , كما أن العناية بنموهم الاجتماعي والثقافي وتوافقهم الشخصي والنفسي جوانب علي درجة كبيرة من الأهمية لنجاح العملية التربوية داخل المدرسة.

2. التنظيم:

يقوم البرنامج التقويمي باستخدام البيانات التي توفرت له من خلال الاختبارات والسجلات الرسمية و بطاقات الملاحظة و الاستبيانات و الاستخبارات و التقارير المختلفة.

من خلال كل هذه المصادر يقوم بتنظيم جميع هذه البيانات و تحليلها و تفسيرها وتحويلها إلي بيانات كمية أو كيفية بحيث أن تجعل من مهمة اصدار الأحكام عملية دقيقة توضح الحالة التي وصلت لها مقارنة بما سبق كما يمكن استخدامها كتغذية راجعة لمتابعة مدي تحقق الأهداف.

3. التكامل:

يجب الاطمئنان إلي أن البيانات التي تم الحصول عليها متكاملة لم تترك جانبا، ولا يمكن اصدار حكم دون أن تكتمل هذه البيانات.

فالبرنامج التقويمي يتعامل مع البيانات في صورة متكاملة.

4. الاستمرار:

أهم ما يميز البرنامج التقويمي استمراره في متابعة أداء المؤسسة التربوية التي يقوم بتقويمها. فالتقويم يستمر علي مدار الساعة واليوم والأسبوع و الشهر و السنة.

فالأدوات التي تستخدمها منظمة بحيث تتناسب مع كل عملية فما يتم قياسه في اليوم الواحد لابد أن يكون مختلفا عن ما يتم قياسه في شهر أو أكثر...

وتعتبر عمليات التغذية الرجعة هي جوهر هذه الخاصية التقويمية.

5. الوظيفية:

أعضاء المؤسسة التربوية سواء كانوا مدراء أو معلمون أو تلاميذ أو أولياء أمور التلاميذ – يجب أن يشعروا أن هذا البرنامج سوف يقدم لهم علي المستوي الفردي خدمات تشخيصية هامة لنجاح دورهم في العملية التربوية[1].

الأدوار المتعددة للاختبارات في البرنامج التقويمي:

يري البعض أن الدور الذي يؤديه الاختبار في هذا البرنامج محدود باعتباره أداة و خطوة في البرنامج.

ولكن وفقا لطبيعة البرنامج التقويمي يمثل الاختبار المكون المشترك في جميع مكونات البرنامج التقويمي, بدأ من الأهداف وصولا لوضع الأساليب الخاصة بالتطوير و العلاج , وهي علي النحو التالي:

أولا: دور الاختبارات في صياغة الأهداف:

دورها هنا غير مباشر حيث تعمل علي توجيه المؤسسة التربوية نحو صياغة أهدافها في عبارات واضحة سلوكية أو اجرائية , لأن ما يمكن قياسه لابد أن يصاغ علي هذا النحو حتى يمكن أن نتحقق من تحقيقه.

والمعروف أن الاختبارات تقوم بجمع المعلومات حول الظاهرة وتحدد قيمة هذه المعلومات بشكل موضوعي.

وبالتالي ما يتم جمعه من معلومات يوضح ما تحقق من أهداف بشكل عملي.

---

[1] انظر فؤاد عبد اللطيف أبو حطب (و آخرون) (1999) التقويم النفسي ,القاهرة , الانجلو المصرية,من ص 33-57.

وهذه المعلومات التي يتم جمعها يقسمها تايلور إلي ثلاثة أنواع هي:

1. معلومات تتعلق بالأفراد المستهدفين للبرنامج.
2. معلومات تتعلق بمطالب المجتمع كما تتحدد من تشخيص الحالة و ما يراد لها.
3. معلومات حول مقترحات المتخصصين حتى يمكن تحديد كيفية تحقيق هذه الأهداف.

ثانيا: دور الاختبارات في اتخاذ القرارات:

الذين يتعاملون مع الآخرين بشكل دائم , و يحتاجون لاتخاذ قرارات تختص بالحكم علي سلوكيات هؤلاء الأفراد؛ في حاجة للاختبارات حتى تكون أحكامهم أكثر دقة و موضوعية.

وخاصة أن العلاقات مع الآخرين هي سلسلة من المواقف الاجتماعية المختلفة والتي تحتاج دائما إلي أحكام دقيقة و مناسبة لما يصدر عنهم من تصرفات.

ولذلك تعتبر الاختبارات هي الأدوات الهامة أو ما يمكن أن تكون أدوات المعنيين التي يواجهوا بها تصرفات الآخرين.

ولذلك لابد أن تكون دقيقة وفعالة عندما تستخدم في اصدار حكم ما , وخاصة أن هذه الأحكام سوف يترتب عليها نتائج فاصلة و هامة.

فعلي سبيل المثال: المعلم عندما يري أن هذا الطالب يستحق النجاح أو الفشل لابد أن تكون أحكامه دقيقة وموضوعية ومستندة لمعايير و مقننة بشكل كامل.

والمعروف أن هناك فروق بين الأفراد, ولا يمكن أن نتحقق من ذلك دون توفر الاختبارات التي يمكن الاعتماد عليها. ولذلك تستخدم الاختبارات في اتخاذ القرارات التالية:

1. الانتقاء و التصنيف:

- عندما نطبق اختبارات الذكاء أو المقاييس الخاصة بالاضطرابات السلوكية , يمكن من خلالها القيام بإجراء تشخيص دقيق لحالة الأفراد الذين نطبق عليها هذه الاختبارات والمقاييس.
- تستطيع هذه الاختبارات أن توفر من المعلومات عن الوضع الراهن لهؤلاء الأفراد من حيث مستوي ذكائهم أو مدي الاضطراب السلوكي الذي يعانون منه.
- وبالتالي نستطيع أن نصدر أحكاما تصنيفية لهم مثل التحويل لمدارس التربية الفكرية أو مستشفيات الصحة النفسية والعقلية.
- و في الحالات العادية التي يتم فيها مثلا الإعلان عن وظيفة أو الالتحاق بالكليات العسكرية مثل القوات الجوية و غيرها من الوظائف ذات الطبيعة الخاصة؛يظهر دور الاختبارات.
- ولذلك نجد أنه من الضرورى أن يجري تطبيق العديد من الاختبارات و المقاييس المساعدة علي الانتقاء, أو الاستبعاد ,أو تحديد الوضع التصنيف للأفراد.

2. تقويم المعاملات و السلوك النهائي:

عندما ينتهي التدريب أو البرنامج التعليمي؛لابد أن يكون الأداء النهائي هو دليل علي نجاح أو فشل تحقيق الأهداف المرتبطة بهذه البرامج أو الدورات التدريبية.

وبالتالي يأتي دور أدوات تقويم المنتج النهائي؛ ليدل على صلاحية هذه البرامج , أو غيره من خلال فحص نتائج الاختبارات و المقاييس.

3. التحقق من الفروض العلمية:

تقوم الدراسات والأبحاث العلمية من أجل التوصل إلي حل المشكلات التي تقوم بدراستها, متبنية لفروض معينة تريد التأكد من صحتها.

ولذلك تقوم هذه الدراسات و الأبحاث بإجراء تجاربها لحل هذه المشكلات, ومن ثم تستخدم المقاييس و الاختبارات؛ والتي بدورها تعمل علي معرفة نتائج هذه الحلول و مقدار ما تحقق , و بالتالي يتم قبول أو رفض الفروض التي تبنتها هذه الدراسات.

وتستعين في ذلك بالمقاييس التي تترجم كميا مقدار ما تم انجازه (مثال يجري العلماء أبحاث علي عقار يعالج مشكلة انفلونزا الطيور و منع انتقاله إلي الإنسان قائمة علي فرضية ضعف فيرس انفلونزا الطيور وعدم انتقاله للإنسان إلا من خلال الاتصال المباشر بين الإنسان و الطيور...).

وتجري التجارب التي يستخدم فيها هذا العقار ويقاس مستوى التحسن الذي يحدثه العقار والقائم وقف الاتصال المباشر بين الانسان والحيوان.

تصور مقترح لروضة المستقبل بالاعتماد علي البرنامج التقويمي

و يمر بالمراحل التالية[1]:

1. بناء تصور افتراضي للروضة:
أ. تحديد الخصائص الواجب في الروضة المستقبلية من خلال معرفة خصائص الرياض المنتشرة و المعروفة (دراسة استطلاعية لبعض الرياض المتميزة في بعض المدن الرئيسة في المملكة لمعرفة الخصائص المتوفرة من أجل إعداد

---

[1] المرجع السابق: 28-38.

روضة تتوفر فيها خصائص جديدة- الإطلاع من خلال شبكة المعلومات علي خصائص الرياض في الدول المتقدمة.....)

2. دراسة تشخيصية تحليلية للصعوبات والمشكلات التي تعاني منها الرياض الحالية, من أجل تلافيها في الروضة المقترحة).

3. مناقشة البيانات التي تم تجميعها من جميع المصادر؛ ثم استخدام النتائج في وضع تصور مقترح لروضة جديدة.

4. وضع خطة تنفيذية لمشروع الروضة المستقبلية.

5. عرض التصور المقترح علي مجموعة من المتخصصين لتقويم التصور المقترح وبيان مدي قدرة هذا التصور علي تحقيق أهدافه.

دور الاختبارات في الارشاد النفسي counseling:

الارشاد النفسي هو تلك العملية التي يتم من خلالها عرض المعلومات الخاصة بالفرد علي نحو يمكن الاستفادة منها بحيث يمكن مساعدته في الوصول لحلول لمشكلاته النفسية و السلوكية.

فالإرشاد النفسي معني بتقديم خدمات بشكل فردي متخصص.

ينصب بشكل محدد نحو مشكلات سوء التكيف الاجتماعي؛ مثل انحراف الاحداث و السلوك الاجرامي و المتطرف.

ويتطلب تحديد المشكلات التي يعاني منها الفرد نظام تشخيصي دقيق , يعتمد علي فريق من المتخصصين من النفسانيين والأطباء و الاخصائيين الاجتماعيين.

حيث يتم تقديم مجموعة من البرامج الارشادية المستمدة من معلومات الدقيقة عن الظروف المحيطة بالفرد , و المعلومات المتعلقة بخصائص الفرد النفسية , و علاقتها بالمشكلات التي يعاني منها الفرد.

المرشد النفسي هو اخصائصي إكلينيكي يتعامل مع فرد واحد , ويركز علي سلوكه الفردي المضطرب اجتماعيا.

وحتي يحقق ذلك لابد أن يعتمد علي جمع معلومات بالغـت الدقـة , و لا يجـد ذلك إلا في الاستعانة بأدوات التقويم كوسيلة تمده بالمعلومات.

عندما يبدأ نظامه العلاجي الارشادي لابد من أدوات لقياس التغيرات التي طرأت علي حالة الفرد.

وتعتبر أدوات التقويم خاصة الاختبارات هي الأدوات التي تستطيع أن تعطيه تلك المعلومات.

يمكن أن نحدد الاسباب التي تظهر أهمية استعانة المرشد النفسي بالاختبارات – هي:

نشاط عصفي ذهني في أهمية الاختبارات للمرشد النفسي......

الأسباب التي تظهر أهمية الاختبارات للمرشد النفسي:

1. تمد المرشد النفسي بمعلومات حول الحالة التي يتعامل معها وتساعده في مهمته.
2. عند اتخاذه لآي قرار يجد المعلومات التي تساعده علي اتخاذ قراره.
3. قد تدفع هذه الاختبارات العميل نحو استكشاف ذاته.
4. تعمل الاختبارات علي زيادة فهم العميل لحالته واستبصاره لها.

هناك من يري محدودية دور الاختبارات في الارشاد النفسي مثل كار روجرز – للأسباب التالية:

1. اتساع مجال نشاط الفرد بحيث يصعب علي الاختبار أن يشمله.

2. تعدد العوامل و المتغيرات التي تؤثر علي الفرد بحيث يصعب حصرها و يستحيل قياسها.
3. الاختبارات تضع حاجز بين العميل و المعالج , وتجعل العلاقة رسمية.
4. الاختبارات صممت بحيث تعتمد علي المقارنة بين سلوك الأفراد , بينما مشكلة الفرد الذي يهتم به الارشاد النفسي ليست في المقارنة مع الآخرين بل مع ذاته المريضة.
5. الاختبارات تضخم من حجم مسئوليات المعالج أو المرشد , وتجعل دور العميل سلبي.
6. قد يسئ العميل استغلال المعلومات التي تشير إليها الاختبارات كي يتجنب مواجهة مشكلاته و يتهرب منها.

دور التقويم في زيادة الدافعية للتعلم:

هناك ثلاث وظائف يقوم بها لزيادة الدافعية:

1. وظيفة تنشيطية energizing.
2. وظيفة توجيهية directive.
3. وظيفة انتقائية selective.

- **الوظيفة التنشيطية energizing:**

كي نوضح طبيعة هذه الوظيفة نتذكر ماذا يحدث لنا عندما نعرف موعد الاختبار.

مثلا خلال أيام يدب فينا نشاط غير عادي , وليلة الاختبار نسهر لساعات في محاولة لانجاز أكبر قدر ممكن من المادة. وبذل أكبر قدر من الجهد يتعلق بطبيعة فلسفة التعلم القائم علي أن الاختبار هو الهدف من التعلم.

ولذلك كان التعود علي تركيز النشاط , و ارتفاع الدافعية من أجل تحقيق الهدف الوحيد؛ هو النشاط الغـالب عـلي سلوك الطلاب , والأكثر وضوح الذي يبذله الطلاب طوال الفصل الدراسي.

استمرار حالة النشاط الدافعي:

باعتبار أن استخدام الاختبارات هو ليس عملية تقييمية بل عملية تقويمية.و باعتبار أن العملية التقويمية عملية شاملة و مستمرة ومتكاملة ووظيفية, وهذا يساعد علي تنشيط سلوك الفرد باعتبار في حالة اختبارية.

يري بعض الباحثين أن معرفة نتائج الاختبارات خاصة الحصول علي نتائج مرتفعة فيها يزيد بشكل كبير من نشاط المتعلم.

وبالتالي يرتبط زيادة النشاط المرتبط بالتقويم مع حصول المتعلم مستوي متفوق , بينما قد يكون حصول المتعلم علي مستوي منخفض في عملية التقويم لا يحقق هذه الوظيفة التنشيطية.

- **الوظيفة التوجيهية directivity:**

ما الذي تستطيع أن تفعله؟ هل سوف تنجح في القيام بهذا العمل؟ هل اختيارك لهذا النوع من الدراسة يناسب قدراتك و تستطيع أن تحقق فيه النجاح الذي تتمناه؟

هذه التساؤلات يجب أن ترد علي ذهنك عندما تريد القيام بعمل ما, وتحتاج أن يرشدك أحد كي لا يؤدي اختيارك إلي فشل كبير.لذلك تحتاج إلي قياسات دقيقة لمستوي كفاءاتك, و تحديد موضوعي يمكن الوثوق به.

وهذا ما تستطيع الاختبارات القيام به.

و يضاف إلى ذلك أن الاختبارات تستطيع ان تبلغنا بصورة دائمة عن مدى ما تم تحقيقه من أهداف , وتوضح لنا ما إذا كنا نسير في الطريق الصحيح أم لا.

وتعتبر الاختبارات بمثابة تغذية راجعة تعلم الفرد بصورة فورية و مستمرة للمستوى الذي توصل إليه و مدى ما حققه من تقدم.

● **الوظيفية الانتقائية selectivity:**

يصدر المتعلم العديد من الاستجابات؛ البعض منها صحيح , و البعض منها غير صحيح.

وبالتالي يحتاج المتعلم أن يعرف في اثناء تعلمه أي من هذه الاستجابات التي يجب أن يتعلمها و يثبتها في الذاكرة و يوظفها بعد ذلك!!

كما لابد أن يعرف ما هي الاستجابات التى لابد أن يستبعدها باعتبارها خاطئة , أو غير مطلوبة , أو غير مناسبة.

إذا نحن في حاجة إلى أداة تشخص طبيعة هذه الاستجابات لتبين لنا أي من هذه الاستجابات الجديرة بالتعلم.

لذلك يقوم البرنامج التقويمى باختباراته بتحديد الاستجابات المقبول تعلمها أو ابقائها. وذلك بعد إصدار أحكام عليها, و مناقشة المتعلم في الأسباب التي دعته إلى قبولها أو رفضها.

دور التقويم في تصميم المواقف التعليمية:

1. مراعاة القدرة العقلية العامة.
2. مراعاة مستويات التحصيل السابقة.

دور التقويم في تصميم المواقف التعليمية:

إذا أردنا أن نحدد المطلوب تعلمه لآي مجموعة من الأفراد يجب أن تتوفر لنا معلومات محددة عن هؤلاء الأفراد:

مثل ما هي أعمارهم الزمنية.

وما هي خبراتهم السابقة و المستوي الدراسي الذي وصلوا إليه.

وما هي قدراتهم و استعداداتهم و ميولهم و خصائصهم الشخصية.

وبالتالي نستطيع أن نقدم لهم برنامجا تعليميا يناسب كل هذه المعلومات التي توفرت لنا عنهم.

ولذلك كي نقدم أو نصمم برامج ناجحة تعليمية لابد أن نراعي ما يلي:

1. مراعاة مستوي ذكاء الأفراد:

يعتبر مقياس نسبة الذكاء أساس لتجانس المجموعات التعليمية.

وهذا يساعد علي تقديم نماذج تعليمية مناسبة لهذه المجموعات , كما يساعد علي تقديم مواد تعليمية تتصف بالتجانس في مستوي الصعوبة والسهولة و المتطلبات التعليمية.

ولكن يؤخذ علي هذا الأساس أن نسب الذكاء ليست دائمة تعبر عن حالة تجانس المجموعات , و بالتالي يصعب بصفة دائمة أن تعتبر البرامج المرتبطة به متجانسة.

ولكنه أساس لا يمكن إغفاله عند إعداد هذه البرامج.

2. مراعاة المستويات التحصيلية السابقة:

المواد الدراسية التي يتعلمها الأفراد في المدارس محددة الكم والنوعية والزمن.

كما إن الكتب التي تضمنتها هذه المواد متنوعة ومختلفة و ذات مستويات متباينة , و في فروع مختلفة.

والمستويات التحصيلية تتأثر بطرق التدريس المختلفة , و باختلاف مستويات المعلمين , واختلاف ظروف بيئة التعلم. ويبقي الأمر الأكثر أهمية وهو اختلاف مستويات المتعلمين.

وهذا يدعونا أن نجعل الموقف التعليم مناسبا للعدد الأكبر من المتعلمين حتي يستوعب المتعلم بطيء التعلم.

ولابد من ملاحظة أن ذلك يؤدي إلي سلبيات في النماذج المقدمة - مثل:

مثل أن تؤدي هذه النماذج إلي اختفاء نموذج التعلم المناسب للمتعلم المتفوق أو الفائق.

كما أن نوعية المعلومات المقدمة غير ذات جدوى لأنها: عرضة للنسيان , وتأثيرها لا يتعدي النجاح في الامتحان.

ولذلك فأن تجانس البرامج التعليمية و نجاحها يتوقف علي بيان كيفية التعلم:

من خلال جعل عمليات التعلم هي الأساس بالاعتماد علي موضوعات التعلم تعتمد علي توظيف العمليات العقلية العليا. مثل التركيز علي أساليب حل

المشكلات, و تنمية مهارات التفكير, و التدريب علي الاستراتيجيات البديلة, وغيرها من العمليات المرتبطة بكيفية التعلم.

ودور التقويم لابد أن يركز علي العمليات العقلية العليا,

وتقويم مدي استخدامها من المتعلم و المعلم , و في بناء مادة التعلم.

الشروط الواجب توفرها في الاختبار النفسي الجيد:

فن اعطاء الاختبارات:

تقنين الاختبار standardization:

يقصد به أنه لو استخدمه أفراد عاديدون؛ و سوف يتبعون نفس قواعد التطبيق والتصحيح , وتطبيقه في أوقات مختلفة علي نفس الأفراد لن يؤدي ذلك إلي اختلاف وضعهم التصنيفى من تطبيق لأخر.

فالتقنين يعني توحيد الظروف والشروط التي يتم فيها التطبيق الاختبارات.

واجبات الفاحص و مسئولياته في اعطاء الاختبار:

1. التدريب علي اعطاء الاختبار.
2. ألفة الفاحص بالاختبار.
3. الالتزام بالاتجاه العلمي.
4. المحافظة علي العلاقة بين الفاحص و المفحوص.
5. مسئولية الفاحص الأولي اختيار الاختبار الملائم للمفحوص.

- التدريب علي اعطاء الاختبار.

بعض الاختبارات يسهل تطبيقها دون أن تحتاج إلي تدريب لفترة طويلة.

بينما توجد بعض الاختبارات التي تحتاج إلي تدريب خاص:

علي سبيل المثال الاختبارات الاسقاطية التي تحتاج إلي تدريب قد يصل إلي حد الحصول علي دورات متخصصة في تطبيق هذه الاختبارات.

الاختبارات الإسقاطية من الاختبارات التي تحتاج إلي تدريب طويل وشاق , قد يمتد لأكثر من ستة أشهر.

ولكنها أحد أهم الأدوات التي يستطيع بها النفساني أن يحصل بها علي معلومات هامة من الفرد دون أن يستثير يقظته الذهنية و التي تجعله يزييف استجاباته في مواجهة كشف اللاشعور و خاصة في الحالات المرضية التي تتستر خلف أقنعة الذات و التجمل الاجتماعي و الستر الانفعالي.

نظرا لان تطبيق الاختبارات يترتب عليه قرارات و اصدار أحكام , فلابد أن يتحلي مطبق الاختبارات بالنزاهة و الموضوعية و الدقة في تنفيذ تعليمات الاختبارات.

وهناك قواعد صارمة ملزمة يجب اتباعها عند تطبيق الاختبارات, حتى لا يؤدي عدم الالتزام بها إلي أخطاء من النوع الذي يترتب عليه نتائج خطيرة.

- ألفة الفاحص بالاختبار:

قبل تطبيق الاختبار لابد للفاحص أن يقرأ كل ما يتعلق بالاختبار , ثم يجري تطبيق تجريبي علي الاختبار أو يحضر مع فاحص أخر تطبيق هذا الاختبار.

كلما زادت ألفة الفاحص بالاختبار و تطبيقه أمكنه أن يطبق هذا الاختبار بنجاح.

● الالتزام بالاتجاه العلمي الموضوعي في تطبيق الاختبار:

لابد أن يكون الفاحص حياديا مع المفحوصين , و لا يصدر منه ما يشير إلي مساعدتهم في الأداء علي الاختبار سواء كان ذلك بالفعل أو القول أو بالإشارة.

● المحافظة علي العلاقة بين الفاحص و المفحوص:

العلاقات الانسانية هامة في أي عمل , في هذه المسألة ضرورية حتي يقبل المفحوص علي المشاركة و التعاون مع الفاحص.

والعلاقة المتسمة بالثقة و الاطمئنان و القبول المتبادل و الرغبة في التعاون والمشاركة تؤدي في معظم الحالات إلي موقف اختباري جيد.

ولكن عندما تقوم هذه العلاقة يجب أن لا تؤدي إلي التأثير في نتائج تطبيق الاختبار.

فن اعطاء الاختبارات:

طريقة اعطاء الاختبار: (الموضوعية)

1. ظروف عملية الاختبار.
2. ادارة الجماعة و ضبطها.
3. التعليمات للمفحوص

● ظروف عملية الاختبار:

ظروف فيزيائية:

تتعلق بمكان تطبيق الاختبار من حيث السعة و التهوية والإضاءة , و ترتيب الجلوس وعدم التأثر بالضوضاء و غيرها.

ظروف تتعلق بالمفحوص.

حالته الصحية و النفسية , و الوقت المناسب للمفحوص لتطبيق الاختبار. و معرفة مدي استطاعته الاستمرار في تطبيق الاختبارات دون أن يفقد تركيزه.

- ادارة الجماعــة و ضبطها:

يجب أن يتأكد الفاحص من أن المفحوصين يفهمون تعليمات الاختبار قبل تطبيقه , و أن يسلكوا وفقا لهذه التعليمات ويقوم بتنفيذها.

ويجب أن يتحقق الفاحص من أن المفحوصين جميعهم يروه و يسمعوه و يفهمون تعليماته.

ورغم أن الأسلوب الصارم يحقق أهداف التطبيق إلا أنه يفتقد للجانب الإنساني.

وفطنة الفاحص هامة في ضبط الجماعة و تحقيق إدارة جيدة لها.

- التعليمات للمفحوص:

من الضروري التزام الفاحص بتوصيل التعليمات للمفحوص كما هي , و كما حددها معدوا الاختبار دون زيادة أو نقصان.

وعلي الرغم من أن عملية القياس هي بحث في الفروق الفردية؛إلا أنها تطبق قواعد مقننة عامة لا تفرق بين الأفراد عند التطبيق.

من المسائل الهامة في اعطاء التعليمات قضية التخمين ومدي السماح بها أثناء قيام المفحوصين بالإجابة علي الاختبارات , فيجب علي الفاحص أولا أن يتقيد بما جاء من تعليمات في الاختبار من حيث السماح بالتخمين أم لا..

وفي حالة عدم وجود إشارة لاستخدام التخمين فعلي الفاحص أن يؤكد أن الاسراف في التخمين سوف يكون له نتائج في غير صالح المفحوص , لوجود معادلة تصحح أثر التخمين تقوم علي حسم درجات من الاجابات الصحيحة.

استثارة الدوافع لأخذ الاختبار:

1. الحوافز التي ترفع الدرجة:

كثير ما نلاحظ أن الأفراد لديهم الرغبة لمعرفة مستوي ذكائهم , أو طبيعة شخصيتهم.

ومن خلال هذه الرغبة يقوم الفرد بقبول المشاركة ولديه حماس في التطبيق.

وقد تكون الرغبة في تأكيد الذات و التفوق علي الآخرين , واثبات القدرة علي القيام بالأعمال الصعبة , والثقة في النفس وتقدير الذات كلها من الحوافز التي ترفع الدرجة.

وقد تكون هناك أهداف مادية و وظيفية تؤدي أيضا إلي زيادة حماس الأفراد في الأداء علي الاختبارات.

2. الدوافع التي تخفض الدرجة:

منها ما هو مقصود متعمد (بعض الأفراد يعمد إلي خفض درجاته ليبقي في عضوية جماعة معينة مثل صحبة الأصدقاء , أو لكي لا تضاف إليه أعباء جديدة).

وهناك ما هو غير مقصود ناتج عن الرغبة الشديدة في التفوق في الأداء علي الاختبارات فيزداد توتره و يؤدي بشكل مضطرب نتيجة لزيادة القلق.

وهناك علاقه بين مستوي القلق و اضطراب الأداء لدي الأفراد.

التهيئة لأخذ الاختبار:

1. إدراك المفحوص لمغزى الاختبار:

رغبة المفحوص في أن تكون درجته في الاختبار صادقة و صحيحة , يؤدي ذلك إلي تعاون بين الفاحص و المفحوص.

ومن المهم أن يعرف المفحوص ما الذي يقيسه هذا الاختبار , و ما الهدف منه.

ولكن ذلك قد يعيق أداء المفحوص في بعض الاختبارات , و خاصة اختبارات الشخصية. و التي قد يؤدي معرفة المفحوص لمغزى هذه الاختبارات إلي التأثير علي أدائه في الاختبارات , وتزييف استجاباته.

2. دور المعلومات التمهيدية:

اصبح من المفضل اجراء مقابلات قبل تطبيق الاختبارات خاصة في مجال الارشاد النفسي , بحيث يقوم الفاحص بإعطاء مجموعة من المعلومات حول الاختبار هدفه و كيفية تطبيقه و فائدته للمفحوص إلخ...

3. دور التدريب علي الاختبارات:

في الاختبارات التحصيلية والتعليمية و البرامج المهنية ضرورة كبيرة في تدريب المتعلمين أو المتدربين علي الاختبارات.

فعندما نتعلم مسائل في الرياضيات فمن الأساسي لتعلم هذه المسائل أن يتدرب المتعلمين علي هذه المسائل مما يؤدي زيادة دافعية المتعلم نحو الاختبار.

والتدريب علي نماذج مشابهة للاختبارات يعتبر هاما في الاختبارات التحصيلية و المهنية واختبارات الاستعدادات.

بينما هذا لا يمكن تعميمه في اختبارات الشخصية.

وقد تؤدي ظهور برامج تدريبية علي الاختبارات مهنية و وظيفية معينة إلي عدم تكافؤ الفرص.

عملية الاختبار باعتبارها علاقة اجتماعية:

لا يشترط في عمل الفاحص عند تطبيقه للاختبارات أن يجعل نفسه بلا عواطف وانفعالات لا يحيد ولا يتأثر لأن تطبيق الاختبارات هو بالدرجة الأولي عملية اجتماعية معقدة بين الفاحص و المفحوص علي النحو التالي:

1. إدراك الذات و إدراك الآخر عند كل من الفاحص و المفحوص (العلاقة غير المباشرة و التواصل غير اللفظي).
2. دور اللغة في تكوين العلاقة بين الفاحص و المفحوص (العلاقة المباشرة, والتواصل اللفظي).

شروط بناء الاختبار النفسي

أولا – ثبات الاختبار:

مفهوم الثبات the reliability:

الاختبار الثابت هو الذي يتصف بالدقة , ولا يتناقض مع نفسه؛ حيث يزودنا بمعلومات عن الفرد غير متناقضة و متسقة , و يمكن الوثوق بها لأنه عند مراجعتها تظل كما هي ولا تتغير.

ويمكن التأكد منها بإعادة تطبيق نفس المقاييس علي نفس الأفراد؛ فسوف نجد أن النتائج التي نحصل عليها هي هي لا تغير فيها.

وثبات الاختبار يهتم بمعرفة التغيرات التي تطرأ علي سلوك الأفراد, ومعرفة أسباب ذلك.

لأن القياس النفسي في جوهره يبحث عن ظواهر حقيقية تتصف بالثبات وعدم التبدل السريع.

وأن كانت الحقائق النفسية تري أن سلوك الفرد يتغير من موقف لآخر بنسب معينة.

وقد يرجع هذا التغير لبعض الأسباب التي تتعلق بالفرد مثل إلي اختلاف درجة انتباهه من موقف لأخر , أو ينخفض مستوي الجهد الذي يبذله وهذا في عندما يكون الفارق الزمني قصير بين الموقفين.

بينما إذا كان الفارق الزمني بين الموقفين كبير ظهرت عوامل أخري , مثل حدوث خبرات جديدة و تعلم جديد , أو حدوث اضطراب ما في الصحة الجسمية أو النفسية أو العقلية للفرد.

يقوم الطلاب بمناقشة مفهوم الثبات و معرفة أثره علي دقة القياس النفسي.

عوامل افشال الثبات:

أخطر العوامل التي تؤثر علي الأداء في الاختبار هو التقلبات العشوائية و عوامل الصدفة chance التي لا يتحكم فيها الفاحص , و التخمين الذي يلجأ إليه المفحوص حيث يحدث تذبذبات في أداء المفحوص.

ويطلق علي هذه العوامل بخطأ القياس error of measurement , والتخمين يفشل عملية القياس.

ولذلك يهتم الثبات بالتميز بين أخطاء القياس و بين وجود اختلافات حقيقية وأصيلة.

إذا كان هناك تباين (اختلاف) بين مجموعة من الأفراد في الأداء علي مقياس ما بحكم ما يعرف بالفروق الفرية , فهل هذا التباين يعود لفروق حقيقية بين الأفراد؟

أما أن هناك نسبة من هذا التباين ترجع إلي ما نعرفه بأخطاء القياس؟

إذا التباين الذي يتم قياسه هي الفروق التي يظهرها تطبيق المقياس علي مجموعة من الأفراد هي تساوي ما يعرف بالتباين الكلي – وهو يساوي (التباين الكلي = التباين الحقيقي + تباين الخطأ).

نشاط عصف ذهني حول مفهوم التباين الكلي – التباين الحقيقي – تباين الخطأ....

السؤال هنا لماذا يحدث التباين ؟..

للإجابة علي هذا السؤال لابد أن نحدد مصادر التباين.

هناك نوعين من الخصائص المسئولة عن حدوث التباين وهي:

1. خصائص عامة:
- خصائص عامة و مستمرة في الفرد.
- خصائص عامة و مؤقتة في الفرد و الموقف الاختباري.
2. خصائص خاصة في الفرد و الموقف:

- خصائص خاصة مستمره في الفرد.
- خصائص خاصة مؤقتة في الفرد و الموقف الاختبارى.

العوامل المسؤولة عن حدوث التباين:

1. عوامل منتظمة في مقابل عشوائي.
2. عوامل ترجع للصدفة البحتة

مصادر التباين:

وهذه المصادر نوعين هم عامة وخاصة:

المصادر العامة:

وتنقسم علي إلي نوعين فرعيين هما:

1. خصائص عامة مستمرة في الفرد:

حيث يظهر الأفراد تباين في سلوكهم و قدراتهم و خصائصهم , و إذا طبقت الاختبارات مرات عديدة علي الأفراد فسوف نحصل دائما علي هذا التباين.

وهذه المصادر مستمرة و عامة ليست نتاج لموقف, وليست خاصة بفرد دون غيره.

2. خصائص عامة ولكنها مؤقتة سواء للفرد أو للموقف:

وهي حالة مؤقتة مثل المرض غير المزمن , وعدد ساعات النوم و مقدار ما يبذله من جهد قبل تطبيق الاختبار ,و حالات التوتر الانفعالي وهي حالات خاصة بالفرد.

وهناك حالات خاصة بالموقف مثل الشروط الفيزيائية لمكان الاختبار (درجة الضوء و الضوضاء و التهوية و الاتساع و كيفية الجلوس و درجات الحرارة) وهي ظروف يمكن التحكم و تغييرها, كما أنها ظروف ليست عامة و ليست دائمة.

الدليل علي هذه المصادر أن الحالة المزاجية و الصحية الجيدة للفرد تؤثر علي أدائه في الاختبارات , كما أن خصائص مكان الاختبار المجهز بأدوات الراحة و الترفية يؤثر بشكل كبير في طريقة أدائه علي الاختبارات, وفي المقابل فالحالة المزاجية السيئة و قاعة تطبيق الاختبارات غير المجهزة تجعل اداته مختلفا؛ و بالتالي لا ثبات في أدائه عبر هذه الشروط.

2. المصادر الخاصة للتباين:

وتنقسم إلي نوعين فرعيين هما:

1. الخصائص الخاصة المستمرة للفرد:

لدي الفرد أو أي مجموعة من الأفراد؛ مجموعة من السمات والقدرات ولكنهم يتميزون في بعضها و لا يتميزون في الآخري. ويصبح التباين خاص بالفرد هو أن تختلف في داخله السمات و القدرات و تتباين. كما قد تتباين درجات الفرد من اختبار للآخر تقيس نفس الخاصية. و لكن التباين هنا يرجع إلي عينة السلوك المتضمنة في كل مقياس , حيث تكون استجابات الفرد في العينتين ليست متطابقة تماما مما يظهر تباين في أدائه عبر نسختي الاختبار.

2. الخصائص الخاصة المؤقتة في الفرد:

تلعب حالة التأهب لأداء الاختبار دورا و خاصة عند التركيز علي السرعة و الدقة ,و الوعي بمفردات الاختبار , حيث قد تؤدي إلي فقدان التركيز و حدوث التذبذبات الوقتية في عمليات الذاكرة و الانتباه.

أو قد تؤدي إلي حدوث تنوع في مقدار الجهد المبذول من موقف لآخر.

بعض العوامل الإضافية كمصادر للتباين:

1. العوامل المنتظمة أو العشوائية التي تؤثر في تطبيق الاختبار أو تصحيحه:

فظروف إعطاء الاختبار أو تصحيحه؛ تلعب دور في حدوث تباين بين تطبيق و أخر.

كما يلعب اختلاف الفاحصين و المصححين دور في حدوث التباين؛ و خاصة التباين الذي يرجع إلي خصائص الفاحصين.

فالاختبارات التي تعتمد علي خبرة ومهارة الفاحص في التطبيق مثل الاختبارات ذات الطبيعة الخاصة كالاختبارات الاسقاطية و مقاييس التقدير والمهارات , وهذا قد يجعل الاختلاف في أداء المفحوصين راجعا إلي الاختلافات بين الفاحصين أو مطبقي و مصححي الاختبارات.

2. عوامل ترجع إلي الصدفة البحتة:

فالتخمين و الحظ و الصدفة لها تأثيراتها في حدوث تباينات في نتائج تطبيق الاختبارات. وهذه العوامل لا يمكن ارجاعها لأسباب محددة بل هي عوامل عشوائية غامضة.

نشاط عصف ذهني: تقوم كل مجموعة باختيار أحد مصادر التباين و تقوم بمناقشتها و وضع أسباب لحدوث هذا التباين......

طرق حساب ثبات الاختبار:

تتعدد طرق حساب ثبات الاختبارات بتعدد مصادر التباين. و بالتالي يمكن تحديد طرق حساب ثبات الاختبار علي النحو التالي:

1. الثبات بإعادة تطبيق الاختبار Test-retest:
2. الثبات باستخدام الصورالمتكافئة او البديلة Equivalent test
3. الثبات باستخدام التجزئة النصفية Split-half

طرق حساب ثبات الاختبار:

أولا: إعادة تطبيق الاختبار:هذه الطريقة تعكس الفهم الواضح لمفهوم الثبات والذي ينصب علي ما يحدث من تباين في الأداء من تطبيق لأخر. وقد حدد كرونباك معامل للتقلبات اليومية والعشوائية التي تؤثر علي أداء الفرد عبر الزمن , وأطلق علي هذا المعامل بمعامل الاستقرار الوقتي temporal stability وهي ترتبط بالفترة الزمنية التي تنقضي من بعد التطبيق الأول للاختبار.وكلما كان الزمن الذي ينقضي من بعد التطبيق الأول ليس بالكبير يكون الثبات مرتفع , خاصة في مدة لا تتجاوز الأسابيع القليلة , وعندما تكون المدة بالسنوات ينخفض الثبات بشكل حاد. لذلك عندما يحدث انخفاض في ثبات الأداء خلال مدة قصيرة يحدث بسبب التغيرات الوقتية المؤقتة ويعتبر تباين غير حقيقي.

تختلف الفترة المناسبة لإعادة التطبيق وفقا لعمر الأفراد , فصغار السن يجب أن تكون الفترة قصيرة مقارنة بالكبار؛بسبب سرعة التغير لدي الصغار المرتبط بسرعة النمو عندي الأطفال.

التغيرات التي يتعرض لها الفرد ليست بنفس الطريقة أو المستوي لجميع العمليات النفسية التي يقوم بها؛ لأن هذه العمليات تختلف فيما بينها في مقدار ما تظهره من تذبذب و تقلبات وقتية. ومثال ذلك أن الفرد يتأثر تحكمه في اتزان

الحركات الدقيقة لأصابعه بأي تغير يطرأ علي ظروفه , بينما لا يحدث هذا التأثر في قدرته علي الاستدلال. ولكي نحصل علي قياس دقيق لحركة توازن الأصابع لابد أن نعيد التطبيق عدة مرات لنحص علي مستوي الفرد , بينما نحصل علي مستواه في الاستدلال من تطبيق واحد.

المشكلات المترتبة علي إعادة تطبيق الاختبار:

1. إعادة التطبيق يترتب عليها تحسن ناتج عن الممارسة المرتبطة بإعادة التطبيق (كما يحدث عند تطبيق الاختبارات العقلية أو التحصيلية).

2. عند إعادة التطبيق تتغير طبيعة الاختبار فيتحول من اختبار للذكاء إلي اختبار للذاكرة.

ثانيا: طريقة حساب الثبات باستخدام الصور المتكافئة أو البديلة:

عندما يواجه الفرد موقفين متباينين عند دخول امتحانين الأول وجد فيه أن جميع أسئلة الامتحان من الأجزاء التي ذاكرها بتركيز عالي ولذلك يعرف إجاباته, بينما الاختبار الثاني وجد أن معظم أسئلته من الأجزاء التي لم يذاكرها بتركيز؛ وبالتالي تكون النتيجة في الاختبارين متناقضة تماما.

وبالتالي يكون التباين هنا راجعا إلي عينة الأسئلة في الاختبارين. ولذلك عندما نعد اختبار مكافئ لاختبار آخر لابد أن نراعي أن تكون عينتي الاختبارين متساويتين في السهولة والصعوبة , ومن مجتمع أصل واحد للعملية النفسية المراد قياسها أو من نفس أجزاء المنهج الدراسي عند وضع اختبار تحصيلي بديل.

وذلك حتي لا يكون التباين في الأداء غير حقيقي ومرتبط بعينة أسئلة الاختبار وليس لوجود فروق حقيقية بين الأفراد.

يمكن تطبيق الصورتين المتكافئتين في جلسة واحدة أو في جلستين مختلفتين علي نفس الأفراد, ويسمي معامل الثبات هنا بمعامل التكافؤ Coefficient of equivalence.

ويشترط في الصورة المتكافئة من الاختبار أن تقيس نفس العمليات النفسية وبنفس خصائصها , وأن يكون تأثير هذه العمليات علي أداء الأفراد بنفس الطريقة.

يشير تباين الخطأ هنا إلي عينة الأسئلة هي المسئولة عن حدوث تباين في أداء الأفراد راجعا إلي اختلاف عينتي أسئلة الاختبار الأصلي والاختبار البديل أو المكافئ , وليس تباين حقيقي في أداء الأفراد.

وجود اختبار مكافئ يحل مشكلة إعادة تطبيق , كما يساعد في بعض الدراسات التجريبية التي نتعرف فيها علي تأثير متغير ما علي أداء الأفراد (من خلال مقارنة الأداء فبل وبعد التجربة).

ثالثا: طريقة حساب الثبات بالتجزئة النصفية split-half:

كلما كانت أسئلة الاختبار متجانسة كلما كان أداء الفرد عبر جميع مفردات الاختبار يتصف بالاتساق.

وعندما تكون أسئلة الاختبار متجانسة فأن أي جزء من هذا الاختبار قادر علي تحديد خصائص أداء الفرد , ويتساوي في ذلك باقي أجزاء المقياس. بينما يكون أداء الأفراد عبر أجزاء الاختبار غير ثابت نتيجة لأن الاختبار المستخدم لا تجانس بين أجزائه.

فالمقياس الذي يقس عدة عمليات نفسية غير متساوية في الصعوبة والسرعة قد تعطي نتائج غير دقيقة عندما نقارن بين أداء الأفراد عليها. فمثلا يحصل ثلاثة أفراد علي درجات متطابقة في الأداء علي مقياس للقدرة اللغوية مثلا 30-30 -

30 فمن الطبيعي أن نقول أنهم علي مستوي واحد ,ولكن بتحليل درجات كل فرد نجد أن الأول قد حصل علي معظم درجاته في الطلاقة اللغوية بينما الثاني حصل علي درجاته في اختبار المرادفات والفهم اللغوي والسرعة اللغوية,بينما الثالث حصل علي درجاته موزعة علي جميع أبعاد القدرة اللغوية.

وكلما قل تجانس الاختبار زاد التباين الناتج عن عدم تجانس أسئلة الاختبار.

وعدم التجانس يدل علي أن أداء الأفراد عبر أسئلة الاختبار ليس مطردا ولان المقارنة من خلال هذا الاختبار بين الأفراد بالاعتماد علي الدرجات التي يحصلوا عليها غير دقيقة. وعندما نريد أن نعرف مدي تجانس أسئلة الاختبار لنتعرف علي ثبات أداء الأفراد نقوم بتجزئة الاختبار إلي نصفين ونقارن بين أداء الفرد في النصفين.

ومن خلال حساب معامل الارتباط بين النصفين نحصل علي معامل الثبات المعروف بالاتساق الداخلي consistency internal ويطبق مرة واحدة وأثناء التصحيح تحسب درجات المفردات ذات الأرقام الفردية وتجمع كأنها درجات اختبار مستقل , ومع العبارات ذات الأرقام الزوجية تحسب علي أنها درجات مقياس آخر , ثم يحسب معامل الارتباط.

المشكلة الأساسية لهذه الطريقة صعوبة الحصول علي نصفين متجانسين بمجرد تقسيم الاختبار لنصفين وفقا للأرقام الفردية و الزوجية ,لأن عبارات أو مفردات الاختبار تختلف في صعوبتها من مفردة لمفردة , كما دافعية الأداء علي الاختبار في بدايته ليس هوهو في نهايته لذلك سوف يستمر مصدر تباين الخطأ الناتج عن تجانس عينة أسئلة الاختبار. و قد يكون عند بناء الاختبار في البداية يراعي فيه توفير مقدار من التجانس بحيث يمكن الحصول علي نصفين متجانسين.

يستخدم في حساب معمل الاتساق الداخلي معادلة سيبرمان-براون وهي تقوم علي افتراض أن التغيرات التي تحدث في نصفي الاختبار متساوية لتكافؤ النصفين. ولكن لصعوبة تحقيق ذلك تستخدم معادلة جتمان Guttman البسيطة وهي

$$ر = 2 [1- (ع12+ع22)]$$

$$ع 2 ك$$

حيث ر = معامل الارتباط , و ع 2 1 تباين النصف الأول , وع 2 2 تباين النصف الثاني , ع 2 ك تباين الاختبار الكلي.

حساب الثبات بطريقة كيود ور – ريتشارد سون:

طريقة إحصائية لحساب تجانس عينة أسئلة الاختبار وليس تجانس نصفي الاختبار كما في التجزئة النصفية.و تهتم هذه الطريقة بمعرفة مدي استقرار استجابات الفرد علي مفردات الاختبار سؤال بعد سؤال (مفردة مفردة). يسمي ذلك بالاتساق بين أسئلة الاختبار inter-item consistency

يختلف مفهوم التجانس عنه في الاتساق الداخلي لنصفي الاختبار , لأنه يهتم بمفردات الاختبار. هذه الطريقة لا تعمل علي تجزئة الاختبار إلي نصفين , فهي تقوم بفحص استجابات المفحوصين علي مفردات الاختبار علي النحو التالي:

$$ر= (ن) ع2 - مجـ ص خ$$

$$ن - 1   ع 2$$

حيث ر = معامل الثبات , ن = عدد الأسئلة التي يتكون منها الاختبار

ع 2 – تباين الاختبار ككل , مجـ ص خ = عدد نسبة الأفراد الذين اجابوا اجابات صحيحة علي كل سؤال و نسبة الذين اجابوا اجابات خاطئة ثم ضرب حاصل النسبتين في بعض و نجمع حواصل الضرب بالنسبة لجميع الأسئلة.

خامسا: معامل ألفا كرونباك:

في طرق حساب الثبات السابقة كان يتم حساب ثبات مفردات الاختبار التي تكون طريقة الإجابة هي (صح) أو (خطأ) , أو (نعم) (لا). وهي تعني الكل أو لا شيء.

ولكن هناك اختبارات تكون الاستجابة من بين عدة بدائل (موافق جدا , موافق , محايد , رافض , رافض بشدة) وهذه الاختبارات تحتاج بشدة إلي التجانس ولذلك وضع كرونباك معادلة تحل محل مجموع تباينات درجات الأسئلة (التي يجاب علي بالصواب أو خطأ في طريقة كيودر – ريتشارد سون , بمعادلة هي:

ر = (ــــن) ع2- مجـ (ع 2 1, 2 , 3.. ن)

ن – 1 ع2

سادسا: ثبات الفاحصين و المصححين:

يتم استبعاد نتائج الاختبارات التي تتجاوز القواعد التي قنن بها الاختبار مثل الاختبارات التي لا تراعي الزمن المحدد أو تتم في جو مشتتة للانتباه , أو التي تتم وفقا لتعليمات غير المحددة في الاختبار.

أما إذا راعي الفاحص جميع التعليمات المنصوص عليها والمقننة للاختبار تكفي للتأكد من ثبات الفاحص.

وفي موضوع ثبات المصحح يراعي أن يزود الاختبار بمفاتيح للتصحيح تقلل من أخطاء المصححين.

ولكن تبقي مشكلة الاختبارات التي تعتمد علي ذاتية المصحح مثل المقاييس الاسقاطية و المقال.

ويحسب ثبات المصحح عن طريق قياس أداء مصححين لنفس الاختبار وحساب معامل الارتباط بين درجات كلا المصححين. و يسمي معامل الثبات هنا معامل الموضوعية.

العوامل المؤثرة في ثبات الاختبار:

1. درجة اعتماد الاختبار علي السرعة والزمن:

يتم حساب الثبات هنا بالاعتماد علي أعادة تطبيق الاختبار أو الصور المتكافئة , أو طريقة التجزئة النصفية.

واختبارات السرعة والزمن تتصف بوجود مقدار من التذبذب مما ينعكس علي ثبات الاختبار.

2. مدي الفروق الفردية في العينة:

المعروف أن المدي يتأثر بمدي تجانس العينة لأن التجانس العالي يكون بين أفراد لا تتجانس داخلهم القدرات المقاساة , بينما العينة غير المتجانسة تفتح الباب لانخفاض مدي التباين وبالتالي درجات ثبات أعلى.

3. خصائص العينة:

معامل الثبات يختلف من جماعة لآخري وفق لتفاوت متوسط مستويات أفرادها في السمة المقاساة.

ولذلك لابد أن يتبع كل ثبات وصف دقيق للعينة.

وخصائص العينة من حيث العمر والجنس والمستوي التعليمي والاجتماعي والاقتصادي.

4. عدد أسئلة الاختبار:

كلما زاد عدد الأسئلة زاد معه ثبات الاختبار وكلما قل عدد الأسئلة قل معه ثبات الاختبار.

التوجهات الحديثة في قياس التحصيل والتعلم

لم يخل أي نظام تربوي في أي عصر من العصور من طريقة أو تقنية من تقنيات التقويم، فقد عرف الإنسان القديم الاختبارات واستخدمها الصينيون معيارا للالتحاق بالوظائف ونقل عنهم الأوربيون هذا النظام في التقويم وعرفوا الاختبارات الشفوية التي ظلت سائده حتى أواسط القرن التاسع عشر في أوروبا، ثم دخلت عمليات القياس والتقويم مرحلة جديدة في مطلع القرن العشرين بدخول اختبارات الذكاء على يد الفرد بنية وسايمون.

يعتبر التقويم التربوي أحد الأركان الأساسية للعملية التربوية، وهو حجر الزاوية لإجراء أي تطوير أو تجديد تربوي يهدف إلى تحسين عملية التعلم والتعليم في أية دولة. كما وينظر للتقويم التربوي من قبل جميع متخذي القرارات التربوية على أنه الدافع الرئيس الذي يقود العاملين في المؤسسة التربوية على اختلاف مواقعهم في السلم الإداري إلى العمل على تحسين أدائهم وممارساتهم وبالتالي مخرجاتهم فالتقويم التربوي يسهم في معرفة درجة تحقق الأهداف الخاصة بعملية التعلم والتعليم، ويسهم في الحكم على سوية الإجراءات والممارسات المتبعة في عملية التعلم والتعالي، ويوفر قاعدة من المعلومات التي تلزم لمتخذي القرارات التربوية حول مدخلات وعمليات ومخرجات المسيرة التعليمية التعلمية. ويساعد التقويم التربوي على التخطيط للأنشطة التدريسية وأساليبها، وهو الذي يطلع الأفراد على اختلاف علاقتهم بالمؤسسة التربوية بجهود هذه المؤسسة ودورها في تحقيق

الأهداف التربوية العامة للدولة. كما ويلعب التقويم التربوي دورا دافعا وحافزا للطلبة والمعلمين والتربويين لبذل الجهد المطلوب للوصول إلى الأهداف المرجوة من عملية التربية والتعليم من خلال حمل المعلمين على بذل مزيد من الجهد والعمل لتحسين أساليبهم الصفية التدريسية، وحمل الطلبة على بذل مزيد من الجهد والتركيز والتعاون مع المعلمين والقائمين على البرامج التربوية.

التقويم التربوي يسهم في الوقوف على فاعلية الإجراءات التي تتم ضمن المؤسسة التربوية، والتأكد من مدى فاعليتها من حيث تبيان مدى الإنجازات التي تم تحقيقها والأوضاع الراهنة لها وما تتصف به من نواحي ضعف وقوة، وما تتطلبه من إجراءات تطويرية للأوضاع القائمة، أو تبني سياسات تربوية جديدة. من هنا نرى أن هنالك مجالات تطبيقية متعددة ومتباينة للتقويم التربوي في أي نظام تربوي ضمن أي مستوى من مستوياته، وضمن أي مكون من مكوناته.

تعرفنا سابقاً ان القياس هو التحقق بالتجربة أو الاختبار من الدرجة أو الكمية بوساطة أداة قياس عيارية.فالقياس عملية نصف بها الأشياء وصفا كمياً.

أدوات القياس:

ظهرت تعريفات وتفسيرات متعددة لمفهوم اداة القياس ولكنها تجمع على تفسير في انها الطريقة أو الأسلوب الذي تقاس به صفة أو ظاهرة أو موضوع ما إذ يعرف مهرمز اداة القياس بانها اداة منظمة لقياس الظاهرة موضوع القياس والتعبير عنها بلغة رقمية.

أما كرونباخ فيعرفها بانها طريقة منظمة للمقارنة بين سلوك شخصين أو اكثر أما انستازي فتعرف اداة القياس بانها موضوعية ومقننة لقياس عينة من السلوك [1].

---

[1] (الروسان، 1996).

وقا ..... خبراء القياس خمس مشكلات اساسية تواجة تطوير ادوات القياس في مجالات النفسية وهي:

1. لا توجد طريقة محددة لتعريف الابنية النفسية، مقبولة عالميا.
2. تعتمد المقاييس النفسية على عينات سلوكية.
3. اخذ عينات من السلوك يؤدي إلى اخطاء في القياس.
4. وحدات القياس ليست محددة على نحو جيد.
5. يجب أن تظهر المقاييس علاقات بمتغيرات أخرى حتى تصبح ذات معنى.

شروط أدوات القياس:

تعتبر عملية القياس اساسية نظرا لطبيعة عملية القياس وظروفها واجراءاتها وحتى تعطي عملية القياس ايا كان ميدانها نتائج تساعد اصحاب القرار على اتخاذ القرار الناسب فانه يجب أن تتوافر عدة شروط في أداة القياس نفسها واهم تلك الشروط صدق أداة القياس وثباتها وقابليتها للاستعمال.

الصدق:

يعتبر صدق الاختبار أساسيا من شروط ادوات القياس الفعاله في قياس الظاهرة موضوع القياس ويقصد بصدق الاختبار أن يقيس الاختبار ما وضع من اجله، وبكلمة أخرى فان المقصود بصدق الاختبار مدى صلاحية الاختبار لقياس هدف أو جانب محدد وتبدو هذه الصلاحية في اشكال متعددة.

ويمكن توضيح هذه الاشكال على النحو التالي:

1. صدق المحتوى:

عندما يصمم الفحص بحيث يغطي المادة التي درسها تلاميذ صف معين معين ويغطي كذلك أهداف تدريس المادة التي ينبغي على التلاميذ أن يحققوها

أي عندما تكون الأسئلة الموضوعية ممثلة تمثيلا صادقا لمختلف اجزاء المادة والاهداف.

2. الصدق ألتنبؤي:

كثيرا ما يكون هدفنا استخدام اختبار لاغراض التوصل إلى قارار يتضمن التنبؤ بنتائج معينة تقع في المستقبل.

3. صدق البناء (المفهوم):

ويبين هذا النوع من الصدق مدى العلاقة بين الأساس النظري للاختبار وبين فقرات الاختبار، أو بكلمة أخرى إلى أي مدى يقيس الاختبار الفرضيات النظرية التي يبنى عليها الاختبار ويطلق احيانا على مثل هذا النوع من الصدق صدق التكوين الفرضي.

ويمكن التحقق من دلالات صدق البناء للاختبار بإتباع أسلوب فاعلية الفقرات، أي مدى ارتباط كل فقرة من فقرات المقياس أو بقدرة المقياس على التمييز بين الفئات العمرية التي يغطيها المقياس، أو بقدرته على التمييز بين الفئات أو المجموعات المتباينة من حيث أدائها على مظهر من مظاهر السلوك.

الصدق التلازمي:

يقصد بذلك مدى التطابق أو الارتباط بين الأداء على فقرات الاختبار الحالي، والأداء على فقرات اختبار آخر ثبت صدقه، في الوقت نفسه، أو خلال فترة زمنية قصيرة، ويمكن التحقق من دلالات الصدق التلازمي للاختبار بمعامل الارتباط بين الأداء على كل من الاختبارين هذا وتعكس معاملات الارتباط العالية بين الاختبارين درجة أعلى من دلالات الصدق التلازمي.

العوامل المؤثرة في الصدق:

هناك عدة عوامل تقلل من صدق الاختبار، يمكن تلخيصها على النحو التالي:

1. عوامل متعلقة بالتلميذ: فقد يؤثر قلق التلميذ وخوفه في قدرته على الإجابة فيحصل على نتيجة لا تمثل قدرته الحقيقية. إضافة إلى العادات السيئة في الإجابة كالتخمين أو الغش، أو محاولة التلميذ التأثير في الفاحص بأسلوبه إذا كان الفحص مقالياً.

2. عوامل متعلقة بالتلميذ: ومن هذه العوامل، أنت تكون لغة الاختبار فوق مستوى التلميذ، فيعجز عن فهم السؤال، وسيحصل على درجة لا تدل على مقدرته الحقيقية، كما أن غموض الأسئلة، يجعل التلاميذ يفسرونها تفسيرات مختلفة، مما يحجب قدرتهم الحقيقية، وتعتبر سهولة الأسئلة أو صعوبتها كذلك من العوامل التي تجعل الطالب يحصل على علامة أكثر أو أقل من قدرته الحقيقية، وفي كلتا الحالتين، لن تتصف درجة التلميذ بالصدق لأنها لا تمثل مقدرته الحقيقية. وفي بعض الأحيان تحمل صياغة الأسئلة في ثناياها أدلة ومؤشرات على الإجابة الصحيحة. فيحصل الطالب على علامة أكثر مما يستحق، وأخيراً فإن الأسئلة تكون جيدة إذا كانت تقيس الفهم والتفسير والتحليل والتطبيق، ولكن إذا كان المعلم قد درس هذه الأسئلة بالذات وعلم التلاميذ إجاباتها، هنا سيقيس الاختبار تذكر الحقائق وطريقة الحل. أما إذا كانت الأسئلة خارجية لم يتعلم الطلبة مادتها، فسوف يحتل التلاميذ على درجات لا تمثل تحصيلهم وبالتالي أقل صدقاً.

عوامل متعلقة بإدارة الاختبار: ومن هذه العوامل، بيئة المكان الذي يجري فيه الاختبار كارتفاع درجة الحرارة، والضوضاء الشديدة، والبرودة، والعوامل المتعلقة بالطباعة، وعدم وضوح الكلام أو وجود الأخطاء المطبعية وسوء ترتيب الأسئلة، والتعليمات المتذبذبة غير الواضحة، واستعمال الاختبار في غير ما وضع

لقياسه، كاستخدام اختبار قواعد ليقيس مقدرة الطالب اللغوية، وأخيراً استخدام الاختبار أو الفحص لفئة غير التي وضع الاختبار لقياسها كتطبيق اختبار وضع للطلبة الموهوبين على طلبة ضعاف التحصيل.

صدق الاختبارات The validity:

ما معنى صدق الاختبار:

يعتبر الاختبار صادقا عندما يقيس ما وضع لقياسه.. فعنوان الاختبار لا يدل دائما علي ما يقيسه , لذلك لا يمكن قبول أي اختبار إذا لم يكن لديه دليل علي أنه يقيس بالفعل الخاصية النفسية التي يشير إليها. أن صدق الاختبار يهتم بما نقيسه و أن يتم ذلك بكفاءة عالية ويعطي دلالة علي هذا القياس.[1] والصدق هو الدرجة التي يكون عندها الاختبار قادرا علي تحقيق أهدافه.[2]

أن الصدق هو الخاصية الوحيدة التي تحدد جودة الاختبار وترتبط درجاته بالسلوك الفعلي الذي يهدف إلي قياسه[3].

طرق تحديد الصدق:

أن جميع طرق تحديد صدق الاختبار تبحث عن العلاقة بين أداء الأفراد في الاختبار وبعض المعلومات والحقائق التي تتصل بالظاهرة النفسية موضع الاختبار , بحيث يمكن ملاحظتها في سلوك الأفراد بنفس المستوي الذي يظهره الأفراد في أدائهم في الاختبار.[4]

---

[1] Anastasi (1982)

[2] (Mahrens & Lehman (1978

[3] اسماعيل محمد الفقي:التقويم و القياس النفسي و التربوي , القاهرة ,دار غريب، (2005),ص 67-69.

[4] فؤاد أبو حطب وآخرون،مرجع سابق، (1999)

وطرق قياس صدق متعددة وأشهرها ثلاثة أنواع هي:

1. صدق المحتوي.
2. الصدق المرتبط بالمحكات.
3. صدق التكوين الفرضي.

طرق قياس صدق الاختبار:

أولاً: صدق المحتوي content validity:

يقصد به أن يقوم المتخصص في علم النفس بفحص مضمون الاختبار فحصا دقيقا لتحديد ما إذا كان محتوي الاختبار يشتمل بالفعل عينة ممثلة لميدان السلوك الذي سوف يقوم الاختبار بقياسه أم لا؟.

وبعض أنواع الاختبارات لابد أن يتضمن مجتمع الأصل كله مثل الاختبارات التحصيلية المقننة والاختبارات المرجعة للمحك. ولكن في مجال الظواهر النفسية ألآخري الأمر يصبح أكثر صعوبة في تحديد ما إذا كانت عينة السلوك التي يشتملها الاختبار تنتمي إلي مجتمع الأصل السلوكي أم لا.

ولذلك يحتاج الأمر إلي تحليل دقيق منتظم للتأكد من انتساب عينة السلوك إلي مجتمع الأصل.

حساب صدق الاختبار في الاختبارات التحصيلية:يمكن التعرف علي ما يقيسه الاختبار التحصيلي بالرجوع إلي المقرر الدراسي أو المادة التدريبية أو البرنامج للحكم علي ما يقيسه الاختبار.

ويستخدم في ذلك ما يعرف بجدول المواصفات.

وهذا الجدول يستخدمه معدوا الاختبار لتحديد أسئلة الاختبار وفقا للمحتوي الدراسي أو البرنامج التدريبي وللأهداف الذي يريد تحقيقها. وفيه يتم تحليل المحتوي من خلال الأهداف التي يريد تحقيقها. وتوضع الأسئلة علي هذا المحتوي وفقا لأهميتها النسبية.

هناك طرق إمبريقية تعتمد علي التحقق من خلال التطبيق الفعلي مثل المقارنة بين درجات الأفراد قبل الدخول للبرنامج التدريبي أو علاجي وبعده لمعرفة أن هذا البرنامج قد حقق أهدافه أم لا؟.

أو يستخدم محك خارجي اختبار تحصيلي أخر ويتم اختيار الأفراد الذين حصلوا علي أقل الدرجات وأعلي الدرجات ويطبق عليهم المحك الخارجي ثم تقارن درجاتهم في الاختبارين فإذا حافظوا علي وضعهم التصنيفي يصبح الاختبار صادق في قياس تحصيل هذا المقرر أو البرنامج.

ثانياً: الصدق المرتبط بالمحكات:

يدل الصدق المرتبط بالمحكات criterion – related validity علي أن الاختبار له قدرة علي التنبؤ بسلوك المفحوص في مواقف محددة أو تشخيصيها.

ولكي يتم هذا التنبؤ أو التشخيص لابد من وجود محكات يعتمد عليها. وتتحدد علاقة الاختبار بالمحك وفقا لإطار زمني فإذا أظهر المفحوص مستوي من السلوك مطابقا لما في الاختبار و المحك عند تطبيقهما يكون الصدق هنا تلازميا.

وإذا كان الفارق الزمني بين التطبيق علي الاختبار ثم بعد مدة زمنية طويلة (عدة سنوات) طبق المحك وجاءت النتائج متطابقة كان الصدق هنا تنبؤيا.

يعتبر الصدق التلازمي هو الأكثر فائدة للتشخيص حيث يثبت وجود الظاهرة النفسية بخصائصها بأكثر من اختبار (الاختبار + المحكات).

ويعتبر الاختبار الصادق تلازميا مفيد في عملية التشخيص حيث يعتمد عليه في التشخيص دون الحاجة لإجراءات إكلينيكية إضافية.

أنواع المحكات:وتشمل ما يلى:

1. مستوي التحصيل المدرسي الأكاديمي أو الأداء الفعلي المهني.
2. مستوي الأداء في برنامج تدريبي معين.
3. المقارنة بين المجموعات المتضادة (في اختبار الذكاء بين مجموعة من العباقرة و أخري من المتخلفين عقليا).
4. التقديرات التي يحصل عليها الأفراد من المعلمي أو المدربين أو الرؤساء في العمل و الذين يقومون بملاحظة الأفراد.
5. معاملات الارتباط بين الاختبار و الاختبارات التي تقيس نفس الظاهرة.

ثالثا: صدق التكوين الفرضي: construct validity:

يقصد به مدي قياس الاختبار لتكوين فرضي أو مفهوم نفسي أو سمة معينة. فالذكاء أو القدرة الابتكارية أو الفصام أو العصابية وغيرها تكوينات فرضية.حيث تستنتج من أساليب السلوك. ويعتمد هذا النوع من الصدق علي كم كبير من المعلومات المرتبطة بالظاهرة موضع القياس. و مصادر هذه المعلومات متعددة منها ما يلي:

1. تمايز العمر والتغيرات الوقتية: المعروف مثلا من خلال دراسات النمو أن درجات الأطفال العاديين والأكثر ذكاء علي مقاييس الذكاء تتزايد بتقدم العمر نظرا لنمو قدراتهم بفعل النضج.و بالتالي لابد أن يكون أداء ودرجات الأطفال علي مقياس الذكاء الذي تم إعداده متدرج الصعوبة مع عمر الأطفال.

2. معاملات الارتباط بالاختبارات الآخري:عندما نستخدم اختبارات تقيس نفس المجال السلوكي الذي يقيسه الاختبار المعد ويكون أداء الأفراد عليها متقارب يسمي هذا الصدق بالصدق ألتقاربي conversant validity.

بينما يسمي بالصدق التمييزي discriminated validity عندما نحسب معاملات ارتباطه باختبارات يفترض أنها تختلف عنه (مثل اختبار للثقة بالنفس واختبار العصاب القهري أو المخاوف المرضية).

3. التحليل العاملي factor analysis:

هذا الأسلوب من اكثر الأساليب استخداما في دراسة صدق التكوين الفرضي.

جوهره الإحصائي يقوم علي تصفية معاملات الارتباط حتي لا يبقي الإ الارتباطات الأكثر قوة و تتجمع هذه الارتباطات في تجمعات ذات ارتباط عالي يطلق عليها العوامل.

وبالتالي عندما نقوم بإجراء تحليل عاملي علي الاختبار الذي قمنا بإعداده وارتباطه بالاختبارات المتشابهه وغير المتشابهه ووجدناه يتجمع في عوامل مشتركة مع الاختبارات التي تقيس نفس الظاهرة يصبح هذا الاختبار صادقا عامليا , كما لو ثبت أنه لا يشترك في أي عامل مع الاختبارات المختلفة نتوصل لنقائه العالمي , وهو أقوي أنواع الصدق.و هو يساعد علي تنقية الاختبارات من مفردات أو أبعاد لا تنتمي لمجال القياس.

العوامل المؤثرة في صدق الاختبار:

1. **طبيعة عينة التقنين:**

عينة التقنين يستخدمها معدوا الاختبارات لتحديد الفئات المستهدفة , لأن هذه الاختبارات لابد أن تحدد الفئات التي سوف تقوم بقياس الظاهرة السلوكية عندها.

وعينة التقنين قد يكون تطبيق الاختبار عليها صادقا , وعندما نطبق الاختبار علي عينة أخري قد ينخفض هذا الصدق لأن هناك بعض الفروق التي لم تؤخذ في الاعتبار تتوفر في عينة التقنين ولا تتوفر في العينة الجديدة.

كما أن هناك بعض الاختبارات تقيس ظاهرة ما في عمر ما مثل اختبار الاستدلال الحسابي يقيس عند الأطفال أقل من عشر سنوات الاستدلال الحسابي , بينما نفس الاختبار يقيس السرعة العددية للأعمار الأكبر.

2. **علاقة الاختبار بالمحك:**

معامل الارتباط جوهره يعتمد علي العلاقة الخطية. وهناك العلاقة المنحنية وهي في جزء منها خطية ثم يحدث لها التواء بمعني تناقص الارتباط (مثل ارتباط التحصيل بزيادة الجهد , ولكن عندي مستوي معين يتحول الجهد الزائد إلي اجهاد و انخفاض في التحصيل.)

3. **أثر ثبات الاختبار علي صدقه:**

الاختبار الذي يحصل علي مستوي ثبات مرتفع يمكن أن يكون صادقا. والاختبار الذي يفتقر للثبات لا يمكن أن يكون صادقا.

المعايير (تصحيح الاختبارات و تفسير الدرجات):

أولا: تصحيح الاختبار:

مدخل لفهم التصحيح بين الموضوعية والذاتية: عندما يطبق أي اختبار؛ويتم تصحيحه بإعطاء الفرد درجة علي أدائه في هذه الاختبار. وفقا لهذه الدرجة يصدر قرار مثلا النجاح الرسوب القبول في الوظيفة.. الخ.

ويقوم بالتصحيح مصححين ,و بالتالي هذا التصحيح عرضة للتحيز والذاتية. ولكن إلغاء الذاتية الكاملة واستخدام الموضوعية المطلقة سوف تظل موضع جدل وخلاف بين العلماء,لأنها سوف تلغي تماما أساليب للتصحيح تعتمد علي الخبرة والدراية والبصيرة وتتحول عملية التقويم إلي عملية آلية تحل فيها الآلة محل الإنسان.

يحدد تصحيح الاختبارات وتفسير الدرجات باعتبارها عملية تتصف بالموضوعية ولذلك فإنها اتفاق الملاحظات والأحكام اتفاقا مستقلا. [1]

تتأثر عملية التصحيح بنوعية الاختبار فهناك اختبارات يسهل جعلها أكثر موضوعية عندما توضع مفاتيح للتصحيح. و هناك اختبارات يصعب وضع مفاتيح تصحيح لها مثل اختبارات المقالة.

الاختبارات التي تتطلب استجابات حرة غير مقيدة:من الاختبارات التي تتصف بالصعوبة في التصحيح (الإنشاء اللغوي, الاختبارات الإسقاطية, اختبارات المهارة والتفكير ألابتكاري) وعلي الرغم من وضع بروتوكولات لتصحيحها إلا أنها عرضة للتأثر بالذاتية. لذلك يجب التقليل من هذه النوعية من الاختبارات. وتثار

---

[1] فؤاد أبو حطب و آخرون، مرجع سابق.

مسألة ميول المصححين البعض يميل إلي إعطاء درجات مرتفعة والبعض الأخر يميل لخفض الدرجات.[1]

تصحيح الاختبارات التي تتطلب الاختيار من متعدد:ويتم هذا التصحيح بوجود مفاتيح للتصحيح تساعد علي سرعة التعرف علي الاجابات الصحيحة. وتستخدم في ذلك نسخ كربونية أو باستخدام الحاسوب. و الطرق الآلية التي يستخدم فيها ماكينات تصحيح (النسخ الكربونية باستخدام أقلام رصاص معينة)لها بعض العيوب مثل تجاهل التظليل غير الكامل و المحو غير النظيف للأخطاء).

تصحيح أثر التخمين guessing:يشير إلي أنماط من السلوك التي يمارسها المفحوص عند الإجابة علي الأسئلة التي لا يعرف إجاباتها.(عند تصحيح الإجابات يواجه أثر التخمين بـــ:

1. حذف بديل أو أكثر من الإجابات الصحيحة.
2. من وجود بديل جذاب (كأنه صحيح) ولكنه اختيار خاطئ.
3. التوزيع العشوائي للاختيارات الصحيحة و الخاطئة.
4. استخدام معادلة تصحيح أثر التخمين وهي:

$$د = ص - \frac{(خ)}{ن - 1}$$

ص=عدد الاجابات الصحيحة, خ= عدد الاجابات الخاطئة , ن = عدد البد\ائل الاختيارية, د= الدرجة المصححة من أثر التخمين.

تفسير الدرجات:

---

[1] المصدر السابق نفسه.

1. الدرجات الخام raw score:

الدرجة التي يحصل عليها الفرد تعبر عن الوصف الكمي لمقدار الصفة المقاسة. الدرجة التي يحصل عليها الفرد في الاختبار التحصيلي تحدد هذا الوصف بدقة.

ولكن في الاختبار النفسي لا تمثل الدرجة التي يحصل عليها الفرد لا معني لها ولا تصلح للمقارنة والحكم.

في الظواهر الطبيعية الدرجات التي نحصل عليها تتمتع بوجود الصفر ففي قياس الطول يحصل الفرد قياس 165سم و الأخر 189سم ويكون الحكم أن الأول أقل طولا من الثاني.

ولكن في الاختبار النفسي الدرجة الخام لا تدل علي هذه الفروق بمجرد مقارنة الدرجتين؛ لأن الفارق بين الأفراد في الدرجات الخام لا يدل بالضرورة علي وجود مسافات حقيقية في التصنيف.

لذلك يحدد فؤاد أبو حطب أسس لمقارنة الدرجات الخام وفقا لثلاثة أنواع: المعايير norms , والمحكات criteria , والمستويات standards.

أولا المعايير The norms:

تعد المعايير أساسا لتفسير أداء المفحوصين والمقارنة بينهم في ضوء أدائهم الفعلي والخصائص الواقعية لهذا الأداء.

وتعتمد علي الأداء الاختباري للعينة الممثلة لمجتمع الأصل و المعروفة بعينة التقنين standardization sample.وبذلك يتم تحديد المعايير بصورة تجريبية من خلال أداء مجموعة التقنين.ومن خلال هذا التطبيق يتم ترتيب الدرجات وفقا لأداء هذه العينة, ثم تتم مقارنة الدرجة التي يحصل عليها الفرد وفقا لترتيب

الدرجات الذي تم علي عينة التقنين.فدرجة الفرد يتحدد مستواها التصنيفي بناءا علي عينة التقنين التي يجب أن تكون ممثلة لمجتمع الأصل الذي ينتسب إليه الفرد. ويفهم من ذلك أن الدرجات تنتشر في العينة الممثلة لمجتمع الأصل وفقا لخصائص مجتمع الأصل.و بالتالي يتحدد وضع الفرد التصنيفي وفقا لترتيب الدرجات في عينة التقنين.

أنواع المعايير:

المعايير الارتقائية أو النمائية developmental norms:

تنسب الدرجة الخاصة بالفرد إلي مرحلة النمو التي ينتسب إليها. فالدرجة التي يحصل عليها كدرجة خام تدل علي مدى اقترابها أو ابتعادها عن مسار النمو الطبيعى الخاص بمرحلته العمرية.

معايير العمر العقلي the mental age:

الدرجة التي يحصل عيها الفرد تتم مقارنتها بالأفراد الذين يقاربونه في نفس العمر. ففي اختبارات الذكاء يتحدد عمر الطفل العقلي من خلال معرفة عمره الزمني , ومعرفة الدرجة التي حصل عليها في أي عمر هي أكثر انتشارا. فإذا كانت درجته =110 و كان عمره هو 10 سنوات و غالبية الأطفال في عمر 10 سنوات يحصلون علي هذه الدرجة بذلك يكون عمره الزمنية مطابق لعمره العقلي , ولكن إذا كانت هذه الدرجة تنتشر بين أطفال أعمارهم 12سنة بذلك يكون هو حصل علي درجات أكبر من عمره الزمني ويكون عمره العقلي هو12سنة.أو أن تكون هذه الرجة هي أكثر انتشارا بين الأطفال من أعمار8سنوات بذلك يكون عمره العقلي أقل من عمره الزمني.

كيف يحسب العمر العقلي: في اختبارات الذكاء يتحدد لكل مفردة وزن نسبي عمري , حيث توزع المفردات من خلال اجابات عينات التقنين ذات الأعمار

المختلفة. ويصبح لكل عمر عدد محدد من المفردات. وعندما يجيب المفحوص يحصل علي نوعين من الاجابات نوع يجيب علي جميع مفردات عمر محدد و الأعمار اللأقل منه كاملة وتسمي هذه الدرجة الكاملة العمر القاعدي basic age , وقد تكون مماثلا لعمر المفحوص أو أقل منه. ثم يجيب علي بعض المفردات الاختبارية من الأعمار الأعلى من العمر القاعدي وقيم هذه المفردات تحسب بأجزاء من السنة أو شهور , ثم تجمع هذه الأجزاء + العمر القاعدي = العمرالعقلي.

2. نسبة الذكاء intelligence quotient IQ: لقد تحددت نسبة الذكاء بناء علي معرفة العمر العقلي للفرد,و الذي حصل عليه من الأداء علي مقياس لقياس الذكاء, و يكون مرتبطا بالنمو العقلي, و الذي حددت له الدراسات العلمية الأعمار أقل من15سنة. وقد وضع ترومان عام 1916 معادلة لحساب نسبة الذكاء هي:

نسبة الذكاء= العمر العقـــلي × 100

العمر الزمني

فإذا تعادل العمر العقلي والزمني يصبح الفرد متوسط الذكاء ومقداره 100 , بينما إذا زاد العمر العقلي عن العمر الزمني تكون النسبة أكثر من 100 دل ذلك علي تفوقه, و إذا قلت النسبة عن 100 يكون الفرد ذكائه أقل من أقرانه و يكون أقل ذكاءا.ولكن استخدام معيار العمر العقلي و نسبة الذكاء رغم انتشاره الواسع لا يصلح إلا للأعمار أقل من 15 سنة. و لذلك عند قياس نسب الذكاء لأكثر من هذا العمر لابد أن تختلف , و أصبح لدينا مقاييس لذكاء الأطفال تعتمد علي العمر , و النوع الثاني يحتاج لمعيار أخر يعتمد علي مفهوم خاص بالكبار مثل نسبة انتشار هذه الدرجات بين فئات الكبار دون النظر للأعمار الزمنية.

الثبات Reliability

فالثبات يعني أن الفرد يحافظ على الموقع نفسه تقريباً بالنسبة لمجموعته، عند تكرار قياسه، ويبقى على حاله تقريباً بالقدر الذي يتمثل فيه بقيمة صغيرة للخطأ المعياري في القياس، أو بمعامل ثبات مرتفع. وهناك طرق لقياس نسبة الثبات، وهي:

1. إعادة الاختبار نفسه Test- Retest Method

والإجراءات التي يستخدمها الباحث في استخراج معامل الثبات تتمثل في أن يقوم بإعطاء الاختبار الذي يريد معامل ثباته، ثم يصححه ويدون نتائجه، وبعد فاصل زمني يتراوح بين بضعة ساعات وبضعة أيام يعيد إعطاء الاختبار نفسه للطلبة أنفسهم، وضمن ظروف متشابهة ثم يصححه حسب القواعد نفسها ويدون نتائجه وأخيراً يحسب معامل الارتباط بين درجات التلاميذ في المرة الأولى، ودرجاتهم في المرة الثانية، ويسمى معامل الارتباط الذي نحصل عليه بهذه الطريقة عامل الثبات.

أما عيوب هذه الطريقة فهي:

أ. عند إعادة تطبيق الاختبار سيتذكر الطلبة إجابات بعض الأسئلة وهذا يزيد من ثبات النتائج.

ب. إذا كانت الفترة قصيرة بين الاختبار وإعادة الاختبار، فإن الذاكرة تلعب دورها وهذا أيضاً يرفع من معامل الثبات.

ج. يألف التلاميذ الاختبار، وتصبح لديهم خبرة فيه وفكرة عنه، فترتفع علامتهم عند الاختبار فيقل معامل الثبات.[1]

---

[1] (أبو لبدة، 1985).

2. طريقة الصور المتكافئة Equivalent Forms Method

تعتبر الصور المتكافئة للاختبار نماذج بنيت طبقاً لمواصفات واحدة، ولكنها تألفت من عينات مستقلة، من منطقة سلوك محددة. وعلى هذا فإن اختبارين متكافئين للقراءة، يجب أن يتضمنا أسئلة لها الصعوبة نفسها، ويسأل فيها نفس النوع نفسه من الأسئلة. إذا كان لدينا صورتان من الاختبار، فيمكننا أن نطبق إحدى الصورتين ثم نتبعها بالأخرى. وبحساب الارتباط بين الصورتين، نحصل على معامل مناسب للثبات.

وعلى الرغم من أن هذه الطريقة تقدم أساساً سليماً جداً لتقدير الدقة في اختبار نفسي أو تربوي، إلا أنها تثير عدداً من المشكلات العلمية، أهمها:

أ.   تتطلب توافر صورتين متكافئتين تماماً للاختبار.
ب. تحتاج إلى توافر وقت يسمح باختبار كل فرد مرتين.

والطريقة التي تعتمد على استخراج الارتباط بين صورتين متكافئتين تطبقان في المادة بفاصل زمني يمتد إلى عدة أيام أو عدة أسابيع، تمثل الطريقة المفضلة في تقدير الثبات.

3. طريقة الثبات النصفي Split- Half Method:

قد يكون من الصعب على الباحث أن يطبق اختبارين متكافئين على التلاميذ، أو قد يتعذر عليه فحص الطلبة مرتين في الاختبار نفسه. لذلك يتم اللجوء إلى تقسيم الاختبار إلى نصفين، يفترض أنهما متكافئين. ومن الممكن تجميع نصفي الاختبار على أساس تفحص دقيق للمحتوى والصعوبة لكل فقرة، وبذلك جهد منظم لموازنة المحتوى ومستوى الصعوبة في النصفين. ولكن الطريقة الأبسط، والتي يكثر استخدامها، هي وضع الأسئلة ذات الأرقام الفردية في النصف الأول والزوجية في النصف الثاني، وحساب الارتباطات بين النصفين، هو معامل

الثبات في هذا الاختبار، ويلاحظ أن التجزئة مرتبطة فقط بتصحيح الاختبار، أما تطبيقه فيتم مرة واحدة.

4. طريقة اتفاق المقيمين Rates Agreement Method:

تعتبر طريقة اتفاق المقيمين من الطرق المعروفة أيضاً في حساب معامل ثبات الاختبار، وفي هذه الطريقة يحسب معامل ثبات الاختبار عن طريق حساب معامل الارتباط بين تقييم المقيمين للمجموعة نفسها من الأفراد، وتسمى هذه الطريقة أيضاً باسم ثبات المصححين، وقد يلجأ إلى مثل هذه الطريقة حين يصعب استخدام الطرق الأخرى في حساب معامل الثبات.

5. طريقة الخطأ المعياري Standard Error Measurement:

تعتبر طريقة الخطأ المعياري في القياس من الطرق المعروفة في حساب معامل الثبات. وفي هذه الطريقة يطبق الاختبار أكثر من مرة على العينة، ويحسب الخطأ المعياري لدرجات العينة فكلما كان الخطأ المعياري كبيراً كان معامل الثبات متدنياً والعكس صحيح.

6. العلاقة بين صدق الاختبار وثباته:

تعتبر العلاقة بين صدق الاختبار وثباته، فكلاهما وجهان لشيء واحد هو مدى صلاحية ذلك الاختبار في أن يقيس ما وضع لقياسه وفي إعطائه نتائج متماثلة، إذ يفترض في الاختبار أن يكون صادقاً وثابتاً، ولذا يفترض أن تكون العلاقة بين كل منهما علاقة إرتباطية عالية، وهناك مجموعة من العوامل تؤثر في صدق الاختبار وثباته منها تلك العوامل المتعلقة بالاختبار نفسه من حيث لغته، وإجراءات تطبيقه وتصحيحه، وصياغة فقراته، وسهولة تلك الفقرات أو صعوبتها، وطول الاختبار أو قصره، ومنها تلك العوامل المتعلقة بالمفحوص نفسه، ويقصد بها تلك العوامل وظروفه الصحية، ومنها تلك العوامل البيئية المتعلقة بشروط عملية

تطبيق الاختبار مثل العوامل الفيزيائية كالإضاءة والتهوية ودرجة الحرارة والضوضاء. [1].

ثالثاً: القابلية للاستعمال Applicability:

للصدق والثبات أهمية كبرى في المقاييس المصممة لأغراض البحث الخاصة، غير أنه عندما يكون اهتمامنا موجهاً لاستخدام الاختبارات في صفوف الطلبة أو المؤسسات التعليمية كافة، فلا بد من مراعاة اعتبارات ذات طبيعة عملية.[2]

أخطاء القياس:

مهما حاولنا أن نكون دقيقين في القياس، فلا بد من الوقوع في أخطاء، أما مصادر هذه الأخطاء، فهي:

1. عدم حساسية أدوات القياس: بعض أدوات القياس أكثر دقة من بعضها الآخر، فالميزان الحساس أكثر دقة من الميزان الزنبركي، وفي ميدان التربية يعتبر الاختبار الموضوعي أكثر دقة من الاختبار المقالي، كما أن هناك فرقاً بين اختبار موضوعي، يصممه فاحص مدرب، وآخر يضعه فاحص غير ملم بمبادئ القياس.

2. عدم ثبات الظواهر المراد قياسها: تتميز معظم الظواهر التي نقيسها في ميدان علم النفس بالديناميكية أي التغير، فالشخص التي نقيس أداءه، يتغير من ساعة إلى أخرى، فهو الآن سليم معافى، قد يشعر بعهد قليل بالمرض أو التعب أو الملل، وقد يفقد اهتمامه فتنخفض فاعليته وهكذا.

3. خطأ الملاحظة: تختلف دقة الملاحظة من شخص لآخر، فلو طلبنا من عدد من المعلمين قياس طول طفل، فسيعطوننا أطوال مختلفة، مع أن أداة

---

[1] (الروسان، 1996)

[2] (ثورندايك، وهجين، 1986).

القياس لم تتغير، وكذلك الطفل موضوع القياس، ويرجع سبب ذلك إلى الأخطاء الناجمة عن الفرد الذي يقوم بالملاحظة.

تقويم التحصيل الأكاديمي:

التقويم عنصر مهنم من عناصر المنهاج، يتلازم مع العملية التربوية منذ بدء التخطيط لتعلم أي مقرر دراسي، وإجادته دليل على رقي النمو المهني للمعلم، ويهدف التقويم في ميدان التربية والتعليم إلى تقرير ما تحقق من الأهداف التربوية المخططة بعد مرور الطالب في الخبرات والأنشطة التعليمية ولما كانت الأهداف التعليمية ترمي إلى إحداث تغييرات مرغوب فيها في الأنماط السلوكية للطلبة، فإن التقويم يهدف إلى تحديد الدرجة التي تحدث بها فعلاً هذه التغيرات في سلوكهم.

ذا ويشير الأدب التربوي إلى وجود عدد من الأدوات والأساليب التي يمكن أن يستخدمها المعلم في قياس تعلم الطلبة وتقويمهم، ومن هذه الوسائل والأساليب الملاحظة بأنواعها المختلفة والمقابلات الشخصية واللقاءات الفردية والجماعية، وتقارير الطلبة ومشروعات البحوث، والتقويم الذاتي، والاختبارات التحصيلية.[1]

ونظراً لأهمية الاختبارات التحصيلية، وشيوعها على نطاق واسع، في تقويم نتائج التعلم، فسوف نتحدث عنها بشيء من التفصيل.

تعريف الاختبار التحصيلي:

اختبار مصمم لقياس مدى معرفة أو تمكن الطالب أو الدارس في مجال معرفي أو مهاري معين - في العادة نتيجة للدراس.

(1) (زيتون، 1994).

الاختبارات التحصيلية مقاييس للكشف عن أثر تعليم أو تدريب خاص ويطلق على هذا المصطلح على كل صور وأنواع الاختبارات التي يقوم المعلم بإعدادها من واقع المواد التحصيلية التي درسها الطالب.

الاختبار التحصيلي هو الأداة التي تستخدم لقياس مدى الفهم والتحصيل في مادة دراسية محددة، فالاختبار التحصيلي دائماً وأبداً مرتبط بمادة دراسية محددة تم تدريسها بالفعل، ومعنى هذا أنه لا يوجد مايبرر إعداد اختبارات تحصيلية لمواد لم تدرس بعده، ومن هنا لا بد أن يكون الاختبار التحصيلي أداة للحكم على ما تم تدريسه بالفعل.

الاختبار التحصيلي هو الأداة التي تستخدم لقياس مدى الفهم والتحصيل في مادة دراسية محددة، أو التدريب.

يعتبر الاختبار من أهم أدوات القياس والتقويم الصفي، بل ومن أكثرها استخداماً، ولهذا كانت كلمة اختبار من الكلمات الشائعة الاستخدام، وتستخدم في القياس والتقويم بمعنى طريقة منظمة لتحديد درجة امتلاك الفرد لسمة معينة من خلال إجابات الفرد عن عينة من المثيرات التي تمثل السمنة.[1]

والاختبار التحصيلي إجراء منظم لتحديد مقدار ما تعلمه الطلبة في موضوع ما في ضوء الأهداف المحددة، ويمكن الاستفادة منه في تحسين أساليب التعلم، ويسهم في إجادة التخطيط وضبط التنفيذ وتقويم الإنجاز[2].

أن الاختبار التحصيلي إجراء منظم تتم فيه ملاحظة سلوك التلاميذ والتأكيد من مدى تحقيقهم للأهداف الموضوعة، وذلك عن طريق وضع مجموعة من الفقرات أو الأسئلة المطلوب الإجابة عنها، مع وصف هذه الاستجابات بمقاييس عديدة.

---

[1] (عودة، 1985).

[2] (Gronlund, 1977).

أهمية الاختبارات التحصيلية:

يستند التخطيط الجيد لبناء الاختبار التحصيلي إلى تحليل منظم لأهداف الدرس أو الوحدة الدراسية من حيث الشكل والمضمون، ويأخذ بعين الاعتبار الشموع والتمثيل الجيدين لجوانب التحصيل المتوقعة من الطلبة، بعد مرورهم بالخبرات التعليمية التعلمية، وتعود أهمية الاختبار إلى دوره فيما يلي:

- توفير مؤشرات حقيقية توضح مقدار التقدم الذي أحرزه المتعلم قياساً بالأهداف التعليمية المرصودة على نحو مسبق.
- مساعدة المعلم على إصدار أحكام موضوعية على مدى نجاعة أساليب التدريس التي استخدمها في تنظيم العملية التعليمية التعلمية.
- تحديد الجوانب الإيجابية في أداء المتعلم والعمل على تعزيزها، فضلاً عن تشخيص جوانب الضعف في تحصيل الطلبة، تمهيداً لبناء الخطط العلاجية لتلافي ذلك.
- استثارة دافعة الطلبة للتعلم، من خلال حثهم على تركيز الانتباه في الخبرات التعليمية المقدمة، والاستمرار في النشاط والاندماج في هذه الخبرات لتحقيق أهداف التعلم.
- توفير الفرصة للقيام بمعالجات عقلية متقدمة يقومون من خلالها باستدعاء الخبرات وترتيبها وإعادة تنظيمها لتلاءم المواقف التي تفرضها المواقف الاختبارية.
- توفير بيانات كافية يتم بناء عليها اتخاذ قرارات تتعلق بنقل الطلبة من مستوى دراسي إلى مستوى أعلى (الترفيع والترسيب).

بناء اختبارات التحصيل:

تعتبر اختبارات التحصيل من أهم الأدوات لجمع المعلومات اللازمة لعملية التقويم التربوي، وبشكل خاص التقويم الصفي، سواء كانت هذه الاختبارات مقننة أو غير مقننة. غير أن الأخيرة هي الأنسب لأغراض التقويم في غرفة الصف.

ولذلك سيكون التركيز هنا على الاختبارات التي يعدها المعلم، وبما أن الغرض العام من بناء اختبارات التحصيل التي يعدها المعلم هو تقويم الأهداف التدريسية.

وسوف نعرض فيما يلي خطوات بناء هذه الاختبارات:

1. **التخطيط للاختبار Tests Planning:**

تعاني كثير من الاختبارات التي تعد محلياً من ضعف التخطيط، ربما غيابه كلياً، والذي يفترض أن يتم في المرحلة السابقة لوضعه. فقبل البدء بكتابة أي بند اختباري، يستحسن أن نفكر في الأسئلة التالية وأن نبحث لها عن أفضل الإجابات وهذه الأسئلة.

- ما الوظيفة التي نتوخى أن يؤديها الاختبار؟
- ما الأهداف التي تسعى المدرسة لتحقيقها في المجال الذي يغطيه الاختبار؟
- ما المحتوى الذي تناوله المجال الذي يغطيه الاختبار؟
- ما نسبة التركيز في كل موضوع من مواضيع المحتوى؟
- ما أنواع الفقرات في الاختبار التي يمكن أن تكون عملية وفاعلة في تقييم مدى تحقيق الأهداف؟

ولعل أكثر الأوقات ملاءمة للتخطيط لإعداد الاختبار التحصيلي هو قبل البدء في تدريس المادة التي يغطيها الاختبار. أن الاعتبارات المهمة في تخطيط

الاختبار هي تحديد ما ينبغي أن يقاس بدقة، وبذلك يمكن أن تستدعي البنود الاختبارية التحصيلية السلوك الذي تعلمه المتعلم.[1]

2. **تحديد الأهداف التعليمية Identifying Objectives**

الهدف السلوكي وصف للإنجاز أو الأداء الذي يراد للمتعلم أن يمتلك القدرة على إظهاره بعد المرور بخبرة تعليمية. والهدف يصف المرغوب في تحقيقه من المتعلم ولا يصف عملية التعلم.

إن معظم العبارات التي يستخدمها المعلمون في التعبير عن الأهداف يكون فيها الكثير من الغموض والعمومية إلى درجة يصعب الاسترشاد بها في عملية التقويم أو التدريس، ولكي تحقق مثل هذا الغرض لا بد أن تتوافر في الأهداف الخصائص التالية:

- أن يصاغ الهدف بحيث يصف سلوك المتعلم.
- أن تبدأ عبارة الهدف بفعل يصف السلوك الذي يفترض في الطالب أن يظهره عندما يتعامل مع المحتوى.
- أن تصف عبارة الهدف سلوكاً عند الطالب قابلاً للملاحظة.
- أن تراعي الدقة والوضوح في صياغة الأهداف.
- أن تكون الأهداف بسيطة (غير مركبة).
- أن يعبر عن الهدف بمستوى مناسب من العمومية.
- أن يمثل الهدف نواتج مباشرة مقصودة.
- أن تكون الأهداف واقعية يمكن تحقيقها.[2]

---

(1) (Gronlund, 1997).

(2) (ثيورندايك وهيجن، 1986).

3. **تحليل محتوى المادة التعليمية Content Analysis:**

إن تحليل المادة التعليمية الواردة في الكتاب المدرسي المقرر، يساعد المعلم على فهم أعمق لمحتوى المادة شكلاً ومضموناً ويعينه على تحسين العملية التعلمية التعليمية وعملية تقويم الأهداف المتوخاة. فتحليل المادة التعلمية والإحاطة بمحتواها شرط ضروري لإعداد الاختبار المناسب لتقويم أهداف هذه المادة. كما أن تحليل المادة يتيح للمعلم أن يقرر درجات الأهمية النسبية التي يمكن أن تعطى للأجزاء في التحليل التفصيلي لأن الوزن الذي يتضمنه الاختبار لكل جزء من أجزاء المادة ينبغي أن يعكس الأهمية النسبية التي يتوخاها المعلم من تعلم ذلك الجزء.

4. **إعداد جدول المواصفات Table of Specification:**

يعد بناء جدول مواصفات الاختبار الخطوة الرابعة في بناء الاختبار التحصيلي، ويبنى في ضوء الأهداف التعليمية المحددة المتوخاة من تعلم موضوع مقرر أو وحدة دراسية محددة. ويراعى في بناء هذا الجدول شمول البنود الأهمية النسبية لكل عنصر من عناصر المادة التعليمية الواردة فيه، ويشمل أبواب محتوى هذه المادة جميعها، وكذلك أنواع السلوك الذي سيبلغه الطالب من خلال تعلمها.

ويراعى في بناء جدول المواصفات:

● تجزئة المادة إلى فروع صغيرة مترابطة تشكل بمجموعها المادة التعليمية.

● مستوى الأهداف بحسب تصنيف بلوم أو أي تصنيف آخر.

● الأهمية النسبية لكل جزء في المادة الدراسية ويكون المعيار هنا عمر الطلبة الزمني، والجهد المبذول في تعلم الموضوع، نوع المعرفة المطلوبة، وعدد الحصص التي استغرقها المعلم في تدريس هذه المادة.

● تحديد الوزن النسبي لكل مستوى من مستويات الأهداف، وذلك بضرب الأهمية النسبية للموضوع في النسبة المئوية للمستوى.

● تحديد فترات الاختبار بناء على الوقت المخصص، ويحدد عدد الفقرات في كل خلية بضرب النسبة المئوية لكل خلية في عدد الفقرات الكلي.

فوائد جدول المواصفات:

1. يضمن صدق الاختبار، لأنه يجبر الفاحص على توزيع أسئلته على مختلف أجزاء المادة وعلى جميع الأهداف.

2. يمنع وضع اختبارات الحفظ غيباً، لأن الحفظ غيباً، قد يكون أحد الأهداف ولكنه ليس كل الأهداف، والفاحص عندما يعد جدول مواصفات، يأخذ جميع مستويات الأهداف بعين الاعتبار.

3. يشعر الطالب أن وقته لم يضع سدى في الاستعداد للامتحان، إذ أن الفحص قد غطى جميع أجزاء المادة.

4. يعطي كل جزء من المادة وزنه الحقيقي، وذلك بالنسبة للزمن الذي أنفق في تدريسه، وكذلك حسب أهميته.

5. يمكن ترتيب الأسئلة حسب الأهداف، وذلك بوضع جميع الأسئلة، التي تقيس هدفاً ما معاً، مما يمكن من جعل الاختبار أداة تشخيصية فضلاً عن كونه أداة تحصيلية. [1]

التغذية الراجعة:

يعتبر مفهوم التغذية الراجعة من المفاهيم التربوية الحديثة التي ظهرت في النصف الثاني من القرن العشرين، غير أنها لاقت اهتماما كبيرا من التربويين وعلماء النفس على حد سواء. وكان أول من وضع هذا المصطلح هو: " نوبرت واينر " عام 1948 م. وقد تركزت في بدايات الاهتمام بها في مجال معرفة النتائج، وانصبت في جوهرها على التأكد فيما إذا تحققت الأهداف التربوية والسلوكية خلال

---

[1] (أبو لبدة، 1995، 175).

عملية التعلم، أم لا. ومما لا شك فيه أن التغذية الراجعة ومعرفة النتائج مفهومان يعبران عن ظاهرة واحدة.

تعريف التغذية الراجعة:

عرف البعض التغذية الراجعة بأنها عبارة عن استجابة ضمن نظام يعيد للمعطي: (الاستجابة التي يقدمها المتعلم) جزءا من النتائج.

وعرفها التربويون وعلماء النفس أمثال " جودين وكلوزماير " وغيرهما بأنها المعلومات التي تقدم معرفة بالنتائج عقب إجابة الطالب.

وعرفها " مهرنز وليمان " على أنها تزويد الفرد بمستوى أدائه لدفعه لإنجاز أفضل على الاختبارات اللاحقة من خلال تصحيح الأخطاء التي يقع فيها.

وباختصار يمكن القول إن التغذية الراجعة هي إعلام الطالب نتيجة تعلمه من خلال تزويده بمعلومات عن سير أدائه بشكل مستمر، لمساعدته في تثبيت ذلك الأداء، إذا كان يسير في الاتجاه الصحيح، أو تعديله إذا كان بحاجة إلى تعديل. وهذا يشير إلى ارتباط مفهوم التغذية الراجعة بالمفهوم الشامل لعملية التقويم باعتبارها إحدى الوسائل التي تستخدم من أجل ضمان تحقيق أقصى ما يمكن تحقيقه من الغايات والأهداف التي تسعى العملية التعليمية التعلمية إلى بلوغها.

أسس التغذية الراجعة:

من خلال المفهوم السابق للتغذية الراجعة يمكن حصر الأسس، أو العناصر الأساس التي ترتكز عليها على النحو التالي:

1. النتائج: وتعني أن يكون الطالب قد حقق عملا ما.
2. البيئة: وهو أن يحدث النتاج في بيئة تعكس معلومات في حجرة الدراسة. بمعنى أن يوجه المعلم الانتباه تجاه المعلومات المنعكسة.

3. التغذية الراجعة. وتعني المعلومات المرتبطة بهذه النتائج والتي يتم إرجاعها للطالب. حيث تعمل كمعلومات يمكن استقبالها وفهمها.

4. التأثير: ويقصد به أن يتم تفسير المعطى (المعلومات) واستخدامه أثناء قيام الطالب بالاشتغال على الناتج التالي.

ونستنتج مما سبق أن التغذية الراجعة هي عبارة عن معلومات تقدم للطالب بعد أن يقوم بالعمل المكلف به.

من الأمثلة على ذلك:

لدينا جملتان إحداهما تمثل التغذية الراجعة، والأخرى تمثل التغذية القبلية، فكيف يتم التمييز بينهما؟

أ. يقول المعلم لطلابه: كونوا جاهزين الإشارة بأصبعكم إلى الحرف الذي يمثل الصوت الذي أنطقه.

ب. ثم يقول: إنني أرى أن معظمكم يركز بصره على الحرف الذي يوافق الصوت الذي نطقت به.

يلاحظ من العبارتين السابقتين أن: عبارة (ب) هي التي تمثل التغذية الراجعة، لأنها تتبع عملا ما يقوم به التلاميذ، إنها معلومات ذات علاقة بالعمل.

أما العبارة (أ) فإنه يمكن تصنيفها على أنها تغذية راجعة قبلية.

ومن خلال ذلك يمكن تعريف التغذية الراجعة القبلية بأنها عبارة عن معلومات تسبق العمل، وتوجه الطالب إلى الإعداد لذلك العمل.

مثال آخر يوضح الفرق بين التغذية الراجعة، وغيرها من عمليات الربط بين النتائج والوسائل التي تؤدي إلى الربط بين المشاعر وحالة معينة.

أ.   لقد قام الطلاب بعمل جيد في تزيين حجرة الصف.

ب. هل أنتم سعداء لأن حجرة الصف تبدو جميلة جدا.

في المثال السابق نجد أن عبارة (أ) تقدم مثالا واضحا دالا على التغذية الراجعة.
حيث إنها تقدم معلومات تتعلق بالنتائج، وهي تزيين الفصل.

أما عبارة (ب) ما هي إلا وسيلة لربط مشاعر الطلاب بحالة معينة. فالشعور في
هذا الموقف هو " السعادة الغامرة التي شعر بها الطلاب "، والحالة هي " حجرة دراسة
مزينة باللوحات والوسائل التعليمية ".

إن المعلم في الحالة التي أشرنا إليها آنفا يريد من طلابه أن ينشئوا علاقة بين
المشاعر السعيدة، وحجرة الدراسة الجميلة. فإذا استطاع الطالب أن يربط جملة المعلم
بعمله في تزيين صفه، فإن الجملة يمكن أن تصبح تغذية راجعة، ولكن المعلم لم يقدم
تغذية راجعة واضحة، لأن العمل لم يذكر بوضوح.

ومن خلال ما سبق يمكن طرح السؤال التالي:

س ـ متى تكون الجملة، أو العبارة تغذية راجعة؟

التغذية الراجعة يجب أن تكون متعلقة بالعمل. فإذا أخبرنا شخص ما بأن العرب
والمسلمين أصحاب حضارة، فإننا نشعر بالرضا والسرور، ولكنه عندما يذكر أننا لم نقم بأي
عمل يترتب عليه انتماؤنا لتلك الحضارة، فإن ذلك لا يشير بالضرورة إلى أن كل جملة
تعزز، أو تقلل من شأن الذات هي تغذية راجعة. بل إن التغذية الراجعة يجب أن ترتبط
بعمل ما كما ذكرنا سابقا. كما يجب علينا الربط بين العمل وبين المعلومات المقدمة،
وعندئذ تكون تلك المعلومات التي نقدمها للآخرين تغذية راجعة.

ومما سبق يتأكد لنا أن التمييز بين التغذية الراجعة، والجملة الإيجابية، أو السلبية أمر مهم وضروري في حجرة الدراسة، فالتغذية الراجعة تخبر الطالب عن عمل قام به، أما الجملة الإيجابية فإنها يمكن أن تزيد من سروره، ولكن لا يتوقع أن تُحدث تغييرا في سلوكه.

أهمية التغذية الراجعة:

للتغذية الراجعة أهمية عظيمة في عملية التعلم، ولا سيما في المواقف الصفية. إذ أنها ضرورية ومهمة في عمليات الرقابة والضبط والتحكم والتعديل التي ترافق وتعقب عمليات التفاعل والعلم الصفي. وأهميتها هذه تنبثق من توظيفها في تعديل السلوك وتطويره إلى الأفضل. إضافة إلى دورها المهم في استثارة دافعية التعلم، من خلال مساعدة المعلم لتلميذه على اكتشاف الاستجابات الصحيحة فيثبتها، وحذف الاستجابات الخاطئة أو إلغاؤها.

إن تزويد المعلم لتلاميذه بالتغذية الراجعة يمكن أن يسهم إسهاما كبيرا في زيادة فاعلية التعلم، واندماجه في المواقف والخبرات التعلمية. لهذا فالمعلم الذي يُعنى بالتغذية الراجعة يسهم في تهيئة جو تعلمي يسوده الأمن والثقة والاحترام بين الطلاب أنفسهم، وبينهم وبين المعلم، كما يساعد على ترسيخ الممارسات الديمقراطية، واحترام الذات لديهم، ويطور المشاعر الإيجابية نحو قدراتهم التعلمية والخبراتية.

ومما تقدم يمكن إجمال أهمية التغذية الراجعة في المواقف الصفية على النحو التالي:

1. تعمل التغذية الراجعة على إعلام المتعلم بنتيجة عمله، سواء أكانت صحيحة أم خاطئة.
2. إن معرفة المتعلم بأن إجاباته كانت خاطئة، والسبب في خطئها يجعله يقتنع بأن ما حصل عليه من نتيجة، كان هو المسؤول عنها.

3. التغذية الراجعة تعزز قدرات المتعلم، وتشجعه على الاستمرار في عملية التعلم.

4. إن تصحيح إجابة المتعلم الخطأ من شأنها أن تضعف الارتباطات الخاطئة التي تكونت في ذاكرته بين الأسئلة والإجابة الخاطئة.

5. استخدام التغذية الراجعة من شأنها أن تنشط عملية التعلم، وتزيد من مستوى دافعية التعلم.

6. توضح التغذية الراجعة للمتعلم أين يقف من الهدف المرغوب فيه، وما الزمن الذي يحتاج إليه لتحقيقه.

7. كما تُبين للمتعلم أين هو من الأهداف السلوكية التي حققها غيره من طلاب صفه، والتي لم يحققوها بعد، وعليه فقد تكون هذه العملية بمثابة تقويم ذاتي للمعلم، وأسلوبه في التعليم.

خصائص التغذية الراجعة:

يفترض التربويون وعلماء النفس أن للتغذية الراجعة ثلاث خصائص هي:

1. الخاصية التعزيزية:

تشكل هذه الخاصية مرتكزا رئيسا في الدور الوظيفي للتغذية الراجعة، الأمر الذي يساعد على التعلم، وقد ركز أحد الباحثين على هذه الخاصية من خلال التغذية الراجعة الفورية في التعليم المبرمج، حيث يرى أن إشعار الطالب بصحة استجابته يعززه، ويزيد احتمال تكرار الاستجابة الصحيحة فيما بعد.

2. الخاصية الدافعية:

تشكل هذه الخاصية محورا هاما، حيث تسهم التغذية الراجعة في إثارة دافعية المتعلم للتعلم والإنجاز، والأداء المتقن. مما يعني جعل المتعلم يستمتع بعملية

التعلم، ويقبل عليها بشوق، ويسهم في النقاش الصفي، مما يؤدي إلى تعديل سلوك المتعلم.

3. الخاصية الموجهة:

تعمل هذه الخاصية على توجيه الفرد نحو أدائه، فتبين له الأداء المتقن فيثبته، والأداء غير المتقن فيحذفه، وهي ترفع من مستوى انتباه المتعلم إلى الظواهر المهمة للمهارة المراد تعلمها، وتزيد من مستوى اهتمامه ودافعيته للتعلم، فيتلافى مواطن الضعف والقصور لديه. لذلك فهي تعمل على تثبيت المعاني والارتباطات المطلوبة، وتصحح الأخطاء، وتعدل الفهم الخاطئ، وتسهم في مساعدة المتعلم على تكرار السلوك الذي أدى إلى نتائج مرغوبة، وهذا يزيد من ثقة المتعلم بنفسه، وبنتائجه التعلمية.

تأثير التغذية الراجعة:

التغذية الراجعة عبارة عن معلومات نراها ونسمعها أو نشمها أو نتذوقها أو نحس بها، وهي كمعلومات لا تشبه الناتج، ولا تشبه استجاباتنا للتغذية الراجعة. غير أن المعلومات (المعطى) تؤثر على المتعلم من حيث الآتي:

1. تعزز الأعمال، أو التصرفات التي يقوم بها المعلم، وهذا التعزيز يزيد من قوة العمل.
2. تقدم لنا معطى معينا (معلومات) يمكن استخدمها لتعديل العمل، أو تصحيحه، مما يدفع المتعلم إلى تنويع مفرداته المستخدمة، ويتجنب التكرار، ويسمى هذا النوع بالتغذية الراجعة التصحيحية، حيث إنها تقدم معلومات يمكن استخدامها لتوجيه التغيير. ويمكن تصنيف التغذية الراجعة التصحيحية، والتغذية الراجعة المؤكِّدة على أنها راجعة إخبارية.
3. 3 ـ تعزيز المشاعر: يمكن أن تعمل التغذية الراجعة على زيادة مشاعر السرور، أو الألم عند المتعلم.

أنواع التغذية الراجعة:

للتغذية الراجعة أشكال وصور كثيرة ومتعددة، فمنها ما يكون من النوع السهل الذي يتمثل في (نعم أو لا)، ومنها ما يكون أكثر تعقيدا وتعمقا، كتقديم معلومات تصحيحية للاستجابات كالتي أشرنا إليها سابقا، ومنها ما يكون من النمط الذي تتم فيه إضافة معلومات جديدة للاستجابات. وقد قدم الباحث (هوكنج) تصنيفا لأنواع التغذية الراجعة وفق أبعاد ثنائية القطب، وذلك على النحو الآتي:

1. تغذية راجعة حسب المصدر (داخلية ـ خارجية):

تعتبر التغذية الراجعة من أهم العوامل التي تؤثر في المتعلم، فهي تشير إلى مصدر المعلومات التي تتوافر للمتعلم حول طبيعة أدائه لمهارة ما. فمصدر هذه المعلومات إما أن يكون داخليا، وإما أن يكون خارجيا، وتشير التغذية الراجعة الداخلية إلى المعلومات التي يكتسبها المتعلم من خبراته وأفعاله على نحو مباشر. وعادة ما يتم تزويده بها في المراحل الأخيرة من تعلم المهارة، ويكون مصدرها ذات المتعلم.

أما التغذية الراجعة الخارجية فتشير إلى المعلومات التي يقوم بها المعلم، أو أي وسيلة أخرى بتزويد المتعلم بها، كإعلامه بالاستجابة الخاطئة، أو غير الضرورية، التي يجب تجنبها أو تعديلها، وغالبا ما يتم تزويد المتعلم بها في بداية تعلم المهارة.

2. التغذية الراجعة حسب زمن تقديمها (فورية ـ مؤجلة):

فالتغذية الراجعة الفورية تتصل وتعقب السلوك الملاحَظ مباشرة، وتزود المتعلم بالمعلومات، أو التوجيهات والإرشادات اللازمة لتعزيز السلوك، أو تطويره أو تصحيحه.

أما التغذية الراجعة المؤجلة هي التي تعطى للمتعلم بعد مرور فترة زمنية على إنجاز المهمة، أو الأداء، وقد تطول هذه الفترة، أو تقصر حسب الظروف.

3. التغذية الراجعة حسب شكل معلوماتها (لفظية ـ مكتوبة):

يؤدي تقديم التغذية الراجعة على شكل معلومات لفظية، أو معلومات مكتوبة إلى استجابة المتعلمين إلى اتساق معرفي لديهم.

4. التغذية الراجعة حسب التزامن مع الاستجابة (متلازمة ـ نهائية):

تعني التغذية الراجعة التلازمية: المعلومات التي يقدمها المعلم للمتعلم مقترنة بالعمل، وأثناء عملية التعلم أو التدريب، وفي أثناء أدائها.

في حين أن التغذية الراجعة النهائية تُقدم بعد إنهاء المتعلم للاستجابة، أو اكتساب المهارة كليا.

5. التغذية الراجعة الإيجابية، أو السلبية:

التغذية الراجعة الإيجابية: هي المعلومات التي يتلقاها المتعلم حول إجابته الصحيحة، وهي تزيد من عملية استرجاعه لخبرته في المواقف الأخرى.

والتغذية الراجعة السلبية تعني: تلقي المتعلم لمعلومات حول استجابته الخاطئة، مما يؤدي إلى تحصيل دراسي أفضل.

6. التغذية الراجعة المعتمدة على المحاولات المتعددة (صريحة ـ غير صريحة):

التغذية الراجعة الصريحة: هي التي يخبر فيها المعلم الطالب بأن إجابته عن السؤال المطروح صحيحة، أو خاطئة، ثم يزوده بالجواب الصحيح في حالة

الإجابة الخاطئة، ويتطلب منه أن ينسخ على الورق الجواب الصحيح مباشرة بعد رؤيته له.

أما في التغذية الراجعة غير الصريحة فيُعْلم المعلم الطالب بأن إجابته عن السؤال المطروح صحيحة أو خطأ، ولكن قبل أن يزوده بالجواب الصحيح في حالة الإجابة الخطأ، ثم يعرض عليه السؤال مرة أخرى، ويطلب منه أن يفكر في الجواب الصحيح، ويتخيله في ذهنه، مع إعطائه مهلة محددة لذلك، وبعد انقضاء الوقت المحدد، يزوده المعلم بالجواب الصحيح، إن لم يتمكن الطالب من معرفته.

المعلمون وإعطاء التغذية الراجعة:

إن من مهام المعلمين في غرفة الصف أن يقدموا معلومات التغذية الراجعة الضرورية، أو الإشارة إليها لطلابهم، وعليهم أن يتأكدوا من أن الطالب يستطيع أن يلاحظ العلاقة بين العمل والمعلومات المقدمة إليه في التغذية الراجعة. فإن كانت البيئة المثيرة معقدة أو جديدة، أو كان العمل معقدا أو جديدا فإنه يتعين على المعلم أن يخطط لكيفية توجيه الطلاب لإدراك معلومات التغذية الراجعة المهمة. كما يتعين على المعلمين أيضا أن يحاولوا كلما أتيحت لهم الفرصة أن يقدموا معلومات التغذية الراجعة بعد أداء العمل مباشرة. وإذا تعذر ذلك كما هو الحال داخل غرفة الصف، عندئذ فإنه يجب على المعلم أن يخطط لطرق تجعل الطلاب يتذكرون أعمالهم لكي يقدم لهم معلومات التغذية الراجعة في وقت تكون فيه الأعمال ما زالت حية، أو حاضرة في الذاكرة.

دور المعلم في إدارة الظروف التي تؤثر في التغذية الراجعة:

يعد دور المعلم في إدارة الظروف التي تؤثر على التغذية الراجعة، أو يجعلها أكثر مناسبة لتزويد الطلاب بالمعلومات اللازمة، بعد تقديم العمل الذي يكلفون به، دورا هاما ومفيدا، لذا من أجل تحقيق هذا الدور يجب مراعاة التالي:

1. التأكد من استيعاب الطلاب لمعلومات التغذية الراجعة.

إن من الضروري على المعلم الجيد ألاّ يفترض أن الطلاب يستوعبون التغذية الراجعة لمجرد أنها قريبة منهم، بل إنه يقدم معلومات التغذية الراجعة من خلال تركيز انتباه الطلاب عليها، ومن خلال توجيه الطلاب أثناء تقديمها.

2. التأكد من أن الطلاب يفهمون العلاقة الرابطة بين أعمالهم وما يقدمه المعلم من تغذية راجعة.

قد يظن المعلم أحيانا أن ما يقدمه لطلابه من تغذية راجعة أنها واضحة بالنسبة لهم، لكونها واضحة بالنسبة له، لكن الأمر مختلف جدا، فغالبا ما تكون المعلومات التي يقدمها المعلم للطلاب غير واضحة لهم، لذلك يجب عليه أن يستخدم كلمات تحدد العمل بشكل واضح، يمكّن الطلاب من الاستفادة منه.

3. إعلام الطالب بالهدف المرغوب تحقيقه:

عندما يعرف الطالب الهدف أو الغاية من العمل الذي يكلف به، فإنه يستطيع أن يخطط لاستراتيجته التعلمية، ويستطيع أيضا أن يبحث بين المثيرات الكثيرة عن المعلومات المهمة. أن معرفة الهدف تعتبر مهمة بالنسبة للسلوك والانضباط والتعلم الأكاديمي، وعلى الطالب أن يعرف السلوك المتوقع منه.

4. على المعلم مراعاة اتساق تقديم التغذية الراجعة في الحال كلما أمكن ذلك.

من الصعوبة بمكان، إن لم يكن مستحيلا أن يقدم المعلم لكل طالب تغذية راجعة فورية عندما يكون عدد طلابه ما يقرب من (15) خمسة عشر طالبا أو أكثر في حجرة الدراسة. لذلك نقدم بعض الاقتراحات التي قد تساعد الطلاب على ربط التغذية الراجعة مع العمل حتى عندما يتم تأجيلها:

أ. عند تعيين مهمة جديدة ينبغي شرحها فورا للطلاب، كحل الأمثلة المتعلقة بها، والتحدث عما ستفعله أثناء العمل.

ب. أن يطلب المعلم من الطلاب حل عدد من الأمثلة مع مراقبته لهم، ومناقشة الأخطاء وكيفية تصحيحها.

ج. قبل تعيين العمل الجديد عليه التأكد من أن الطلاب يستطيعون أن يحلوا الأمثلة بنجاح.

د. إن يعطي المعلم الطلاب فرصة لتصحيح محاولاتهم التدريبية، ويتعين عليه أن يختار بشكل عشوائي عددا من الوراق لإعادة تفقدها، والتأكد من أن تصحيح الطلاب لها بشكل صحيح.

ﻫ. عندما يعيد المعلم الأوراق التي قام بتصحيحها، يجب عليه أن يخصص وقتا لمناقشتها، وعندما يتم تأجيل التغذية الراجعة، فإن الطلاب غالبا ما ينسون العمل، لذا يحتاج المعلم لمساعدتهم في تذكّره.

الغرض من تقديم المعلم التغذية الراجعة:

ينبني على تقديم المعلم التغذية الراجعة لطلابه مقاصد وأغراض أهمها:

1. التأكيد على صحة الأداء، أو السلوك المرغوب فيه، مع مراعاة تكراره من قبل الطلاب، لتحديد أداء ما، على أنه غير صحيح، وبالتالي عدم تكراره من الطلاب في حجرة الدراسة، وهو ما يعرف بالتغذية الراجعة المؤكِّدة، وقد أشرنا إليها سابقا.

2. أن يقدم المعلم معلومات يمكن استخدامها لتصحيح أو تحسين أداء ما، وهذا ما يعرف بالتغذية الراجعة التصحيحية، وقد أشرنا إليها سابقا أيضا.

3. توجيه الطالب لكي يكتشف بنفسه المعلومات التي يمكن استخدامها لتصحيح، أو تحسين الأداء، وهذا ما يعرف بالتغذية الراجعة التصحيحية الاكتشافية.

ويلاحظ أن الأنواع الثلاثة الأول موجهة لتغيير، أو تعزيز معلومات الطالب.

4. زيادة الشعور بالسعادة (الشعور الإيجابي) المرتبط بالأداء الصحيح، كي تتولد لدى لطالب الرغبة لتكرار الأداء، وزيادة الشعور بالثقة والقبول، وهذا ما يعرف بالثناء.

5. زيادة الشعور بالخجل، أو الخوف (الشعور السلبي) كي لا يتعمد الطالب إلى تكرار تصرف ما، وهو ما يعرف بعدم القبول.

وهذان النوعان موجهان لتعزيز، أو تغيير مشاعر الطالب.

شروط التغذية الراجعة:

لكي تتاح الفرص للمعلم من استخدام التغذية الراجعة في المواقف الصفية، وتحقيق الأهداف المرجوة في عمليات التحسين والتطوير إلى يُراد إحداثها في العملية التعليمية التعلمية، فلا بد أن تتوافر الشروط التالية:

1. يجب أن تتصف التغذية الراجعة بالدوام والاستمرارية.
2. يجب أن تتم التغذية الراجعة في ضوء أهداف محددة.
3. يتطلب تفسير نتائج التغذية الراجعة فهما عميقا، وتحليلا علميا دقيقا.
4. يجب أن تتصف عملية التغذية الراجعة بالشمولية، بحيث تشمل جميع عناصر العملية التعليمية التعلمية، وجميع المعلمين على اختلاف مستوياتهم التحصيلية والعقلية والعمرية.
5. يجب أن يُستخدم في عملية التغذية الراجعة الأدوات اللازمة بصورة دقيقة.

تطوير مستوى الأداء:

تطوير مستوى الأداء: مجموع الأنشطة والعمليات التدريسية التي يؤديها المعلم بهدف تحسين عملية التعليم والتعلم بما ينمي قدرات واتجاهات وميول

الطلاب (المتعلمين) وزيادة معارفهم بما يحقق أفضل مخرجات تعليمية ممكنة , وذلك باتباع (استراتيجية التدريس) التي يقصد بها: مجموعة من إجراءات التدريس المخططة سلفا والموجهة لتنفيذ التدريس بغية تحقيق أهداف محددة وفق ما هو متوفر ومتاح من إمكانات.[1]

والمعروف أن المعلم وهو يقوم بأداء مهارة محددة، فإنه يسعى إلى تحقيق أهداف محددة كما أن أحد الخصائص الرئيسة للمهارة (الأداء) أو تلك السلسلة من الخطوات التي تكون دوما تحت مراقبة الحواس وما يصل إليها من مدخلات تنبثق في جزء منها من الموقف الذي يتجه إليه الأداء, كما أن المدخلات تتحكم في مستوى الأداء, بمعنى أن النتائج الناجمة عن الخطوات التي يؤديها القائم بالمهارة يتم باستمرار مقارنتها طبقا لمعايير محددة للإنجاز أو يتم مقارنتها طبقا لمدى اقترابها من الهدف النهائي للمهارة, وغالبا ما يتلاءم الأداء ويتعدل طبقا لظروف الموقف المحيط.[2]

كما أن المعلم يؤدي ذلك وفقا للمفهوم الحديث لطريقة التدريس الذي يقصد به: الأسلوب الذي يستعمله المدرس لتوجيه نشاط الطلاب (المتعلمين) توجيها يمكنهم من أن يتعلموا بأنفسهم، ووظيفة المدرس في هذه الطريقة, تهيئة الظروف التي تسمح للطلاب بالتعلم واختيار المواقف التعليمية وتنظيمها وتقويم نشاط الطلاب.[3]

وقد قامت هذه الطريقة على أساس أن التعلم هو تغير في السلوك المرتبط بالخبرة وأن التدريس هو توجيه هذه التعلم أو تحقيق هذه التغيرات السلوكية عن

---

[1] الحيلة، محمد محمود، مهارات التدريس الصفي، دار المسيرة للنشر والتوزيع والطباعة، عمان، الأردن، 2002، ص185.

[2] إبراهيم، محمود أبو زيد، تطوير التدريس في الفلسفة والدراسات الاجتماعية، مركز الكتاب للنشر، القاهرة، 1991، ص159.

[3] سعد، نهاد صبيح، أصول تدريس المواد الاجتماعية، دار إقراء، صنعاء، 1992، ج1، ص127.

طريق انتقاء المواقف التعليمية وتنظيمها, وإثارة ميول الطلاب وخلق الدوافع لديهم للتفاعل مع هذه المواقف.[1]

والتدريس الذي يوصل إلى هذا النوع من التعلم لا يعتمد أساساً على الحفظ والتلقين, وإنما على المناقشة والمناظرة وبحث المشكلات وإعداد الأبحاث والتقارير والرجوع إلى المصادر الأصلية وغيرها من المراجع, وزيارة المتاحف والأماكن الأثرية والتاريخية, وتتبع الأحداث الجارية[2], والإفادة من الوسائل الحديثة بخاصة (الكمبيوتر والانترنت) بهدف تحقيق أفضل النتائج العلمية والتعلمية.

التخطيط التربوي وعلاقته بالتقويم

يعد التقويم جزءاً من أهداف الاداره من خلال التحليل الناقد لعمليه التنفيذ ونتائجها فى ضوء الاستراتيجيات والأهداف المرسومه والتقويم عمليه مهمه لاستمراريه العمليه التنفيذيه للخطه من المرحله الاولى حتى أخر مرحله وتهدف عمليه التقويم الى:

1. التأكد من أن عمليه التغذيه الراجعه فى العمليه التخطيطيه تتم بصوره فعاله وذلك من أجل تقويم:

- مدى تحقيق المستهدف من الخطه كالتغير فى معدلات النمو والنسب المستهدفه
- مدى تأثير الموارد المستخدمه على تنفيذ الخطه م
- تنفيذ الخطط والبرامج والمشكلات التى يتم مواجهتها خلال التنفيذ والاستفاده من الموارد المخصصه من أجل دعم النجاح المحقق وتجاوز الصعوبات وحل المشكلات.

[1] المصدر السابق، ص127-128.

[2] المصدر السابق، ص128.

2. تأسيس عمليه تخطيط مستمره ودائمه..

حيث يتم الحصول على المعلومات المتعلقه بالانحراف البارزه والمعوقات والتصحيحات التي سيتم اجراؤها من خلال مقارنه الاهداف الاستراتيجيه والتفصيليه للخطه بما تم تحقيقه..

وتتم عمليات التقويم من خلال عمليه المتابعه المتعدده وبأستخدام النماذج الموضوعه لعمليات المتابعه وجمع المعلومات عن سير الاعمال المحدده بالخطه ويستعان بعمليات التقويم بالمؤشرات الداله على تحقيق الأهداف المتضمنه بالخطه بالأضافه الى استخدام البرامج الحاسوبيه التلا يتم تصميمها خصيصا لعمليات المتابعه والتقويم..

أنواع التقويم في عمليه التخطيط التربوى..

يمكن التمييز بين ثلاثه أنواع من التقويم وفقا للمرحله التى يحدث بها التقويم وعلى حسب علاقته بالتنفيذ:

- النوع الأول: التقويم المبدئى.
- النوع الثانى: التقويم المتزامن
- النوع الثالث: التقويم النهائى

النوع الأول: التقويم المبدئى لمدى الملائمة والواقعيه..

يهتم بتحليل التماسك والاتساق عند صياغه الخطه وهو يستهدف دراسه واقعيه الخطه وإمكانيه تنفيذها وعلى المستوى المصغر ينبغى التثبت أذا كانت صياغه الاهداف تمت بصوره صحيحه وهل ستساهم تلك الأهداف بحل المشكلات التى ظهرت خلال مرحله التشخيص وتحليل الواقع..

كما يساعد على التحقق من مدى تلاؤم وانسجام الأهداف المرسومه والبرامج مع أهداف الخطه وهل من الممكن تنفيذ الخطه فى ظل الامكانيات المتاحه والقدره الاداريه الموجوده مع الأخذ بالاعتبار العوامل الداخليه أو الخارجيه الاخرى مثل الجوانب السكانيه والاجتماعيه والثقافيه والسياسيه والاداريه والبيئه والمتغيرات المستقبليه المتوقعه.

ثانيا: التقويم المتزامن.

وهذا النوع من التقويم يحدث خلال تنفيذ الخطه ومن الناحيه الاجرائيه فهو يهتم بملاحظه تنفيذ الخطه...وهذا النوع من التقويم يجب أن يتم بصوره مستمره وأن ينعكس فى التقارير الدوريه التى تغطى الجوانب التنفيذيه للخطه..مما يسهم فى أجراء الخطوات التصحيحيه اللازمه التى تضمن أفضل تنفيذ ويركز التقويم المتزامن على درجه تنفيذ البرامج من حيث الجوانب الاداريه أو الماليه والاكاديميه والفنيه ويمكن أن يتناول هذا التقويم الخطه ككل أو بصوره مفصله وفقا لبرامجها وأنشطتها المتنوعه.

ثالثاً: التقويم النهائى:

يتم التقويم النهائى فى نهايه كل خطه حيث يهدف الى تحليل النتائج والمشاكل والصعوبات وأوجه القصور فى العمليات والأنشطه التى تمت خلال تنفيذ الخطه مما يساعد فى تطوير الخطط المستقبليه كما يؤدى الى ايجاد حلول مناسبه لتلك الصعوبات والمشكلات ولهذا فأن التقويم النهائى يركز على النتائج تنفيذ الخطه.

خطوات عمليه التقــويم:

تمر مرحله التقويم بعده خطوات تتم على النحو التالى..

1. تحديد أهداف التقويم.
2. تحديد مستوى التقويم.
3. اختيار المؤشرات.
4. انتقاء معايير التقويم.
5. القياس والتحليل.
6. النتائج.
7. صناعه القرار.

التخطيط الدراسي: Lesson Planning

التخطيط الدراسي:

عملية عقلية منظمة وهادفة، تمثل منهاجاً في التفكير وأسلوباً وطريقة منظمة في العمل، تؤدي إلى بلوغ الأهداف المنشودة بدرجة عالية من الإتقان، وتنطلق عملية التخطيط الدراسي من تحديد الإمكانيات المتوافرة في المدرسة وتحديد الوسائل التعليمية وتنظيمها بيسر وفاعلية، وترجمة الأهداف العامة إلى أهداف سلوكية مصوغة بعبارات واضحة قابلة للقياس.

فالتخطيط الدراسي هو عملية تصور مسبق شامل لجميع عناصر وأبعاد العملية التعليمية، وما يقوم بين هذه العناصر من علاقات متبادلة، وتنظيم هذه العناصر مع بعضها البعض بصورة تؤدي إلى تحقيق الأهداف التربوي.

وهناك من يعرف التخطيط الدراسي بأنه عملية يتم فيها وضع إطار شامل للخطوات والإجراءات والأساليب المستخدمة لتحقيق أهداف محددة خلال زمن معين، والتأكد من درجة بلوغ هذه الأهداف، فهو عملية تربط بين الوسائل والغايات.

أهمية التخطيط الدراسي:

للتخطيط الدراسي أهمية بالغة تظهر فيما يلي:

- أهمية التخطيط بالنسبة للمعلم[1]:

1. يساعد المعلم في تحديد الأهداف التي يود أن تتحقق عند طلابه.

2. يجعل عمل المعلم منظماً، بعيداً عن الارتجالية والعشوائية،ويوجه المعلم في تنظيم النشاطات ويبعده عن التخبط في تنفيذها.

3. يساعد المعلم في توزيع الوقت بشكلٍ متوازٍ حتى لا يطغى جانب على آخر، ويمكّنه من الاستفادة بالوقت المتاح بشكل أفضل.

4. يجعل المعلم حريصاً على التثبت من مادته، والرجوع إلى المراجع للتأكد مما يخفى عليه.

5. يجعل المعلم واعياً ومدركاً للصعوبات والمشكلات والمواقف الصعبة الطارئة التي تواجهه أثناء الدرس أو يتنبأ بها، وبالتالي يعمل على تلافيها أو الحذر من الوقوع فيها.

6. يجعل عمل المعلم متجدداً باستمرار،ويساعد المعلم على النمو المهني المستمر حيث يجعل المدرس ملماً بمادته العلمية إلماماً جيداً.

7. يساعد المعلم على القيام بدوره في تطوير المنهج المدرسي وذلك لأن التخطيط يتطلب من المدرس القيام بعملية تحليل و دراسة المنهج الدراسي والتعرف على المواد اللازمة لتنفيذ الأهداف التربوية.

8. التخطيط يساعد المعلم على تحديد الوسائل والأنشطة التربوية اللازمة لتحقيق الأهداف.

9. يمكن المعلم من التقويم السليم لطلابه والحصول على التغذية الراجعة.

10. يكسب التخطيط المعلم المهارات التالية:

- مهارة تحديد الاستعداد التعليمي للطلاب.

---

[1] انظردعمس، المصدر السابق، ص73و د. أحمد خيري كاظم،وزميله، مصدر سابق، ص343

- مهارة تنظيم الطلاب وتصنيفهم وتحديد الحاجات التعليمية لهم.
- مهارة تحديد واشتقاق الأهداف.
- مهارة الضبط الصفي والاستفادة من التقنية الراجعة في تحسين تعليم الطلاب.

ومن أبرز الكفايات التي تحقق التخطيط للتدريس الفعال ما يأتي:

1. يصمم خططاً تدريسية مترابطة في ضوء النتاجات التعليمية ووفق معايير منهاج المبحث / المباحث.
2. يظهر فهماً لمبادئ تعلم الطلبة ونمائهم، ويستخدمها في تصميم خططه التدريسية.
3. يظهر معرفة بالمصادر التعلمية المتاحة في المدرسة والمجتمع، بما في ذلك مصادر تكنولوجيا المعلومات والاتصالات (ICT)، ويوظفها في تصميم خططه التدريسية.
4. يظهر معرفة باستراتيجيات التدريس،ويختار الملائم منها وفق الحاجات والأساليب التعلمية المتنوعة لطلبته.
5. يصمم نشاطات تعلمية تفاعلية تتسم بالأمن والتشارك والتعاون.[1]

- أهمية التخطيط للمتعلم:

1. يحفز الطلاب إلى التعلم ويشوقهم إليه ويحميهم من أضرار التعلم المشوش وسوء الفهم وإطراب الذهن.
2. يساعد الطالب على تنظيم وقته في الدراسة و توزيعه بحسب الأهمية المعطاة والمحتوى كما يبين ذلك تخطيط المعلم.
3. يكسب الطلاب اتجاهات إيجابية نحو المعلم،لذلك أن المعلم المنظم يترك انطباعاً حسناً لدى طلابه.

---

[1] يسرى احمد العزة، عبد اللـه محمود مانع، مصدر سابق

4. يتأثر الطلاب بالجوانب الإيجابيه للمنهاج الخفي عند معلمه،فيكتسب عاداتٍ سليمة تساعده في حياته مثل: التنظيم،و تقدير أهمية الوقت و استغلاله بشكلٍ أمثل.
5. يقدم خدمات طلابية: تتضمن النفسية، الاجتماعية، الثقافية، الصحية والخدمات الطلابية لذوي الاحتياجات الخاصة، لنتمكن من توفير النمو المتكامل للطلاب.[1]

مستويات التخطيط:

يخطئ كثير من المعلمين إذ يتصورون أن التخطيط للتدريس مقصور على إعداد الدرس اليومية بينما الأمر على خلاف ذلك، فالدروس اليومية - على أهميتها - ليست إلا جزئيات من المنهج الدراسي كله.

والأمر الذي ينبغي أن يتضح في ذهن المعلم أن هناك ثلاث مستويات للتخطيط يعد المعلم مسئولاً عنها هي: التخطيط العام - أو الفصل الدراسي كله - وتخطيط تدريس وحدات المنهج (كل وحدة على حده)، وتخطيط الدروس اليومية.

وينظر إلي المستويين الأول والثاني على أنهما تخطيط طويل المدى نسبياً، أما المستوى الأخير فينظر إليه على أنه تخطيط قصير المدى. ومن المنطقي أنه إذا كانت المسئولية المباشرة للمعلم تتعلق بتخطيط الدروس اليومية، فأنه يجب أن يكون على درجة كبيرة من الوعي بالتخطيط العام - أو الفصل الدراسي، وتخطيط الوحدات الدراسية، وأن يسهم - بصور ودرجات مختلفة - في التخطيط على هذين المستويين.

---

[1]: جوهر، 1987، ص 180-185

مما سبق يمكن حصر أنواع التخطيط الدراسي ومستوياته[1]:

1. التخطيط بعيد المدى (التخطيط السنوي أو الفصلي).
2. التخطيط المتوسط المدى (التخطيط على مستوى الوحدة).
3. التخطيط قريب المدى ـ إجرائي (التخطيط اليومي).

1. التخطيط العام – أو الفصل الدراسي:

التخطيط السنوي / التفصيلي: Long – Term Planning

تخطيط طويل الأمد زمنياً، قد يستغرق تنفيذه فصلاً دراسياً أو سنة دراسية كاملة، وتوصف الخطة السنوية الفصلية بأنها بعيدة المدى وتستند إلى تصور مسبق للمعلم للنشاطات التعليمية والمواقف التي سيقوم بها وطلبته على مدى عام أو فصل دراسي.

وهذا المستوى من التخطيط ينبغي أن يبدأ قبل بدء العام الدراسي أو الفصل الدراسي بوقت كاف ويشترك في هذا العمل مدرسو المواد الدراسية كل في تخصصه مع المدرس الأول للمادة، ويفضل اشتراك الموجه... حيث يتم عقد اجتماع قبل بداية العام الدراسي وذلك لمناقشة كل ما يهم المادة الدراسية، حيث يقوم المعلمون بتدوين كل المعلومات اللازمة لهم في عملهم، وتشمل هذه المعلومات على:

1. الأهداف العامة للمنهج.
2. المحتوى الذي سيقوم المعلم بتدريسه وتوزيعه على أشهر السنة الدراسية أو الفصل الدراسي.
3. الطرق والوسائل والأنشطة المقترحة لتنفيذ المنهج.
4. المراجع والكتب والدوريات التي يمكن الاستعانة بها في التدريس.

---

[1]: دعمس،2009،ص74.

5. طرق ووسائل القياس اللازمة لتقويم نتائج العملية التعليمية أثناء العام – أو الفصل الدراسي وفي نهايته.

كفايات تخطيط التدريس بعيد المدى:

يمكننا أن نعدد كفايات التخطيط للتدريس على المدى الطويل (السنوي أو الفصلي) على النحو التالي:

- الإلمام والتمكن من المادة العلمية.

- معرفة الحقائق العامة للمادة العلمية ومفاهيمها.

- معرفة أهداف المادة المستوحاة من منهجها العام سواء كانت معرفية أو وجدانية أو مهارية.

- تحديد الاحتياجات التعليمية للطلاب.

- توزيع وحدات المنهج على مدار العام.

- دراسة الإمكانات المادية والبشرية التي تتطلبها المواقف التعليمية.

- تحديد أساليب وطرائق التدريس المناسبة لموضوعات المادة الدراسية وجدولتها ضمن الخطة الفصلية.

- حصر الأنشطة الصفية وغير الصفية اللازم تنفيذها.

- معرفة المراجع التربوية والعلمية والتي تخدم تدريس المادة.

الخطة الفصليـــة

الصف /:.................................... الفصل الدراسي...............................

المبحث:.................عنوان الوحدة:................ الصفحات:...........

عدد الحصص:............. الفترة الزمنية: من: / / إلى: / /

الرقم	النتاجات	المواد و التجهيزات (مصادر التعلم)	استراتيجيات التدريس	التقويـــم		أنشطة مرافقة	الملاحظات
				الاستراتيجيات	الأدوات		
	....	....	....	....	....	....	التأمل الذاتي حول الوحدة -أشعر بالرضا عن: .... -التحديات.... -مقترحات التحسين: ....

معلومات عامة عن الطلبة: إعداد المعلمين / المعلمات:

-
-
-

2. التخطيط المتوسط المدى (التخطيط على مستوى الوحدة)

التخطيط لوحدة دراسيه:

من الخطأ أن نتصور أن الوحدة الدراسية هي مجرد فصل من الكتاب المدرسي أو قدر من المعارف والمعلومات فقط، بل يمكن النظر إلى الوحدة الدراسية على أنها صورة مصغرة للمنهج (لها نفس العناصر أو المكونات) المكونات تدور حول موضوع رئيسي واحد، وتمثل جزءا من المنهج بحيث يكون لها أهمية خاصة – سواء في مستقبل الدراسة أو في التطبيقات الحياتية... وهكذا، ويفترض في الوحدة أن تتجاوز الحدود الفاصلة بين المواد الدراسية المختلفة. وتعد الوحدة الدراسية تنظيما للنشاطات، والخبرات، وأنماط التعلم المختلفة، ويدور هذا التنظيم حول هدف معين أو مشكلة. وهو يتضمن التخطيط وتنفيذ الخطط وتقويم النتائج، وعلى هذا فالوحدة الدراسية تشمل المادة الدراسية وأسلوب تدريسها معا.

لذا عند التخطيط لتدريس وحدة معينة فإن الخطة ينبغي أن تركز على العناصر الأساسية التاليـــــــة:

1. مقدمة الوحدة Overview
2. موضوعات الوحدة Objectives
3. محتوى الوحدة Content
4. أنشطة الوحدة Activities
5. الوسائل والأدوات التعليمية Instructional materials
6. التقويم Evaluation

3. التخطيط الدراسي اليومي: Short – Term Planing:

هي خطة قصيرة المدى، تستند إلى تصور المعلم المسبق للنشاطات والمواقف التعليمية التي سيقوم بها طلبته على مدى حصة أو حصتين، ومن العناصر التي

تشتمل عليها الخطة اليومية: عنوان الدرس، تحديد الأهداف السلوكية، تحديد المتطلبات السابقة، اختيار وتحديد الاستراتيجيات والخبرات التعليمية، والتخطيط لقياس تحصيل الطلبة والتغذية الراجعة.

ويعد هذا المستوى من أهداف واجبات المعلم وهو بمثابة التخطيط للتعليم الحقيقة داخل حجرة الدراسة، أي للموضوع الواحد الذي يمكن تدريسه في حصة واحدة أو في عدد محدد من الحصص. وهو يساعد المعلم على تحديد ما سوف يقوم به الفصل من تحديد للمادة العلمية، والأمثلة التي سوف يطرحها للتلاميذ، والمشكلات التي يحتمل أن تقابله، وكيفية التغلب عليها.

ويتوقف نجاح المعلم في وضع خطط دروسه على مدى تخيله لما سوف يكون عليه الموقف الصفي.

كما يمكننا تحديد كفايات التخطيط للتدريس على المدى القصير (التخطيط الدراسي اليومي: Short – Term Planing) على النحو التالي:

- صياغة الأهداف التعليمية صياغة إجرائية أو سلوكية.
- صياغة الأهداف شاملة جميع الجوانب التعليمية.
- ربط الأهداف بحاجات الطلاب.
- تنظيم المادة العلمية في ضوء أهداف الدرس.
- تحديد مدخل الدرس.
- اختيار الوسائل التعليمية الملائمة والفعالة.
- تخطيط الدرس باستخدام إحدى طرائق التدريس مثل: استراتيجبة التدريس المباشر: الحوار والمناقشة – الاستكشاف – تمثيل الدور والمواقف – اللعب – الأحداث الجارية، أو استراتيجبة التعلم التعاوني، أو استراتيجبة التفكير الناقد....الخ.
- تخطيط المدى الزمني لكل مرحلة من مراحل الدرس.

- إعداد الأسئلة الشفوية.
- اختيار المواد والأنشطة التعليمية.
- اختيار وسائل التقويم المناسبة خلال الدرس.

الخطة السنوية:

الخطة السنوية: هي تصور مكتوب موثق لعمل المعلم خلال سنة دراسية كاملة.

لاشك أن هناك فوائد جمة للخطة السنوية:-

1. تعطي المعلم تصورا واضحاً عن عمله طوال عام دراسي كامل.
2. تساعد المعلم في إعداد الوسائل والأنشطة اللازمة لتنفيذ الأهداف التي أعدها وينوي تحقيقها.
3. تساعد المعلم في توزيع الوقت بعدالة بين الموضوعات التي سيقدمها لطلابه مما يؤدي إلى تحقيق الأهداف بسهولة.
4. الإعداد الدقيق للخطة يساعد المعلم في بناء الورقة الامتحانية حيث يركز أساليب التقويم الأهداف التي وضعها في خطته.

أسس التخطيط للتدريس:

التخطيط للتدريس يمثل إحدى الكفايات التعليمية لدى المعلمين، لذا فإن هناك أسسا للتخطيط الجيد للتدريس ينبغي للمعلم الالتزام بها وهي:

- وضع خطة متكاملة للتدريس في ضوء الأهداف التعليمية المحددة.
- أن ترتبط الخبرات التعليمية التي تشملها الخطة بالأهداف التعليمية المحددة.

- أن ترتبط الإجراءات والأساليب والوسائل التعليمية التي تشملها الخطة بالأهداف التعليمية المحددة.

- مراعاة الفروق الفردية بين التلاميذ عند وضع الخطة التدريسية.

- وضع خطة التدريس في ضوء الإمكانات المادية والزمنية.

- أن تكون الخطة التدريسية مرنه قابلة للتغيير والتعديل أثناء تنفيذها، وأن تكون ممكنة التحقيق بعيدة عن الارتجالية والمثالية.

- أن توضع الخطة التدريسية وفق توجيهات وتعليمات الجهة الرسمية للتعليم وتتفق مع أهدافها المرسومة

كيف توضع الخطة السنوية ؟

قبل وضع الخطة السنوية لابد للمعلم من:

1. الإطلاع على فلسفة التربية في البلد الذي يعمل فيه.
2. الاطلاع على المنهج الدراسي والكتاب المدرسي.
3. تحديد الأهداف التي ينتظر تحقيقها عند الطلاب في نهاية العام الدراسي.
4. تحديد الأهداف الدراسية لكل وحدة دراسية بشكلٍ واضح.
5. التعرف إلى التسهيلات المدرسية المتوفرة:(مكتبة،مختبرات،مصادر تعلم) وتحديد الوسائل التعليمية التي تساعد على تحقيق أهداف كل وحدة.
6. التعرف إلى واقع الطلاب ومستوياتهم، ودرجة تعاون أولياء الأمور مع المدرسة في توفير ما طلب من الطلاب ويكلفون به.
7. الاستفادة من الخبرات السابقة في تدريس المادة،الاستفادة من المشرف والمدير والزملاء.

وضع الخطة:

1. أول ما يقوم به المعلم هو تحليل محتوى الكتاب المدرسي لتحديد المواد الدراسية التي يتكون منها.

2. بعد تحليل محتوى الكتاب المدرسي يحدد المعلم المفاهيم والمصطلحات والتعاميم والمعارف والقيم الموجودة في الموضوعات.

3. يحدد المعلم النتاجات أو الأهداف التي يريد تحقيقها في كل وحدة , ثم يوفق بين هذه الأهداف حتى يخرج بأهداف عامة للمادة الدراسية.

4. يحدد المعلم استراتيجيات التدريس المناسبة التي سوف يستخدمها في تحقيق النتاجات أو الأهداف التي وضعها.

5. يحدد المعلم استراتيجيات أو أساليب التقويم التي سيستخدمها في التأكد من تحقيق النتاجات أو الأهداف التي وضعها،والتي يجب أن تشمل أدوات التقويم المناسبة.

6. تصمم الخطة على شكل جدول.

عناصر الخطة السنوية

تتكون الخطة السنوية من العناصر التالية:

1. البعد الزمني:

يحدد المعلم الزمن الذي سيستغرقه في تغطية مواد الكتاب وموضوعاته بشكل متسلسل ومنظم من أول أيام الدراسة وحتى نهاية العام الدراسي حسب التقويم المعتمد , موضحاً الفصل الدراسي ,الشهر , عدد الحصص لكل موضوع , مراعياً العطل الرسميّة.

2. المحتوى:

يدون المعلم تحت هذا العنوان الموضوعات التي سيتم تدريسها ,مرتبة متسلسلة , والأفضل أن يضع موضوعات كل بحث في ورقة مستقلة.

3. النتاجات:

بعد تحليل المحتوى يحدد المعلم الأهداف العامة يصوغها صياغةً سلوكية شاملة للمجالات الثلاث [المعرفية، و المهارية، والوجدانية] ولابد هنا من:-
أن تكون الأهداف مشتقة من الموضوعات، فمثلاً تختلف الأهداف في القرآن الكريم كالتلاوة من صفٍ لآخر ومن مرحلة لأخرى.

تصاغ الأهداف بصيغة المصدر:

أمثلة:

• الرياضيات:

توظيف العمليات الحسابية في حل مسائل حياتية.

• العلوم:

كتابة معادلات كيميائية بالرموز لتفاعلات بعض العناصر.

4. استراتيجيات التدريس المناسبة:

يحدد المعلم الاستراتيجية المناسبة التي سوف يستخدمها حسب طبيعة الموضوع الذي يقوم بتدريسه وتناسب الوسط الذي تطبق فيه في تحقيق النتاجات أو الأهداف التي وضعها.

5. استراتيجيات التقويم:

يحدد المعلم تحت هذا العنوان أساليب التقويم التي سيستخدمها في التأكد من تحقيق أهدافه التي وضعها والتي يجب أن تشمل أدوات التقويم المناسبة كالاختبارات التحريرية والشفوية , والواجبات المنزلية, وملاحظة سلوك الطلاب.

6. مصادر التعلم

يدون المعلم تحت هذا العنوان الوسائل والأدوات التعليمية التي سوف يستخدمها في تحقيق الأهداف التي وضعها ولا بد أن يراعي أن تكون الوسائل والأدوات:

- متوفرة.
- جديدة ومبتكرة.
- قابلة للتنفيذ بسهولة ويسر.
- غير مكلفة.
- مناسبة لمستويات الطلاب.
- مناسبة للموضوعات المطروحة.

7. الملاحظات:

يستخدم المعلم هذا الحقل من حقول الخطة عند البدء بتنفيذ الخطة ,وليس عند كتابتها ,إلا بعض الملاحظات الخاصة.

الخطة الجيدة تتحقق من خلال الإلمام باستراتيجيات التدريس والتقويم التي سنسلط الضوء عليهما بشيء من التفصيل في الفصول القادمة.

أهمية التخطيط الدراسي:

يحس بعض المعلمين أن التخطيط هو واجب وظيفي بغير قناعة منهم بأهمية التخطيط في عمله، وبالتالي يكون من الصعب عليه النجاح في عمله، ويطرح عدد من الأسئلة:

هل يعقل أن يحتاج المعلم المتخصص المؤهل إلى التخطيط ؟

هل المعلم عاجز عن إعطاء درسٍ في مجال تخصصه دون تخطيط مسبق ؟

هل يحتاج المعلم إلى دفتر تحضير يدون فيها تصوره المسبق لما سيقوم به في الموقف التعليمي وهو يتقن المادة التي يقوم بتدريسها عن ظهر قلب. ولكن يمكن أن نجيب على هذه الأسئلة بالأسئلة التالية:-

هل مر بالمعلم موقف وقف فيه أمام طلابه مواقف الحرج بعد إنهائه للدرس في الربع الأول من الحصة؟ وكيف تصرف بعد ذلك؟

هل وقف المعلم أمام جملةٍ أو كلمةٍ غامضة في درس من الدروس فصرف النظر عنها والتلاميذ ينظرون إليه وهم ينتظرون منه توضيح الجملة أو الكلمة؟. هل ينوع المعلم من أساليبه وأنشطته بحيث يحفز التلاميذ على التعلم بشوقٍ واهتمام؟

إن أهمية التخطيط الدراسي تتمثل في النقاط التالية [1]:

- يحفز التلاميذ على التعليم ويشوقهم إليه، ويحميهم من أضرار التعليم المشوش، وسوء الفهم والاضطراب.

- يساعد المعلم في توضيح رؤيته لما يريد تحقيقه لدى التلاميذ فيعد الوسائل والأدوات التي يحتاج إليها، فيشعر بثقة بنفسه وثقة تلاميذه به.

- التخطيط يسهل عملية التعلم سواء فيما يتعلق بدور المعلم أو المتعلم.

- يساعد المعلم على معرفة أهداف المناهج التي يخطط لتدريسها.

- يساعد المعلم على تحليل محتوى المواد التي يدرسها.

- يساعد المعلم في توظيف الجهد والوقت والاقتناع بهما.

- يساعد المعلم في تقويم العملية التعليمية ومعرفة على أي مدى تحققت أهدافه التربوية.

- يمنع الارتجال في التدريس، ويجنب المعلم المواقف المحرجة مثل الارتباك أثناء التدريس وسوء النظام وفشل التجارب.

---

[1] انظردعمس، مصدر السابق، ص85 و د. أحمد خيري كاظم،وزميله، مصدر سابق، ص328، ص344.

315

- يكسب المعلم الشعور بالثقة ويكسب احترام الطلاب وتقديرهم له.
- ينمي عند الطلاب الوعي بأهمية التخطيط في حياتهم العامة.
- يعطي المعلم فرصاً مستمرة للنمو المهني سواء في مجال المادة العلمية أو طرق وأساليب تدريسها.

إعداد الخطة:

إن التحضير للدروس عملية مهمة، و لا يستغني عنها المعلم مهما بلغ نجاحه ومهما طالت مدة خدمته وخبرته في الميدان التربوي. وإن كثيراً من الأساتذة الجامعيين قديمي الخبرة في الحياة التعليمية والعلمية لا يزهدون بالتحضير. قال أحمد ابن حنبل: " ما كان أحد أقل سقطاً من ابن المبارك، كان رجلاً يحدث من كتاب ومن حدث من كتاب لا يكون له سقط " فالإنسان معرض للخطأ والنسيان. وكتب أحد العلماء إلى أحد طلبته قائلاً: " ضمنت لك أن كل من لا يرجع إلى الكتاب لا يؤمن عليه الزلل ". وذكر المبرد: قال الخليل بن أحمد: " ما سمعت شيئاً إلاّ كتبته، ولا كتبته إلاّ حفظته، ولا حفظته إلاّ نفعني". قال أحد المربين: " إني إذا لم أحضّر الخطوات العامة لمحاضرتي فإني أستخف بنفسي ". وقد سئل المربي الدكتور توماس أرنولد: لماذا تعد دروسك قبل أن تقوم بتعليمها ؟ فأجاب " إني أود ألاّ يشرب تلاميذي إلاّ من نبع جديد وماء عذب لا من ماء راكد ". ودُعي المُربي الشهير جان بياجيه مرة لإلقاء محاضرة قبل موعدها بيوم واحد في مدينة جنيف فاعتذر وقال: " إني أستطيع بعد ثلاثة أيام لأتفرغ لإعداد المحاضرة. فقيل له: لقد ألّفت كتاباً بعنوان هذه المحاضرة منذ سنة، كما أنك ألقيت محاضرة قريبة منها في مدينة بازل في الشهر الماضي ! فقال بياجيه: ذلك حق ولكني أكره أن أشرب في أي يوم من ماء آسن راكد. إني أريد الماء المتجدد المتحرك في كل مرة أشرب فيها أنا، وكذلك الماء الذي أقدمه لإخواني وأبنائي من المستمعين والطلبة ".

هذا حال بعض الأساتذة الأكفاء القدامى، الذين مضى على بعضهم في العلم والتعليم ما يزيد على ربع قرن من الزمان، فكيف الحال بالمعلم المبتدئ حديث العهد بالمهنة، غير الخبير بما يتطلبه الموقف التعليمي المعقد من معلومات علمية وثقافية، وحنكة ودراية بأصول التربية وطرق التدريس والوسائل التعليمية المختلفة، وإلمام بعلم النفس التربوي. لذا فإننا ننصح المُعلم بالتحضير الجيد، حتى يكون على معرفة تامة بموضوع الدرس من جهة، ولحاجات المجتمع وعقيدته وعاداته وتقاليده ومثله العليا من جهة أخرى.

لماذا التحضير اليومي.؟

وفيما يلي بعض الأسباب التي تجعل من عملية التحضير عملية مهمة وضرورية وذات فائدة ولا غنى للمعلم عنها:

1. إن المعلم المرتجل الذي لا يعد دروسه يكون قلقاً لا يدري من أين يبدأ، ولا كيف يبدأ ولا كيف يسير في درسه، ولا أين ينتهي.

2. إن الإعداد المسبق يعين المعلم على تحديد الأهداف التعليمية المرغوبة، وتحديد المعلومات التي يود أن يتعلمها الطلبة في الحصة كما يعينه على اختيار الطرق المناسبة لتوصيل المعلومات إلى المتعلمين، و الوسائل التعليمية التي يحتاجها، والأسلوب التقويمي الذي سيستخدمه.

3. إن التحضير اليومي يجعل المعلم أكثر تمكناً من المادة مما يقلل فرص الخطأ واحتمال النسيان.

4. يجعل المعلم أقدر على توقع الصعاب والعقبات والمشكلات التي تقابله وبالتالي يتخيل كيف يواجهها ويتغلب عليها.

5. يؤدي إلى اطمئنان المعلم ويزيد من ثقته في نفسه.

6. يساعد المعلم على حسن توزيع أجزاء الموضوع على زمن الحصة.

7. يؤدي إلى أن يكون شرح المعلم مترابطاً منظماً.

8. يجعل المعلم أقدر على التمهيد لموضوعه بطريقة مناسبة تدفع الطلبة للتعلم.

9. يساعد المعلم على تحديد دوره ودور الطلبة في الدرس والمهام التي يمكن أن يقوموا بها.

10. يساعد المعلم في إدارة الصف بشكل إيجابي.

على المعلم عندما يريد إعداد خطته اليومية أن يتبع الخطوات التالية:

1. قراءة موضوع الدرس الذي سيخطط لتدريسه قراءة تحليلية بقصد التعرف على المفاهيم والمصطلحات.

2. تحديد الأهداف المناسبة.

3. إعداد الوسائل والأساليب التي سيستعين بها ف لتحقيق أهدافه والأنشطة التي سيقوم بها التلاميذ. والتأكد من توافر المواد والأدوات والتجهيزات اللازمة لتحقيق نتاجات الدرس وفق الإمكانات المتاحة.

4. الاستعانة يالمراجع.

5. تدوين الخطة.

على المعلم عندما يقوم بالتخطيط على دفتر التخطيط الدراسي أن يتبع التخطيط الأفقي بمعنى أن يبدأ بكتابة الهدف السلوكي أولاً ثم يكتب محتوى الهدف وبعد ذلك الأساليب والأنشطة والوسائل ثم بعد ذلك يدون التقويم للهدف والزمن المخصص و الملاحظات إن وجدت.

بعد أن ينتهي الهدف الأول يدون الهدف الثاني وبنفس الطريقة حتى ينتهي من التخطيط.

الخطط القديمة:

لقد شهد القرن الماضي ثورة علمية وتكنولوجية هائلة، كما شهد ثورة ثقافية في مختلف العلوم والمعارف الإنسانية، وأضحى العالم قرية صغيرة بسبب ثورة الاتصالات والكمبيوتر والإنترنت. كل هذه الأمور تضع على عاتق المعلم تبعات ومسؤوليات جسام وهو يدخل القرن الجديد.

فإذا لم يتابع المعلم هذه الثورة الهائلة سيجد نفسه وقد سبقه تلاميذه وبدلاً من أن يكون أمامهم وقائداً لهم سيجد نفسه يلهث وراءهم ولا يستطيع اللحاق بهم.

ومع كل هذه الأمواج المتلاطمة والثورة الهائلة نجد من المعلمين بدلاً من يفكر بالإبداع ويخطط للإبداع نجده يجتر الماضي ويقنع نفسه بالمحافظة عليه، فيعود لخطة وضعها من قبل عشر سنوات ينسخها كما هي دون أن يدخل عليها تعديلاً واحداً حتى أنه ينقل التاريخ نفسه كما هو.بل إنه يصورها تصويراً ولا يكلف نفسه حتى بإعادة صياغتها أو كتابتها من جديد.

نموذج خطة الدرس

بالرغم من تعدد نماذج خطة الدرس اليومي، واختلاف أسلوب كتابتها،إلا أنها تتضمن عناصر رئيسة نذكر منها:

1. الترويسة: وتشمل ما يلي:

- الصف والشعبة
- المبحث: اسم المبحث الذي يدرسه المعلم.
- عنوان الوحدة: اسم الوحدة.
- عنوان الدرس: اسم الدرس.

- عدد الحصص: عدد الحصص المطلوبة لتنفيذ الدرس.

- التاريخ من: التاريخ المتوقع لبدء تنفيذ الدرس إلى / التاريخ المتوقع لإنهاء الدرس.

- التعلم القبلي: المتطلبات اللازمة للتعلم الجديد، مثل (المفاهيم والمهارات والحقائق والقوانين و..... الخ).

- التكامل الرأسي: تحديد مواطن التكامل ضمن المبحث الواحد مبيناً: (عنوان الموضوع والكتاب والوحدة و.........).

- التكامل الأفقي: تحديد مواطن التكامل مع المباحث الأخرى مبيناً: (اسم المبحث والكتاب والوحدة و.....).

2. عناصر الخطة:

- الأهداف أو النتاجات الخاصة: المعارف والمهارات والاتجاهات المتوقع تحقيقها في نهاية الدرس.

- المواد والأدوات والتجهيزات (مصادر التعلم): كل ما يلزم لتحقيق النتاج، مثل: (وسائل تعليمية وتكنولوجية،وكتب ونماذج، وعينات، وأفلام، و.........).

- استراتيجيات التدريس

- التقويم

- الزمن: الفترة الزمنية المتوقعة لتنفيذ كل إجراء على حدة.

3. الملاحظات: تترك للمعلم،فمثلاًيمكن المعلم تدوين الملاحظات كالآتي:

- التنفيذ:

- الإجراءات:وصف لسير عملية تنفيذ أنشطة الدرس.

- التأمل الذاتي / (يعبأ في أثناء تنفيذ الدرس وعند الانتهاء منه).

- يسجل المعلم انطباعاته عن المواقف الإيجابية: أشعر بالرضا عن.

- يسجل المعلم الصعوبات التي تواجه عملية التنفيذ: تحديات واجهتني.

- اقتراحات للتحسين: يسجل المعلم ما يراه مناسباً لتحسين عملية التدريس وتطويرها.
- الواجبات البيتية

ومن المفضل أن يحتفظ المعلم بملف (حقيبة) للأنشطة جميعها وأوراق العمل وأدوات التقويم المستخدمة في تنفيذ الدرس.

خطة درس

الصف:.............. المبحث:............. عنوان الوحدة:.................

عنوان الدرس:..............عدد الحصص:....... التاريخ: من: / / إلى: / /

التعلم القبلي:..

التكامل الرأسي:...

التكامل الأفقي:..

الرقم	النتاجات	المواد و التجهيزات (مصادر التعلم)	استراتيجيات التدريس	التقويم		أنشطة مرافقة	الملاحظات
				الاستراتيجيات	الأدوات		
	....	....	....	....	....	....	التأمل الذاتي حول الوحدة - أشعر بالرضا عن: .... - التحديات:

							.... -مقترحات التحسين: ....
الملاحظات:							

- ملاحظة: احتفظ بملف (حقيبة) للأنشطة جميعها وأوراق العمل وأدوات التقويم التي استخدمتها في تنفيذ الدرس.

جدول المتابعة اليومي:

اليوم والتاريخ	الشعبة	الحصة	النتاجات المتحققة	الواجب البيتي

نموذج إعداد خطة سنوية

المادة:........... الصف:............ السنة الدراسية:.........

المديرية:........... المدرسة:......... اسم المعلم:...........

المحور الرئيسي	الزمن	نتاجات التعلم	استراتيجيات التدريس المقترحة	استراتيجيات التقويم المقترحة
المحتوى العام للوحدات الدراسية	يراعى عدد الحصص لكل مادة	يتوقع من الطالب أن يكون قادراً على تحقيق الأهداف المرجوة في الفصل الدراسي	إدارة الصف/ التمهيد للدرس التدريس المباشر: ● العمل في الكتاب المدرسي ● المناقشة والحوار ● طرح الأسئلة ● التعزيز ● استخدام اللوحات ● مراجعة المعلومات ● السبورة والطباشير حل المشكلات والاستقصاء التعليم المبني على النشاط العمل في مجموعات: تشجيع الطلاب على التعلم التعاوني بتقسيمهم إلى مجموعات و ملاحظة أداء كل مجموعة وتطبيق استراتيجية الطاولة المستديرة (round robin)	● التقويم بالقلم والورقة: الامتحانات- أوراق عمل ● متابعة الطالب من خلال المشاركة و إجابة الأسئلة المطروحة داخل الصف ● التغذية الراجعة ● الملاحظة ● أسئلة الكتاب ● الأنشطة و التقارير من خلال البحث عبر المواقع الإلكترونية ● التقويم المعتمد على الأداء

نموذج خطة علاجية

الصف الثالث - المادة الرياضيات **اسم المعلمة**

المهارة المراد معالجتها ورفع مستوى التحصيل فيها	النشاطات التعليمية التعلمية العلاجية	الطالبة المستفيدة	التاريخ من إلى	أساليب التقويم المقترحة تكويني:فتري:ختامي	ملاحظات
مهارات الأعداد	إعطاء تمارين متنوعة على هذه المهارات + استخدام المعداد+ لوحة المنازل +الشرح اللفظي		النصف الأول من شهر شباط	أوراق عمل واختبار ختامي	
مهارات القياس	استخدام أمثلة واقعية من البيئة واستخدام أدوات تمثل وحدات القياس + الشرح اللفظي لكل مهارة		النصف الثاني من شهر شباط	أوراق عمل واختبار ختامي	

حل المسألة في وحدة القياس	من خلال التركيز على مهارات القياس السابقة+ إعطاء مسائل متنوعة + الشرح اللفظي		النصف الأول من شهر آذار	من خلال أوراق عمل +اختبار ختامي نهاية الفصل	
الترتيب التصاعدي والتنازلي	من خلال إعطاء أمثلة متنوعة +الشرح اللفظي +التركيز على مهارات الأعداد المتنوعة		النصف الثاني من شهرآذار	أوراق عمل واختبار ختامي	
حل المسألة على الكسور	من خلال مراجعة الكسور مع الطالبات وجمعها وطرحها + إعطاء مسائل متنوعة مع الشرح اللفظي		النصف الأول من شهر نيسان	أوراق عمل واختبار ختامي	
الجمع عموديا	استخدام المعداد		النصف الثاني من	أوراق عمل واختبار ختامي	

		شهر نيسان		والأدوات المحسوسة وإعطاء تمارين متنوعة على الجمع بالحمل وبدون حمل	وأفقيا
	أوراق عمل واختبار ختامي	النصف الأول من شهر أيار		استخدام المعداد والأدوات المحسوسة وإعطاء تمارين متنوعة على الطرح بالاستلاف وبدون استلاف	الطرح عموديا وأفقيا
	أوراق عمل واختبار ختامي	النصف الثاني من أيارشهر		إعطاء مسائل متنوعة مع الشرح اللفظي	حل المسألة على الطرح

التقويم التربوي وضمان الجودة في التعليم:

إن الهدف الرئيس للتقويم التربوي هو ضمان جودة العملية التربوية ونواتجها، ذلك لأن الغرض من جهود المؤسسات التربوية هو إكساب الطلاب والطالبات، وبقية قطاعات المجتمع، العلوم والمعارف والمهارات والسلوكيات والاتجاهات, التي سبق تحديدها بوضوح من خلال السياسات التعليمية، والخطط الدراسية, والمناهج والبرامج المختلفة. ولذلك فإن التقويم يركز على جودة

النتائج النهائية؛ هل اكتسب طلاب الصف الرابع الابتدائي العلوم والمعارف والمهارات الأساسية ؟ وهل اكتسب الطلاب السلوكيات والاتجاهات الإيجابية التي تؤهلهم لأن يكونوا أعضاء صالحين يسهمون في مجتمعهم بشكل فاعل؟.

ومن هنا فإن التقويم - سواءٌ أكان تقويماً مستمرا تكوينياً (Formative) أم تقويمًا نهائيا - (Summative) شرط رئيس لتحقيق الجودة في التعليم، من خلال وجود معايير أو مواصفات لمدخلات العملية التعليمية وعملياتها ونواتجها, والتقويم المستمر لها, للتأكد من أنهاتسير وفق المواصفات المطلوبة, وأن العمليات تُوجَّه الوجهة الصحيحة إذا أظهر التقويم حاجتها إلى ذلك.

وسوف تقدم رؤية تكاملية للتقويم التربوي، وتفرق بين مفهومين برزا حديثاً في هذا المجال هما: التقويم للتعلم (Assessment for Learning)، وتقويم التعلم (Assessment of Learning) وأغراض كل منهما, وأساليبه وأدواته, وعلاقتهما بضمان جودة التعليم.[1]

تسعى معظم الدول إلى تطوير العملية التعلمية التعليمية، وتحديثها، لتلبية متطلبات التطورات الحديثة؛ ولأن هذه العملية هي عملية متحركة ومتطورة ومتغيرة بحكم تطور الحياة والمجتمعات، فقد شمل تطوير شامل لجوانب العملية التعلمية التعليمية؛ لكي يكون التعليم محققاً لطموحات الأمة ملبياً لآمالها وتطلعاتها في حياة أكثر رقياً وتطوراً ونماءً وازدهاراً.

ان تحديث المناهج وتطوير عناصرها (الأهداف أو النتائج العامة والخاصة للمنهاج - محتوى المنهاج - استراتيجيات التدريس والتقويم) هو السبيل الأمثل لتطور التعليم، ولمعرفة مدى ما تحقق من الأهداف المنشودة في العملية التربوية من خلال تنوع أساليب التقويم؛ لكي يساير روح العصر وتحقيق الغايات والطموحات،

---

(1) د. علي بن صديق الحكمي، (التقويم التربوي وضمان الجودة في التعليم) ورقة مقدمة للقاء السنوي الرابع عشر للجمعية السعودية للعلوم التربوية والنفسية بتاريخ28 - 29 / 4 / 1428 هـ.

ولا سيما في هذا العصر الذي يتسم بالعلم والتقنية والتطورات العلمية والاقتصادية والتربوية والانفجار المعرفي الهائل وثورة المعلومات والاتصالات.

وخلال السنوات الأخيرة زاد الاهتمام بالاستراتيجيات المعرفية والاجتماعية على حساب الاستراتيجيات السلوكية التي كانت مسيطرة على حقول التربية خلال العقود الماضية. ويعود السبب إلى ان معظم الدول اتجهت نحو الاقتصاد المعرفي (ERFKE)، نتيجة التطور وانفجار المعرفة في القرن الحادي والعشرين واستخدام التقنيات الحديثة في مجال الاتصالات بالإضافة إلى زيادة الاهتمام بتعليم الطلبة طريقة الحصول على المعرفة وتنمية أنماط التفكير المختلفة لديهم أكثر من تحصيل المعرفة نفسها.[1]

ونتيجة لمستجدات المناهج المطورة وما تحويه من استراتيجيات تعليمية وتقويمية حديثة؛ فإن الأنموذج التنموي المنشود، له متطلبات جديدة لا بد من توافرها حتى تتحقق الأهداف التنموية للمملكة؛ أهم هذه المتطلبات: الخبرات الوطنية المؤهلة، التي اكتسبت معارف ومهارات واتجاهات وقيماً معينة، وتقع المسؤولية هنا على المؤسسات التعليمية التي لابد أن تركز في هذه المرحلة على جودة التعليم، بعد أن كان التركيز في مراحل سابقة من السيرة التعليمية في المملكة على انتشار التعليم والقضاء على الأمية.

ويعتبر التقويم التربوي أحد أهم العناصر المطلوبة لضمان الجودة في التعليم. فضمان الجودة، وتحسين مستويات تعلم الطلاب، لا يمكن تحقيقه إلا من خلال عملية إصلاح شاملة للتقويم، تتناول فلسفته وأغراضه وأساليبه وتقنياته، ومدى تكامله مع عناصر العملية التعليمية الأخرى. وتناقش هذه الورقة الدور المحوري للتقويم في تحقيق الجودة وتقدم رؤية تكاملية للتقويم في التعليم العام، وتفرق بين مفهومين برزا حديثاً في هذا المجال هما التقويم للتعلم (Assessment for Learning) وتقويم التعلم (Assessment of Learning) وأغراض كل

---

[1] دعمس، مرجع سابق، ص7.

منهما وأساليبه وأدواته. كما تتناول تطوير ممارسات التقويم الصفي من خلال توظيف التقويم الحقيقي (Authentic Assessment)، والشروط الواجب توافرها في التقويم الوطني، حتى يتكامل مع التقويم الصفي؛ للوصول إلى نموذج يمكن أن يسهم في تحسين التعليم والرفع من جودة مخرجاته.

التقويم وضمان الجودة في التعليم.

يعتبر القياس والتقويم عنصرا محورياً في جميع أنظمة الجودة الشاملة، فهو يساعد على متابعة التقدم نحو الأهداف والتعرف على فرص التطوير، ومقارنة الأداء بمعايير داخلية Internal Standards أو خارجية External Standards. فالتقويم وفقاً لدورة ديمينج للتحسين المستمر Deming Cycle of continuous improvement (خطط، نفذ، ادرس، تصرف) (Plan, Do, Study, Act) يؤدي دوراً أساسيا لتحقيق التحسين والتطوير المستمرين (Oakland 2003).

- فعلى مستوى التخطيط هناك ضرورة لتحديد الأهداف والمعايير.
- وعلى مستوى الأداء هناك قياس للأداء الفعلي.
- وعلى مستوى الدراسة يتم مقارنة الأداء الفعلي مع الأهداف والمعايير للتعرف على الفجوة.
- وعلى مستوى التصرف يتحتم القيام بالمهام المطلوبة لإغلاق الفجوة وإجراء التحسينات الضرورية.

ويمثل القياس والتقويم عنصراً مهماً في نموذج بالدريج Baldrige لجودة التعليم. ففي معايير بالدريج للتميز الأدائي في التعليم Education Criteria for performance Excellence التي تستخدم من قبل الكثير من المؤسسات التعليمية لتحسين أدائها التعليمي من خلال التقويم الذاتي من المؤسسة نفسها،

والتقويم الخارجي لابد من الاعتماد على القياس والتقويم كإطار لتحقيق التميز (Baldrige National Quality).[1]

الشكل (1) الإطار العام لمعايير بالدريج التربوية للأداء المتميز

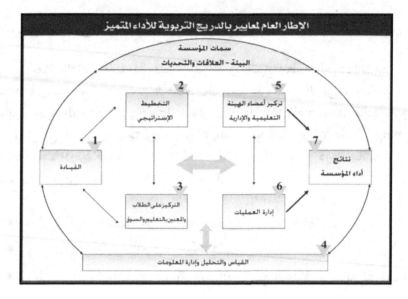

ويقدم الشكل (1) الإطار العام لمعايير بالدريج التربوية للأداء المتميز والذي يشمل العناصر التالية:

● القيادة.

● التخطيط الاستراتيجي.

● التركيز على الطلاب، المعنيين بالتعليم والسوق.

● القياس والتحليل وإدارة المعلومات.

● تركيز أعضاء الهيئة التدريسية والإدارة.

● إدارة العمليات.

● نتائج أداء المؤسسة.

---

[1] د. الحكمي، مرجع سبق ذكره.

ويلاحظ من الإطار العام محورية القياس والتقويم في تميز الأداء للمؤسسة التربوية، حيث يؤكد الإطار على أن إستراتيجية التقويم القائمة على أسس علمية والمنفذة بشكل سليم تعتبر عنصراً محورياً وحاسماً لتحقيق التميز في التعليم. وتشمل سمات إستراتيجية التقويم الفاعل في نموذج بالدريج ما يلي:

- وجود ارتباط واضح بين ما يتم تقويمه وبين رسالة المؤسسة وأهدافها.
- وجود تركيز قوي لإستراتيجية التقويم على تحسين أداء الطلاب وبناء قدرات العاملين في المدرسة وفاعلية أداء برامج المؤسسة.
- التقويم المستمر للتعلم والتغذية الراجعة الفاعلة.
- اعتماد التقويم على المنهج والأهداف التعليمية ومعايير الأداء.
- وجود إرشادات واضحة حول الكيفية التي تستخدم فيها نتائج التقويم.
- التقويم المستمر لنظام التقويم نفسه لتحسين ارتباطه بتحقيق الطلاب للمستويات المأمولة.

ولكي يؤدي التقويم دوره المأمول في ضمان جودة التعليم، هناك مجموعة من الأسئلة الأساسية التي يجب تناولها ومنها:

- لماذا نقوِّم؟
- نقوم ماذا؟
- مامستوى التقويم؟
- كيف نقوم؟

لماذا نقوم؟ يمكن أن نقول إن الهدف الرئيس لتقويم التعليم، هو التأكد من جودة العملية التربوية ومخرجاتها وتأثيراتها وينبثق من هذا الهدف مجموعة من الأهداف الفرعية منها:

1. تحسين مستوى أداء المدرسة من خلال الاستناد إلى المعلومات التي يوفرها التقويم الذي يكشف العوامل ذات العلاقة بفاعلية أداء المدرسة والمؤثرة فيه. والكشف كذلك عن المشكلات ومواطن الضعف للتعامل معها بفاعلية.
2. التحقق من أن متطلبات واحتياجات الجهات ذات العلاقة بالتعليم مثل الطالب والأسرة والمجتمع المحلي والوطن قد تحققت.
3. التواصل حول القيم التربوية فالتقويم يحدد المعايير والأهداف ومستويات الإنجازات المتوقع تحقيقها، من قبل القائمين على العلمية التربوية فالتقويم له دور تثقيفي حول التوقعات من المؤسسات التعليمية ومعايير الحكم على جودة أدائها.
4. المساءلة (المحاسبية) Accountability من خلال التقويم النهائي (Summative Evaluation) الذي يهدف بشكل رئيس إلى تحديد الجهة المسؤولة عن سياسات أو برامج أو ممارسات تربوية، ومدى نجاحها في القيام بمسؤولياتها، وتحقيقها للنتائج المحدودة، المطلوب إنجازها، ومعرفة جوانب التقصير إن وجدت و مَن المسؤول عنها، ومكافأة الأداء الفاعل للمؤسسة.
5. جمع المؤشرات التربوية عن النظام التعليمي بشكل شامل للمساعدة في التخطيط ووضع برامج التحسين المستمر.
6. تحديد المشكلات التي تعترض تحقيق الجودة للعملية التعليمية ومخرجاتها.
7. توفير المبررات للموارد المالية والبشرية التي تكرس للتعليم.
8. توفير تغذية راجعة تسهم في تحسين مستوى جميع عناصر العملية التعليمية وعملياتها ونواتجها.

ماذا نقوم؟

في العملية التعليمية، هناك أنواع متعدد للتقويم، تشمل جميع مدخلات وعمليات ومخرجات العملية التعليمية.

تقويم المدخلات مثل:

- السياسات (بما في ذلك اللوائح والأنظمة) والأهداف والخطط التربوية.
- المناهج والمواد التعليمية كالكتب الدراسية والمواد الإثرائية ومصادر التعلم الأخرى.
- المعلمين والإداريين والمشرفين وغيرهم من ذوي العلاقة بالعملية التعليمية للتحقق من توافر الكفايات الأساسية (المعارف والمهارات والاتجاهات) الضرورية لقيامهم بمهامهم بفاعلية.
- البيئة الاجتماعية والطبيعية للمدرسة.
- البرامج التربوية كبرامج العناية بالموهوبين أو برامج التربية الخاصة.
- تقنيات المعلومات والتعليم الإلكتروني.

تقويم العمليات مثل:

- الممارسات التدريسية داخل الصف.
- التقويم الصفي والاختبارات المدرسية.
- الإدارة المدرسية والإشراف والإرشاد الطلابي.

تقويم المخرجات مثل:

- مستويات تحصيل الطلاب في مراحل معينة من دراستهم.
- سلوك الطلاب واتجاهاتهم.
- الكفاءة الداخلية والخارجية للنظام التعليمي.

تقويم مستويات التحصيل الدراسي:

هناك أنواع متعددة لتقويم التحصيل تبعاً لهدف التقويم، أو وظيفته أو المقاييس المستخدمة أو المستهدفين، أو المعايير التي بني عليها التقويم، أو القرارات

التي ستتخذ بالاستناد إلى نتائج التقويم، أو أنواع التقارير الناتجة عنه. ويقدم الجدول رقم (1) أصناف تقويم تحصيل الطالب[1]

جدول رقم (1)

أصناف تقويم تحصيل الطالب

أساس التصنيف	أنواع التقويم
الهدف من التقويم	تقويم التحصيل الدراسي (التقويم النهائي - تقويم التعلم)
	التقويم لتحسين عملية التدريس (التقويم التكويني - التقويم للتعلم)
	توفير المعلومات لاستخدامها في المساءلة أو المحاسبية
وظيفة التقويم	مراقبة التقدم في التحصيل على مدى الوقت
	منح الشهادات (كالاختبارات الثانوية)
	الترخيص والاعتماد الأكاديمي للمؤسسات التعليمية
	تقويم فاعلية المؤسسة التعليمية
	المقارنة بين المدارس أو المناطق التعليمية (الاختبارات الوطنية) أو الدول (الاختبارات الدولية)
المستهدفون بالتقويم	الطلاب
	المدارس

(1) (Kifer 2001).

	المناطق التعليمية أو الوطن
القرارات المبنية على نتائج التقويم	تبنى عليه قرارات مصيرية (التخرج من الثانوية العامة)
	لا تبنى عليه قرارات مصيرية عن الطالب
استخدام نتائج التقويم	تقويم الوضع الحالي للتحصيل
	تقويم التغير والتقدم
نمط أدوات التقويم	أدوات تقليدية • اختبارات متعددة الاختيارات • اختبارات معيارية
	التقويم الحقيقي • تقويم الأداء • تقويم ملفات أعمال الطالب
تقارير التقويم	الطلاب وأسرهم
	المعلم
	المدرسة
	المجتمع بشكل عام

كما أن هناك مستويات يمكن أن يتناولها التقويم التربوي وهي:

- التقويم الصفي، وهو جزء من عملية التعلم داخل الصف، ويتم من خلال جمع الشواهد حول تعلم الطالب وتقدمه لتحقيق الأهداف التعليمية.

- التقويم الوطني يهدف إلى تقويم ومراجعة مستوى تحصيل الطلاب من مراحل حاسمة من حياتهم الدراسية، وقياس التغير من سنة إلى أخرى، وتحديد الفروق في التحصيل من منطقة لأخرى داخل البلد الواحد.

- الاختبارات الدولية التي تهدف إلى تقويم تحصيل الطلاب ومختلف عناصر العملية التعليمية على المستوى الدولي بإجراء مقارنات بين الدول في مستويات التحصيل.

كيف نقوم؟

سياسات وأساليب التقويم تبني العملية التعليمية أو تهدمها تبعاً لمستوى جودتها وارتباطها برؤية وأهداف واضحة للتعليم والتعلم، فالتقويم المبني على رؤية صحيحة يؤدي إلى بناء أدوات تقويم علمية ذات موثوقية، يمكن من خلالها جمع الشواهد التي تؤدي إلى أحكام صحيحة عن تحصيل الطالب وبالتالي إلى تحسين التعلم.

نظرة للواقع:

ومع أهمية للتقويم في تحقيق الجودة إلا أنه يلاحظ في كثير من الأنظمة التعليمية أنه ليس جزءاً من عملية التعليم والتعلم بل هو منفصل عنها، حيث إنه يأتي في الغالب بعد عملية التدريس ولا يؤثر فيها، ناهيك عن أنه يختزل في الاختبارات كوسيلة رئيسة، أو وحيدة لتقويم التحصيل، إضافة إلى أن الطالب لا يعلم عن نتيجته وأدائه إلا بعد انتهاء التدريس، وبالتالي لا يكون بمقدوره إعادة تعلم الكفاية التي دلت نتائج التقويم على عدم إتقانها. وتزامن هذا القصور المفاهيمي للتقويم، مع ضعف في مهارات معظم المعلمين في بناء الاختبارات وتركيزها على مستويات التذكر والفهم، وإغفال الجوانب الأدائية ومهارات التفكير. وأدى هذا إلى النزعة القوية لدى المعلمين للتدريس من أجل الاختبار، وقلة الاهتمام ببعض الكفايات التي يفترض تعلمها، وأصبح الدافع لدى الطلاب ينصب

على الحصول على درجات عالية، وعزز ذلك الروح التنافسية عند الطلاب والسلوكيات الخاطئة التي قد تنتج عن ذلك، والتضخم المتزايد للدرجات من عام لآخر.

ومن جهة أخرى فإن التعليم يعاني في الكثير من الدول من عدم وجود سياسات وآليات مؤسسية لتقويم نواتجه بشكل عام، وخاصة في نهاية مراحل التعليم العام. فتقويم مخرجات التعليم _إن وجد_ يتم عن طريق بيانات غير دقيقة، تقدمها نتائج اختبارات مدرسية (تجرى على مستوى المدرسة)، أو اختبارات مركزية (تجرى على مستوى الدولة) لا تتوافر في معظمها معايير الاختبارات الجيدة. ومثل هذه البيانات لا يمكن الاعتماد عليها لتقويم مخرجات التعليم، والتعرف على النزعات (Trends) والتغير في التحصيل من سنة لأخرى. ولا يمكن كذلك استخدامها كأداة للمساءلة أو المحاسبية (Accountability) سواء لأجهزة التعليم التنفيذية أو للمدرسة أو للمعلم. كما أن نتائج هذه الاختبارات لا يمكن الاستفادة منها في التعرف على الفروق بين مختلف فئات الطلاب لبناء سياسات، ووضع إجراءات لتقليص الفجوة في التحصيل بين هذه الفئات، كما أنها لا تساعد على تحديد الفروق في التحصيل من منطقة إلى أخرى داخل البلد الواحد.

التقويم التربوي: تحول في الوجهة:

برزت في العقدين الماضيين الحاجة إلى إجراء تعديلات أساسية في ممارسات التقويم التربوي على المستوى الوطني (National Assessment) وعلى مستوى ممارسات التقويم الصفي (Classroom Assessment)، ومن أهم العوامل التي أدت إلى ذلك مايلي:

أولاً: تغير طبيعة الأهداف التربوية:

فبعد أن ركزت حركة العودة للأساسيات (Back to Basics) على المهارات في المستوى الوظيفي الأدنى(low-level functional skills) مما -

مؤخراً - اتجاه قوي يركز على أهداف تربوية تبنى على معايير (Standards) عالية المستوى، تمس الكفايات المهمة للحياة (وخاصة سوق العمل)، ومنها التفكير الإبداعي، واتخاذ القرار، وحل المشكلات، والتعلم الذاتي، والتعاون، وإدارة الذات. فالتركيز على هذه الكفايات وعدم الاقتصار على أهداف المحتوى للمواد أدى إلى الاتجاه لتحديد نواتج تعلم نهائية أكثر شمولية.[1]

إن هذا التغير في الأهداف التربوية جاء بحيث يشمل - إلى جانب الكفايات المعرفية التخصصية - مهارات الحياة والكفاية الشخصية وقد وجه الاهتمام إلى أهمية التحول من أساليب التقويم التقليدية - التي تعتمد على الاختبارات التي تتطلب تذكر معلومات جزئية متناثرة، ولا تتطلب تطبيق الطلاب للمعلومات التي تعلموها أو إظهار مهارات التفكير العليا - إلى أساليب بديلة تركز على تقويم أداء الطالب في سياق حقيقي يناسب الأهداف ونواتج التعلم ذات العلاقة بالتعلم مدى الحياة.

ثانياً: العلاقة بين التقويم والتعليم والتعلم:

إن النظرة الحديثة للتعلم تؤكد على أن التقويم والتعلم مرتبطان بدرجة كبيرة، بل إنهما جزءان من عملية واحدة متكاملة (انظر الشكل رقم (2). ويؤدي الفصل بينهما إلى إهمال الطلاب للكفايات التي لا تدخل في التقويم، كما أن المعلمين يركزون تدريسهم (بوعي أو بدونه) على ما سيدخل في الاختبارات، وخاصة الاختبارات المركزية التي تعد من خارج المدرسة. إن التقويم له تأثير مباشر وغير مباشر على التعلم، فهو يؤثر بصورة مباشرة لأنه يوفر التغذية الراجعة الضرورية لتحسين التعلم، كما أن التقويم يؤثر بصورة غير مباشرة على التعلم لأن التدريس عادة يوجه نحو ما سيتم تقويمه وما يتم تدريسه للطالب هو ما سيتعلمه بالفعل.[2]

[1] (Marzano, Pickering and McTighe 1993).

[2] (Marzano Et. Al 1993).

ولذلك برز الاتجاه إلى التقويم المستمر الذي يتزامن مع عملية التعلم نفسها ولا ينفصل عنها.

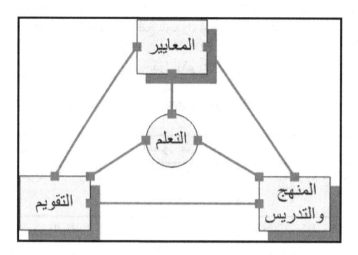

الشكل رقم (2) التكاملية في العملية التعليمية

ثالثاً: محدودية الممارسات المستخدمة في تقويم الطالب:

إن العامل الثالث الذي أدى إلى الحاجة إلى إصلاح التقويم هو أن الأساليب المستخدمة غالباً في التقارير التي تقدم عن مستوى تحصيل الطلاب لا توفر تغذية راجعة ذات معنى حول أداء الطالب. فالطالب وولي أمره يحصلان على تقرير بدرجات الطالب، لا يوضح الكفايات التي أخفق في تحقيقها أو تلك التي تميز فيها. وبالرغم من أن هذه الطريقة سهلة ومباشرة ومقننة يمكن مقارنة الطلاب بناءً عليها، إلا أنها لا توفر معلومات للطالب أو لولي أمره حول ما يجب عليه عمله لتحسين فرصه في الحصول على مستويات أعلى واكتساب الكفايات التي أخفق في اكتسابها سابقاً [1]. ومن هنا دعا الكثير من المختصين إلى استخدام تقارير توضح مستوى إتقان الطالب مقارنة بمحكات ومعايير واضحة، انظر على سبيل المثال.[2]

[1] (Marzano Et. Al 1993)

[2] .(Wiggins 1998 ،Nitko 2004)

أبرز التحولات في التقويم:

إن هذه المتغيرات في مجال الأهداف والأساليب أدت إلى حدوث تغير في الوجهة (Paradigm) shift في التقويم، ويوضح الجدول رقم (2) أبرز هذه التحولات:

جدول رقم (2)

أبرز التحولات في التقويم

مجال التحول	التحول من	التحول إلى
أغراض التقويم التربوي	الاقتصار على التقويم للمحاسبية	التقويم للتعلم
علاقة التقويم بالواقع (context)	التقويم البعيد عن السياق الواقعي	التقويم الحقيقي والتركيز على استخدام المهارات في سياق واقعي
التحول في عدد المقاييس ونوعها	من مقياس منفرد (الاختبار مثلاً)	مقاييس متعددة تشمل الاختبارات والتقويم البديل (مثل تقويم الأداء وملفات أعمال الطلاب)
أبعاد التعليم ومعاييره	بعد مفرد واحد	أبعاد تعلم متعددة ومتداخلة
أبعاد الذكاء	أبعاد قليلة(مهارات عددية ونقطية)	أبعاد متعددة (الذكاء المتعدد)

التحول في أغراض التقويم:

شهد العقد الماضي تركيزاً كبيراً من التربويين على أهمية إعادة النظر في أغراض التقويم التربوي، فبعد أن كان التركيز على تقويم التعلم (Assessment ot Learning) وهو التقويم الذي يركز على قياس ما يعرفه المتعلم ويستطيع عمله من خلال استخدام التقويم النهائي باستخدام اختبارات في نهاية الصفوف الدراسية على مستوى المدرسة أو اختبارات وطنية شاملة، أصبح التركيز في معظم جهود إصلاح التقويم على مفهوم التقويم للتعلم (Assessment for Learning) وهو استخدام التقويم الصفي لتحسين التعلم.

وهذا التحول أدى إلى توجيه انتباه التربويين إلى أنه وإن كان تقويم التعلم الذي يهدف إلى المحاسبية (سواء للأنظمة التعليمية أو للمعلم أو للطالب) جزءاً مهماً من أي نظام للتقويم إلا أن الغرض الأساسي للتقويم يجب أن يكون استخدام التقويم لتحسين التعلم من خلال جعله عنصراً أساسياً في عملية التعليم والتعلم، واستخدامه كأداة لتوفير شواهد موثقة حول ما يعرفه الطالب، ويستطيع عمله في سياق حقيقي واقعي، واستخدام هذه الشواهد كتغذية راجعة تسهم في تحسين عملية التعليم والرفع من مستوى تعلم الطالب

التحول في علاقة التقويم بالواقع:

لقد صاحب التحول في أغراض التعلم تحولاً في فلسفة الممارسات التقويمية وأساليبها. حيث برز التركيز على ربط التقويم بالحياة وذلك من خلال تبني التقويم الحقيقي (Assessment Authentic) وهو العملية التي يتم من خلالها جمع الشواهد حول تعلم الطالب ونموه في سياق حقيقي وتوثيق تلك الشواهد[1] أو كما تعرفه رابطة تطوير الإشراف والمناهج (Association for Supervision and Curriculum Development) بأنه التقويم الذي يقيس بواقعية المعارف

---

[1] (Ryan 1994).

والمهارات التي يحتاجها الطالب للنجاح في حياته في سن الرشد. ويطلق على هذا النوع من التقويم في بعض الأدبيات تقويم الأداء، وهو الذي يجعل الطالب يؤدي مهمة معينة مثل: جمع عينات من الصخور من محيطه، وتسجيل الملاحظات حولها، بدلاً من الاقتصار على الإجابة على اختبار الاختيار من متعدد حول أنواع الصخور وخصائصها. إلا أن السمة المميزة للتقويم الحقيقي هي: أن التقويم الحقيقي غير سطحي أو متصنع، ولكنه مأخوذ من حياة الإنسان ومحيطه، فبدلاً من أن يطلب من الطالب الكتابة إلى شخص غير موجود أو متخيل، يطلب منه الكتابة لشخص حقيقي ولتحقيق هدف معين.[1]

ولجعل التقويم حقيقياً ظهرت أساليب متنوعة سميت بالتقويم البديل ((Alternative Assessment) التي تتضمن استخدام استراتيجيات متنوعة، مثل تقويم الأداء واستخدام بنود في الاختبارات تتطلب بناء استجابات (constructed response items)، وتقويم ملف الطالب(Portfolio Assessment) بديلاً عن الاقتصار على اختبارات الاختيار من متعدد.

التحول في عدد المقاييس ونوعها:

كان التركيز سابقاً في الكثير من الممارسات التعليمية على الاختبارات كوسيلة وحيدة أو رئيسة في تقويم أداء الطالب، وأدى هذا إلى العديد من السلبيات من أهمها[2]:

- التركيز على المهارات العقلية الدنيا (مثل التذكر والفهم)، وإغفال بعض الكفايات المهمة التي يفترض أن يتعلمها الطالب.
- التدريس من أجل الاختبارات، وذلك لشعور المعلمين بضغوط كبيرة لرفع مستويات طلابهم في تلك الاختبارات، ولذلك فهم يتوجهون للتدريس من

---

(1) ASCD 2005.

(2) (Popham 2001, 2003 ،Ryan1994)

أجل اجتياز طلابهم لتلك الاختبارات بتدريبهم على بنود الاختبارات أو بنود مشابهة لها.

- تركيز الطلاب على الحصول على درجات عالية، وتعزيز الروح التنافسية لديهم والسلوكيات الخاطئة التي قد تنتج عن ذلك.

- النظر لعمليتي التدريس والتقويم على أنها عمليتان منفصلتان، وبالتالي فإن الاختبارات في الغالب تلي عملية التدريس، ولا تؤثر، فيها ولا يعلم الطالب عن نتيجته إلا بعد انتهاء التدريس، ولا يكون بمقدوره تعلم المهارة التي لم يتقنها مرة أخرى.

- لا تعطي الاختبارات معلومات دقيقة وثابتة حول قدرات الطلاب في بعض المواد الدراسية مثل (القراءة والكتابة والرياضيات).

- تضخم درجات الطلاب من سنة لأخرى وعدم وجود مبرر منطقي لذلك التضخم.

هذه السلبيات وغيرها دفعت للاهتمام بأساليب التقويم البديل للاختبارات الذي يركز على تقويم الأداء وتقويم ملفات أعمال الطلاب، والتقويم القائم على الملاحظة وغيرها.

التقويم لضمان الجودة في التعليم: نموذج تكاملي:

يقدم هذا الجزء من الورقة نموذجاً تكاملياً للتقويم تم تصميمه بناءً على المعطيات والمتغيرات التي حدثت في النظرة للتعليم والتعلم والتقويم، ويعتمد هذا النموذج على المبادئ الأساسية التالية:

- النظر للتعليم والتعلم والتقويم على أنها أجزاء لعملية تكاملية واحدة، والمواءمة الكاملة بين هذه الأجزاء مع المعايير المحددة للتعليم.

- الانطلاق من رؤية واضحة للتقويم يكون الهدف الرئيس منه هو تحسين تعلم الطالب والرفع من جودة العملية التعليمية.

- التكامل بين مختلف مستويات التقويم سواء التقويم الصفي أو التقويم الوطني. ويقدم الشكل رقم (2) نموذجاً تكاملياً للتقويم على المستويين الصفي والوطني.

الشكل رقم (2)

نموذج تكاملي مقترح للتقويم على المستويين الصفي والوطني

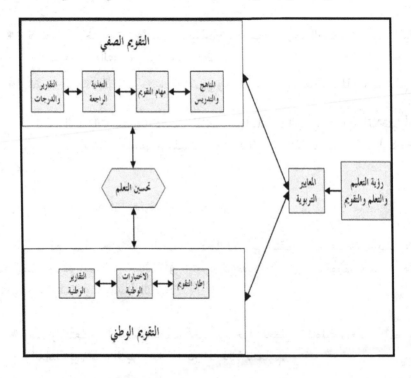

أغراض التقويم:

إن التقويم الذي يسهم في ضمان جودة التعليم يجب أن يتناول الغرضين الرئيسين للتقويم وهما: التقويم لتحسين التعلم، وتقويم التعلم للتعرف على جودة نواتجه وتحقيقه للمعايير. ولذلك فإن نموذج التقويم كما يوضحه الشكل رقم (2) يحتوي على مستويين من التقويم هما: التقويم الصفي، والتقويم الوطني. ومما يميز هذا النموذج أن المستويين من التقويم يقومان على المعايير الوطنية المعتمدة نفسها. كما أنهما يتبنيان الرؤية نفسها للتقويم من خلال تنويع أساليب التقويم وعدم الاقتصار على الاختبارات التقليدية (اختبار الاختيار من متعدد) بل تضمينها مهام تقويم حقيقية مرتبطة بالحياة، ويمتد مستوى التقويم ليشمل تقويم الأداء والعمليات العقلية العليا.

المعايير

إن المنطلق لبناء أي نظام تقويم يجب أن يعتمد على معايير (Standards) واضحة ومحددة، ويقصد بالمعايير في مفهومها الحديث الوصف المحدد لما يجب أن يتعلمه الطالب ويستطيع عمله. وللمعايير عادة شكلان رئيسان هما:

- معايير المحتوى (content standards) وهي شبيهة بما يطلق عليه عادة أهداف التعليم، وهي التي تحدد ما يجب أن يعرفه الطالب، ويستطيع عمله في المواد الدراسية المختلفة مثل: الرياضيات والعلوم...إلخ.
- معايير الأداء (performance standards)، وهي التي تحدد مستويات التعلم المتوقعة من الطالب من معايير المحتوى.

التقويم الصفي

إن الرؤية للتقويم الصفي هي أن يكون تقويماً حقيقيًا (Authentic assessment) معززًا للتعلم، وذلك بأن يبنى على كفايات تعلم محددة، وأدوات تقويم تتسم بالصدق والثبات والتنوع في الأساليب، وذلك للوصول إلى أحكام صحيحة حول جميع جوانب تعلم الطالب، ونموه العقلي والاجتماعي في جميع المراحل الدراسية، وتوظيف نتائج التقويم للوصول بالطالب إلى أقصى طاقاته الممكنة، وتحسين عملية التعلم ونواتجها، وإلى جعل التقويم ضمن عملية التدريس وليس منفصلاً عنها. ومن أهم خصائص التقويم الصفي الفاعل الذي يسهم في تحسين التعلم:

- مهام التدريس والتقويم لها علاقة بحياة الطالب (تقويم حقيقي).

- قائم على كفايات تعلم واضحة وتوفر قدراً من التحدي لقدرات المتعلمين.

- يركز على ما يعمله الطالب في سياقات مختلفة خلال فترات معينة من الفصل الدراسي.

- يستخدم مهام تقويم متنوعة ولا يقتصر على اختبارات الاختيار من متعدد، وإنما يدخل فيها بنود اختباريه تتطلب بناء الاستجابة (Constructed Response)، و ملفات أعمال الطالب، وتقويم الأداء... إلخ.

تطوير التقارير (Grading and Reporting):

حظيت التقارير التي تقدم باعتبارها نتيجة للتقويم باهتمام كبير نظراً لأهميتها في تحسين التعلم داخل الصف وفي إعطاء صورة واضحة عن تعلم الطالب يستفيد منها الطالب وولي أمره. فعلى المستوى الصفي من المهم أن تتحول التقارير من " شهادات " ودرجات أو تقديرات عن مستوى أداء الطالب، إلى توثيق مفصل يعطي صورة واضحة عن مستوى تعلم الطالب لكل كفاية من الكفايات، كما أن تبني رؤية جديدة للتقويم مبنية على تنويع أساليب التقويم، على أن التقويم

الحقيقي يتطلب أشكالاً جديدة من التقارير التي تقدم عن تحصيل الطالب. فالتقويم بمفهومه الحديث الذي يقدم معلومات وفرتها مهام التقويم الحقيقي بالاعتماد على معايير أداء مصنفة وفقاً لمجالات ومحكات محددة، يتطلب نظاماً جديداً للتواصل مع الطلاب وأولياء الأمور وغيرهم حتى يستفاد من المعلومات التي وفرها التقويم بشكل كامل.[1]

إن التقارير والدرجات لها غرض رئيس وهو جعل الطلاب وأولياء أمورهم قادرين على فهم أدائهم الدراسي، ومعرفة ما هو المطلوب للتعلم المستقبلي وللتقويم والإتقان فيه وهناك مجموعة من المعايير يمكن استخدامها لتصميم التقارير عن أداء الطالب والحكم على جودة تلك التقارير ومن هذه المعايير:[2]

- أن تركز التقارير على النواتج المطلوبة لعملية التعلم.

- أن تعطي التقارير صورة واضحة وموثوقة عن أداء الطالب بالاعتماد على معايير الأداء المحددة.

- أن تقدم التقارير مقارنة لأداء الطالب بالمعايير والتوقعات من الصف الدراسي الذي يدرس فيه، ومعايير الفوج الدراسي الذي ينتمي إليه أو مزيج من هذه المعايير.

- جعل الوزن الذي يعطى لمختلف عناصر التقويم لتحديد الدرجة أو التقدير (مثل التحصيل والتقدم فيه والعادات والسلوكيات والاتجاهات) واضحاً ومضطرداً لجميع الطلاب والمعلمين.

- دعم الأحكام التي تقدم في التقارير عن أداء الطالب بالشواهد والبيانات.

- أن تأخذ التقارير في الحسبان الفروق الفردية بين الطلاب وذلك من خلال التركيز في التقويم على مقارنة أداء الطالب الحالي بأدائه السابق، والتقدم الذي أحرزه لتحقيق معايير التعلم.

---

[1] (Wiggins1998).

[2] (Wiggins): المصدر السابق نفسه.

التغذية الراجعة الفاعلة Effective Feedback:

إن توفير التغذية الراجعة المستمرة ذات الجودة العالية عنصر أساس لتحقيق التقويم لأغراضه التي يأتي في مقدمتها تحسين التعلم. والتغذية الراجعة هي: المعلومات حول مدى تحقيق الفرد لهدف أو غرض معين. ولذلك فهي مختلفة عن المديح أو الإطراء أو الذم، فهي تهتم بتعديل الأداء بناء على معلومات مفيدة تقدم للطالب. والتغذية الراجعة تقدم على شكلين: بعد أداء الطالب لمهمة معينة أومتزامنة مع أنشطة ومهام التقويم. فالتغذية الراجعة الفاعلة تجعل لدى الطالب القدرة لتعديل أدائه للوفاء بمتطلبات معايير الأداء، ولذلك فإن من المهم ألا يقتصر تقديم التغذية الراجعة بعد التقويم فقط وإنما اعتباره محوراً لعملية التقويم نفسها، فالمؤشر الرئيس لفاعلية التقويم هو التعديل الذاتي الذي يقوم به الطالب أثناء الأداء للوصول إلى هدف معين وهذا ما يجب أن توفره التغذية الراجعة.[1]

التقويم الوطني:

يجرى التقويم الوطني لتحصيل الطلاب في الغالب باستخدام اختبارات وطنية مركزية، ويهدف التقويم الوطني إلى:

- المحاسبية للمدرسة بشكل خاص وللأنظمة التعليمية بشكل عام وكأداة لضمان الجودة.
- تحسين البرامج التدريسية في المدرسة من خلال استخدام نتائج الاختبارات كتغذية راجعة يستفاد منها لتحسين الممارسات التدريسية.
- دراسة النزعات (Trends) للتعرف على التغير في التحصيل من وقت لآخر.
- المحاسبية على مستوى الطالب للتحقق من أنه قد حصل على حد أدنى من الكفايات المطلوبة (مثل اختبارات نهاية المرحلة الثانوية).

---

[1] (Wiggins 1998)، المصدر السابق نفسه.

- الاعتماد عليها في القرارات التربوية مثل نقل الطالب من صف دراسي لأعلى أو تحديد التعليم المناسب له.

- تطوير المناهج والبرامج التعليمية.

ومن المتطلبات الأساسية للاختبارات الوطنية أن تكون مفيدة للمعلمين في تحسين تدريسهم للطلاب، وأن توفر تلك الاختبارات معلومات يمكن استخدامها لمساءلة الجهات التعليمية، ولتقويم أداء المعلمين والمدارس وإدارات التعليم. وقد حددت لجنة مكونة من مجموعة من الهيئات التربوية في الولايات المتحدة الأمريكية (The Commission of Instructionally Supportive Assessment) 2001 مجموعة من المتطلبات للاختبارات الوطنية حتى تؤدي الغرضين الرئيسيْن (تحسين عملية التدريس والمساءلة) منها:

- وضع أولويات لمعايير المحتوى تصف الكفايات أو العلوم والمعارف والمهارات المفترض أن يتقنها الطالب في كل مرحلة أساسية، وتركيز التقويم عليها. وتعود أهمية الأولويات إلى أن المناهج التعليمية غالباً تحتوي على قدر كبير من العلوم والمعارف والمهارات مما يجعل تقدير مدى اكتساب جميع الطلاب لها غير ممكن. ولذلك فإن من الضروري وضع أولويات للمحتوى، بحيث يشمل التقويم المحتويات الأساسية في المنهج فقط؛ حتى يمكن إعطاء تغذية راجعة للمعلمين عن أداء طلابهم مما يسهم في تحسين عملية التدريس.

- بعد وضع الأولويات لابد أن تقوم الجهات المعنية بالتقويم بشرح معايير المحتوى التي ستدخل في التقويم بشكل كامل يستوعبه المعلمون وأولياء الأمور، ويسهم في مساعدة المعلمين في التخطيط لعملية التدريس وتنفيذها بشكل فاعل.

- بعد إجراء الاختبارات على مستوى الوطن يتم إعداد تقارير عن أداء كل طالب بالتفصيل (يتم ذكر نتيجته لكل كفاية من الكفايات التي دخلت في التقويم)، بالإضافة إلى تقديم تقارير عن أداء كل مدرسة ومنطقة تعليمية. وهذا النوع من التقارير يساعد المعلمين والمدارس وإدارات التعليم وأولياء

الأمور في التعرف على جوانب القوة والضعف لدى الطلاب، والعلوم المهارات التي أتقنوها وتلك التي لم يتمكنوا من إتقانها.

- أن تقوم الجهات التعليمية بمراقبة عملية التدريس للتأكد من أن انتباهاً كافياً يعطى لتدريس جميع محتويات المنهج حتى تلك المحتويات التي لا تدخل في الاختبارات الوطنية، وذلك لأن الطلاب يستفيدون من المناهج التي تتسم بالثراء والعمق في الوقت نفسه، ولذلك فإن مراقبة تدريس المناهج بشكل كامل، يضمن عدم تركيز المعلمين على المعارف والمهارات التي تدخل في الاختبارات الوطنية فقط (التدريس للاختبارات).

- أن تصمم الاختبارات بشكل يعطي جميع الطلاب فرصًا متساوية لإظهار مدى إتقانهم للعلوم والمعارف والمهارات التي يحتويها الاختبار. وبما يسمح بإصدار استنتاجات صادقة عن مستوى تحصيلهم، وهذا يعني أهمية بناء الاختبارات وفق معايير محددة تضمن عدم تحيزها لفئة من الطلاب بناءً على خلفيتهم الثقافية أو الاجتماعية أو الاقتصادية، وأن تأخذ في الاعتبار كذلك حاجات الطلاب ذوي الاحتياجات الخاصة.

- أن يحصل المعلمون وغيرهم من المعنيين بالعملية التعليمية على التطوير المهني الذي يمكنهم من الاستفادة من نتائج الاختبارات لتحسين استراتيجيات التدريس المستخدمة.

- أن تقوم الجهات المعنية ببناء الاختبارات الوطنية بالتطوير المستمر لاختباراتها؛ لضمان أن تلك الاختبارات مناسبة لغرض التعرف على مستوى جودة تحصيل الطلاب، ولتطوير عملية التدريس، ولاستخدامها لمساءلة المؤسسات التعليمية المعنية.

التأثير المتبادل بين التقويم الصفي والتقويم الوطني:

يؤكد النموذج التكاملي المقترح على التأثير المتبادل بين مستويي التقويمين الصفي و الوطني. فنتائج كل مستوى تستخدم في المستوى الآخر لتحقيق أهداف تحسين التعلم. فعلى سبيل المثال يتم استخدام نتائج التقويم

الوطني الذي كشف عن ضعف في تحصيل الطلاب لكفاية تعليمية مهمة (مثل العمليات على الكسور في مادة الرياضيات) في إعطاء التغذية الراجعة للمعلمين داخل الصف؛ للتركيز بشكل أفضل على تدريس تلك الكفاية وتقويمها ومعالجة ضعف الطلاب فيها. ومن جهة أخرى يتم الاستفادة من المستجدات التعليمية على المستوى الصفي كتوظيف أساليب تدريس أو تقويم جديدة في تصميم وتطوير برامج التقويم على المستوى الوطني.

متطلبات أساسية لتطبيق النموذج:

إن تطبيق النموذج المقترح للتقويم يتطلب مجموعة من الإجراءات لوضعه موضع التنفيذ، ولضمان نجاحه، ومن أهم هذه الإجراءات:

- وضع سياسات وطنية تجعل تقويم تحصيل الطلاب في مراحل حاسمة من حياتهم التعليمية إجراءاً دورياً مقنناً من خلال تطبيق اختبارات وطنية.
- تطوير سياسات وأنظمة التقويم الصفي وذلك بإعطاء مساحة أكبر لممارسة التقويم الحقيقي، وأساليب التقويم البديلة، وعدم الاقتصار على الاختبارات التحصيلية فقط.
- ومن التطويرات الضرورية تبني أسلوب التقويم الصفي المعتمد على الكفايات، و أسلوب التقويم المستمر في مختلف الصفوف الدراسية مع بقاء اختبارات التخرج لنهاية المرحلة الثانوية.
- التطوير المهني في للعاملين في التعليم بمختلف مستوياتهم من معلمين ومشرفين تربويين ومديري مدارس في مختلف مجالات القياس والتقويم التربوي وتضمين برامج مؤسسات إعداد المعلم لمهارات التقويم التربوي المطلوبة.
- توفير المصادر لمهام التقويم وجعل الوصول إليها متاحاً وميسراً لجميع من يحتاجها من الطلاب وأولياء أمورهم وذلك باستخدام التقنيات الحاسوبية وشبكة الإنترنت.

نموذج التقويم السفي

المدرسة:.................. الصف:............ المادة:..................

الرقم	الاسم	السلوك	المشاركة في الأنشطة	يدون الإجابات بشكل منظم	يتواصل مع زملائه بلغة سليمة	يتواصل بصرياً مع جميع الطلاب والمعلم	يطرح أفكاراً أو أسئلة	يجيب عن الأسئلة بثقة	يحضر أدواته الدراسية	المحافظة على النظافة	الحوار والمناقشة	المجموع
1												
2												
3												
4												
5												
6												
7												
8												
9												
10												
11												
12												
13												
14												
15												
16												
17												
18												
19												
20												

- ملاحظة:

يقوم المعلم بكتابة أسماء الطلاب ويضع معيار لكل طالب بوضع علامة () أو (X) حسب أداء الطالب أو المجموعة.

أو ممتاز (5)، جيد جداً (4)، جيد (3)، متوسط (2)، ضعيف (1)

استراتيجية التقويم المعتمد على الأداء والملاحظة.

أداة التقويم: سلم التقدير.

الصف / الشعبة		التاريخ:

تقويم		الخاص بدرس ().

قدر بـــ
+ممتاز
√ جيد جداً
— جيد
X ضعيف

الرقم	اسم الطالب														

استراتيجيات التقويم المعتمد على الأداء.

أداة التقويم (سلم التقدير).

خاص بالحصة

الصف / الشعبة: التاريخ:

قدر بـ

4 ممتاز
3جيد جداً
2 جيد
1 ضعيف

الرقم	اسم الطالب	يجد الجواب النهائي بدقة ، ويحدد وحدة النتائج	يستخدم الأدوات في المختبر استخداما آمناً	يحافظ على نظافة وبيئة المختبر	يطرح أسئلة ذكية ومبادرات خلاقة	يضبط ذاته لمتابعة الحصة بفاعلية	يتعاون مع زملائه ويحترم الرأي الآخر	يوظف المعرفة العلمية النظرية في التطبيق العملي	

يمكن للمعلم هنا أن يقوّم أفراد مجموعة واحدة على أن يقوّم المجموعات الأخرى في حصص لاحقة.

ضرورة اطلاع الطلبة على ملاحظات المعلم على أداء كل منهم و إعطاء تغذية راجعة سريعة.

علامة الطالب التي تسجل في سجل العلامات = (مجموع علامات الطالب على فقرات الأداء / 40) *العلامة المقررة لخانة الأداء في دفتر العلامات.

استراتيجيات التقويم		
الاستراتيجية	الفعالية	الأداة
التقويم المعتمد على الأداء	التقديم – العرض التوضيحي – الأداء العملي –الحديث:(سرد قصة – إعادة رواية – تعبير – تلخيص) –المعرض – المحاكاة – لعب الأدوار – المناقشة – المناظرة.	سلم تقدير لفظي: (دائماً – غالباً – أحياناً – نادراً)، (متقدم – متوسط -ضعيف)، (درجة عالية – درجة متوسطة – درجة متدنية)، (ممتاز – جيد – متوسط) - سلم تقدير عددي: (4 – 3 – 2 – 1) – سلم تقدير نسبي: (100% -75% – 50%- 1 %) – قائمة الرصد (الحصر/الشطب): (موافق/ غير موافق-نعم /لا – صح /خطأ - ✔ / ✘ - مرضٍ/غير مرضٍ – غالباً/نادراً - مناسب/غير مناسب) - سجل وصف سير التعلم – السجل القصصي.
الملاحظة (غالباً خلال الموقف الصفي)	يلاحظ: المعلم – أو المرشد – أو زميل الطالب – أو مجموعته – أو الطالب نفسه.	
التواصل (غالباً بعد الموقف الصفي)	المقابلة "المعلم يقوم الطالب بعد المقابلة" – الأسئلة والأجوبة (بوضع مجموعة أسئلة ثم يقوم المعلم بتسجيل ملحوظاته على كل إجابة) - المؤتـمر.	
مراجعة الذات	التقويم الذاتي "الطالب يقوم نفسـه" -	
	يوميـات الطـالب: (مذكرة) – ملف الطـالب.	
القلم والورقة	الاختبار:(أسئلة:معرفية،فهم،عقلية عليا)، (الاختبار القصير)، (الامتحان: اليومي،الشهري،النهائي)- اختيار الإجابة - إجابة أسئلة تقويم الدرس-المقالة.	

	2. حل المشكلات والاستقصاء	3. التعلم في مجموعات	4. التعلم من خلال النشاط	5. التفكير الناقد	6. أخرى
التدريس المباشر 1. محاضرة 2. ضيف زائر 3. أسئلة وأجوبة 4. كراس عمل / أوراق عمل 5.عرض توضيحي 6. حلقة بحث 7. العمل في الكتاب المدرسي 8. التدريبات والتمارين 9. أنشطة القراءة المباشرة 10. البطاقات الخاطفة		المناقشة المقابلة الشبكة العنكبوتية الطاولة المستديرة تدريب الزميل فكر/ انتق زميلا/ شارك التعلم التعاوني الجماعي نظام الزمالة	المناظرة الألعاب المناقشة ضمن فرق الرواية الدراسة المسحية التدوير الزيارة الميدانية تقديم عروض شفوية التدريب لتعلم من خلال المشاريع	مهارات ما وراء المعرفة منظمات بصرية التحليل	

استراتيجيات التقويم	1. التقويم المعتمد على الأداء	2. القلم والورقة	2. الملاحظة	3.التواصل	4. مراجعة الذات	6. أخرى
	التقديم العرض التوضيحي الأداء الحديث المعرض المحاكاة / لعب الأدوار المناقشة/ المناظرة	اختبار/اختبار قصير/امتحان أنواع فقرات الاختبار: 1. فقرات ذات الإجابة المحددة (المنتقاة) • فقرات الاختيار من متعدد • فقرات المطابقة • فقرات الصواب والخطأ • فقرات ذات الإجابة المفتوحة (الموجهة) • فقرات التكميل • الإجابة القصيرة • الإنشائية وحل المسائل	ملاحظة تلقائية ملاحظة منظمة	المؤتمر المقابلة الأسئلة والأجوبة	التقويم الذاتي يوميات الطالب ملف الطالب	

أدوات التقويم	1. قائمة الرصد	2. سلم التقدير	3. سلم التقدير اللفظي	4. سجل وصف سير التعلم	5. سجل قصصي	6. أخرى

نموذج إعداد درس – الخطة اليومية

المادة:.........   الموضوع:.........   الصف:.............

الحصة:...........   اليوم:............   التاريخ:...........

نتاجات التعلم	استراتيجيات التدريس	استراتيجيات التقويم
يتوقع من الطالب أن يكون قادراً على تحقيق الأهداف المرجوة في الحصة	إدارة الصف/ التمهيد للدرس التدريس المباشر: ● العمل في الكتاب المدرسي ● المناقشة والحوار ● طرح الأسئلة ● التعزيز ● استخدام اللوحات ● مراجعة المعلومات ● السبورة والطباشير حل المشكلات والاستقصاء التعليم المبني على النشاط العمل في مجموعات	التقويم بالقلم والورقة تشجيع الطلاب على التعلم التعاوني بتقسيمهم إلى مجموعات و ملاحظة أداء كل مجموعة ● متابعة الطلاب من خلال المشاركة و إجابة الأسئلة المطروحة داخل الصف ● التغذية الراجعة - ● أسئلة الكتاب

نموذج إعداد خطة سنوية

المادة:.......... الصف:........... السنة الدراسية:........

المديرية:........... المدرسة:........ اسم المعلم:..........

المحور الرئيسي	الزمن	نتاجات التعلم	استراتيجيات التدريس المقترحة	استراتيجيات التقويم المقترحة
المحتوى العام للوحدات الدراسية	يراعى عدد الحصص لكل مادة	يتوقع من الطالب أن يكون قادراً على تحقيق الأهداف المرجوة في الفصل الدراسي	إدارة الصف/ التمهيد للدرس التدريس المباشر: • العمل في الكتاب المدرسي • المناقشة والحوار • طرح الأسئلة • التعزيز • استخدام اللوحات • مراجعة المعلومات • السبورة والطباشير حل المشكلات والاستقصاء	• التقويم بالقلم والورقة: الامتحانات- أوراق عمل • متابعة الطالب من خلال المشاركة وإجابة الأسئلة المطروحة داخل الصف • التغذية الراجعة • الملاحظة • أسئلة الكتاب

			التعليم المبني على النشاط العمل في مجموعات: تشجيع الطلاب على التعلم التعاوني بتقسيمهم إلى مجموعات و ملاحظة أداء كل مجموعة وتطبيق استراتيجية الطاولة المستديرة (round robin)	• الأنشطة والتقارير من خلال البحث عبر المواقع الإلكترونية • التقويم المعتمد على الأداء

الفروق الفردية والتقويم:

1. تهيئة وتوطئة.
2. تعريفُ الفروق الفردية.
3. العواملُ المؤثرة في ظهور الفروق الفردية.
4. أساليبُ مراعاة الفروق الفردية بين المتعلمين.
5. كيفية التعامل مع الطلبة بطيئي التعلم.
6. كيفية التعامل مع الطلبة سريعي التعلم.
7. دور المعلم أثناء التدريس تجاه الفروق الفردية.

الـفروقُ الـفـرديّـة:

قال تعالى:

(نَرفَعُ دَرَجَاتٍ مَنْ نَشَاءُ وَفَوْقَ كُلِّ ذِي عِلْمٍ عَلِيمٌ) (يوسف: من الآية 76)

صدق الـلـه العظيم

أولاً: تهيئةٌ وتوطئةٌ:

(الفروقُ الفردية) ظاهرة عامة في جميع الكائنات العضوية، وهي سُـنـة من سُـنـن الـلـه في خلقه؛ فأفراد النوع الواحد يختلفون فيما بينهم، فلا يوجد فردان متشابهان في استجابة كل منهما لموقف ما، وهذا الاختلاف والتمايز بين الأفراد أعطى الحياة معنى، وجعل (للفروق الفردية) أهمية في تحديد وظائف الأفراد، وهذا يعني أنه لو تساوى جميع الأفراد في نسبة الذكاء فلن يصبح الذكاء حينذاك صفة تميز فردا عن آخر. وقد قال الأصمعي في هذا:

[لن يزال الناسُ بخير ما تباينوا، فإذا تساووا هلكوا]

وتعد ظاهرة (الفروق الفردية) من أهم حقائق الوجود الإنساني التي أوجدها الـلـه في خلقه حيث يختلف الأفراد في مستوياتهم العقلية، فمنهم العبقري والذكي جدا والذكي ومتوسط الذكاء ومنخفض الذكاء هذا فضلا عن تمايز مواهبهم وسماتهم المختلفة وخصائصهم....

و(الفروقُ الفردية) بهذا المعنى ركيزة أساسية ومهمة في تحديد المستويات العقلية والأدائية الراهنة والمستقبلية للمتعلمين، ولذلك فقد أصبحت (الاختباراتُ العقلية) وسيلة مهمة تهدف إلى دراسة احتمالات النجاح أو الفشل العقلي في فترة زمنية لاحقة.

من الأساليب التربوية لدى العلماء والمربين أسلوب مراعاة الفروق الفردية بين المتعلمين ومراعاة الفروق الفردية، تعني مخاطبة المتعلم وفق مستواه في الفهم والقدرة على الاستيعاب لما يلقى غليه من العلوم والمعارف قال بن خلدون (وإذا ألقيت عليه الغايات في البدايات وهو حينئذ عاجز عن الفهم والوعي بعيد عن الاستعداد له، كلّ ذهنه عنها وحسب ذلك من صعوبة العلم في نفسه فتكاسل عنه وانحرف عن قبوله وتمادى في هجرانه) ويقتضي هذا الأمر من المعلم إعداد المادة العلمية إعداداً يتناسب مع مستويات طلابه لأن العطاء لابد أن يكون على مستوى قدرة الطالب العقلية فمن الطلاب من هو سريع الفهم يستوعب من أول مرة، وآخر أقل منه فيفهم ويستوعب للمرة الثانية من الإعادة وآخر للمرة الثالثة والرابعة وهكذا، وقد جاء ذلك عن النبي صلى الـله عليه وسلم أنه إذا تكلم بكلمة أعادها ثلاثاً حتى تفهم عنه، قال بن خلدون (وجه التعلم المفيد إنما يحصل في ثلاث تكرارات، وقد يحصل لبعضهم في أقل من ذلك) وقصد ذلك المعنى ابن جماعة فقال (أن يحرص على تعليمه وتفهيمه ببذل جهده وتقريب المعنى له وذلك من غير إكثار لا يتحمله أو بسط له لا يضبطه حفظه كما أن عليه أن يوضح لمتوقف الذهن العبارة ويحتسب إعادة الشرح له وتكراره) وقال الغزالي ويجب على المعلم أن يشخّص طبيعة المبتديء من الذكاء والغباوة ويعلمه على مقدار وسعه ولا يكلفه الزيادة على مقداره فإذا كُلف الزيادة يئس عن تحصيل العلم) إن من أهم نجاح المعلم في العملية التعليمية معرفته لخصائص نمو الطلاب النفسي والعقلي والوجداني والاجتماعي، كما أن الطلاب ليسوا جميعاً على نسق ومستوى واحد من الاستعدادات والميول والقدرات والاتجاهات، إذ أن منهم من هو متوقد الذهن قوي الذكاء ألمعي سريع البديهة ومنهم من هو أقل من ذلك والتعليم للجميع بالأسلوب نفسه والطريقة ذاتها يعد إجحافاً في حقهم نظراً للفروق الفردية بينهم.

ثانيا: تعريفُ الفروق الفردية:

"الانحرافات الفردية عن متوسط المجموعة في صفة أو أكثر"

و(الفروق الفردية) بهذا المصطلح تتضح للمعلم في غرفة صفه بصور ة جلية أكثر مما تتضح لغيره من الباحثين أو الدارسين(لماذا؟) ومن هنا فعليه " المعلم " تمثل هذه (الفروقات الفردية)، ومراعاتها في الموقف التعليمي؛ كونه أدرى بها وأخبر.

ثالثا: العوامل المؤثرة في ظهور الفروق الفردية:

هناك عوامل عدة تؤثر في مستوى (الفروق الفردية) بين المتعلمين:

1. العوامل الوراثية.
2. العوامل البيئية.
3. المستوى الاقتصادي والاجتماعي للأسرة.

رابعا: أساليب مراعاة الفروق الفردية بين المتعلمين:

والسؤآل المهم الذي يطرح نفسه بقوة ما الأساليب التي يكمن أن يلجأ إليها المعلم لتقليص الفارق في درجة (الفروق الفردية) بين المتعلمين، وإحداث تعليم جيد؟

وللإجابة عن هذا السؤآل يمكن القول إن هناك مجموعة من الإجراءات يمكن أن يلتزم بها المعلم، أو ببعضها من أجل التغلب على الهوة في درجة (الفروق الفردية) بين المتعلمين في غرفة الصف، وبالتالي يحدث تعلما متوازنا بين طلابه، ومن أهمها:

- **تنويع استراتيجيات التعلم:**

أ. المتعلم المُبْصر: [يبصر ثم يتعلم].
ب. المتعلم المصغي: [يصغي ثم يتعلم].
ج. المتعلم المطبق: [يطبق ثـم يتعلم].
د. المتعلم المتعاون: [يتعاون فيتعلم].
ه. المتعلم الباحث: [يبحث فـيتعلم].

نسبُ الاحتفاظ بالمعلومات في عملية التعليم والتعلم			
النسبة %	قناة التعلم	النسبة %	قناة التعلم
%10	القراءة	%50	الرؤية والاستماع
%20	الاستماع	%80	القول
%30	الرؤية	%90	التطبيق

- **تنويع استراتيجيات الإدارة الصفية:**

ولنمط [الإدارة الصفية] التي ينهجها المعلم أثرها البين في مراعاة الفروق الفردية بين طلبة الصف الواحد الذين يتصفون بالفروق الفردية فيما بينهم، وذلك كالتالي:

أ. الإدارة الذاتية.
ب. الإدارة التعاونية.
ج. الإدارة التفاعلية.
د. الإدارة الديمقراطية.

- **تنويع المواقف التعليمية (طرق التدريس):**

أ. المحاضرة (الإلقاء).
ب. المناقشة والحوار (السقراطية).
ج. تمثيل الأدوار (المسرحة).
د. طريقة المشروع (العلمي).
ه. العمل التطبيقي (العملي).
و. التعليم المدعوم بالحاسوب (البرنامجي).
ز. التعليم المستعين بالمكتبة (البحثي).
ح. التعلم بحل المشكلات (العصف الذهني).
ط. التعلم بالاكتشاف الموجه (الكشفي).
ي. الرحلات والزيارات المدرسية (الميداني).
ك. التعليم بواسطة القصة (القصصي).
ل. السند والدعم المدرسيين (المدعوم).

- **تنويع الوسائل التعليمية:**

إن [للوسائل التعليمية] أهمية في المساهمة على إيصال الرسالة التعليمية إلى المتلقي بفاعلية، ولعل من أبرز تلك الوسائل التي يحسن توظيف بعضها في الموقف التعليمي:

التـنويع في الوسائل التعليمية			
السبورة	الشفافيات	الفيديو	الخرائط
الألعاب	المسرح	التلفاز	الصحف
الإحصائيات	المكتبة	الصور الثابتة	الصور المتحركة
الحاسوب التعليمي	المعاجم اللغوية	البيئة	الجداول التعليمية
التسجيلات الصوتية	مختبرا ت اللغة	المجسمات	الأنشطة المدرسية

- **تنويع أساليب التقويم:**

يمثل [البرنامج التقويمي] الفعال أكثر من كونه إعطاء اختبارات أو تقديرات للمتعلمين فحسب، بل إنه برنامج يمتاز بخصائص كثيرة من أهمها:

التنويع في أساليب التقويم			
شامل	متوازن	تكويني	ختامي
متنوع	هادف	معزز / راجع	تعاوني
الاختبارات	الملاحظة	السجل التراكمي	الملف الفني

ثم إنه يحسن بالمعلم أن يسأل نفسه الأسئلة التالية:

(كيف أقوم - متى أقوم - ماذا أقوم - من أقوم)

أسباب الفروق الفردية:

التلاميذ يختلفون فيما بينهم اختلافاً كبيرا في النواحي الجسمية والعقلية والشخصية فليس كلهم متساوين في ذكائهم وقدراتهم لذلك لا يمكن أن نعلمهم جميعاً بنفس الطريقة.

القدرات والمهارات والميول بين الطلاب تنمو وتتطور بمستويات مختلفة ومتفاوتة في المرحلة النمائية الواحدة ولعل ذلك يرجع إلى عدة عوامل منها:

1. اختلاف المؤثرات في الأسرة والمدرسة والمجتمع(العوامل البيئية).
2. اختلاف القدرات والإمكانات الموروثة حيث تتفاعل العوامل البيئية بالعوامل الوراثية مما يؤثر في تكوين شخصية الطالب(العوامل الوراثية).

لذلك يجب أن تراعى الفروقات الفردية بين الطلاب، ومن أهم الأساليب التي يمكن للمعلم أن يستخدمها لمراعاة الفروق الفردية:

1. التنويع في أساليب التدريب مثل (الحوار – تمثيل الأدوار – القصة – العصف الذهني – حل المشكلات –).

2. تنويع الأمثلة عن المفاهيم والمباديء المطروحة وإتاحة الفرصة للطلاب للتعليق وإبداء الرأي من خلال الأمثلة الواقعية في بيئاتهم المحلية وخلفياتهم الثقافية.

3. توظيف وسائل متنوعة ومثيرة وفعالة لتفريد التعليم مثل (صحائف الأعمال و البطاقات التعليمية المختلفة ومنها بطاقات التعبير وبطاقات طلاقة التفكير وبطاقات التعليمات وبطاقات التدريب وبطاقات التصحيح.

قياس الفروق الفردية بين تلاميذ الصف الواحد:

● الجوانب الصحية والجسمية: يمكن قياس هذا الجانب الجسمي والصحي عن طريق القياسات الصحية التي

يقوم بها المسؤولون في الصحة المدرسية وتدون المعلومات المختلفة عن كل تلميذ في ملف خاص.

● جوانب الذكاء والقدرات العقلية المختلفة: كالقدرة على التفكير والتحليل والاستنباط والابتكار وذلك عن طريق اختبارات الذكاء والسجلات المدرسية.

● جوانب شخصية مثل: الميول والاتجاهات ومستوى الطموح وذلك عن طريق الاختبارات المتنوعة والمقابلات الشخصية واستفتاءات الميول والأنشطة المدرسية المختلفة.

كيف يمكن مراعاة الفروق الفردية بين التلاميذ:

الوسائل المستخدمة لمراعاة الفروق تصنف في مجموعتين

- **الوسائل الإدارية:**

- تنظيم الصفوف بحيث يكون عـدد تلاميـذ الـصف الواحـد مناسـباً لكـي يـستطيع المعلم أن يخصص وقتاً مناسباً لكل   تلميذ.

- تخصيص وقت في الجدول المدرسي لأنواع النشاط الترويحي ذات القيمة التربوية.

- **الوسائل التعليمية:**

- تنويع العمل داخل الصف (تكليف التلاميذ بواجبات تختلف باختلاف قدراتهم) استخدام الوسائل التعليمية المتقدمة كالأفلام والكومبيوتر.

- التعليم الفردي: معنى التعليم الفردي أن يتعلم التلميذ بما يتناسب مع قدراته وخبراته السابقة وسرعته في التعلم. وهناك وسائل كثيرة لجعل التعليم فردياً والصفة الأساسية لها أن يقسم العمل في مقرر دراسي الى وحدات تعطي للتلاميذ وفق قدراتهـم.

كيفية التعامل مع الطلبة: بطيئي التعلم، وسريعي التعلم في واقعنا التعليمي الحالي:

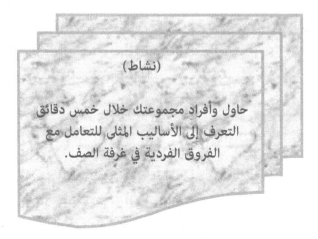

(نشاط)

حاول وأفراد مجموعتك خلال خمس دقائق التعرف إلى الأساليب المثلى للتعامل مع الفروق الفردية في غرفة الصف.

يمثل هذا البرنامج مجرد خطوة تربوية (مقترحة)، وللمعلم أن يضيف من إبداعه وواسع خبرته؛ ليثري هذا الجانب ويشبعه.

أ. **كيفية التعامل مع الطلبة بطيئي التعلم:**

- إدماجُهم في (مجموعات) متجانسة للاستفادة من خبرات زملائهم.
- إعدادُ أنشطة خاصة بهم تتناسب ومستواهم العقلي.
- العناية بميولهم؛ لدعمها وتعزيزها حتى يشعروا بالنجاح، وينقلوا خبراتهم تلك إلى المواد الأخرى التي يعانون فيها معاناة تعليمية.
- توجيه أسئلة بسيطة لهم ليجيبوا عنها دون صعوبة كبرى.
- تمكينهم من أنشطة لا صفية غير مرهقة للرقي بمستواهم الصفي.
- تنويع أساليب التدريس لشد انتباههم.
- تمكينهم من مسؤوليات داخل الصف لتعزيز ثقتهم بأنفسهم.
- تدريسهم في حصص تقوية للقضاء على مشكلاتهم الدراسية.
- التنويع في أساليب التعزيز؛ لإثارة دافعيتهم للتعلم بصورة أفضل.

- زيادة مشاركتهم في الأنشطة المدرسية / غير المدرسية لصقل مواهبهم وإبرازها بعد الانكماش.
- استخدام مركز مصادر التعلم؛ لتحقيق أنشطة في مستواهم.
- التعاون بين البيت والمدرسة في القضايا التعليمية والتربوية.

ب. كيفية التعامل مع الطلبة سريعي التعلم:

- تكليفهم برئاسة المجموعات؛ لإبراز مقدراتهم.
- تكليفهم بالإعداد المسبق للدروس، وإعداد أسئلة حولها.
- تكليفهم بابتكار أنشطة تلائم مواضيع الدروس.
- تكليفهم بتمارين إضافية عند الانتهاء من المطلوب منهم.
- تمكينهم من المنافسة النزيهة لفائدة تنمية تميزهم.
- تركهم يمارسون هواياتهم المفضلة عند الانتهاء من العمل.
- تمكينهم من استعمال مركز مصادر التعلم بفاعلية جيدة.
- إعداد بحوث ودراسات لإثراء الدرس والمادة.
- زيادة مشاركتهم في الأنشطة المدرسية المتنوعة.
- تمكينهم من متابعة تنفيذ المشاريع داخل صفوفهم وخارجها.
- إشعارهم بالتحفيز والتشجيع اللازمين.
- التعاون بين البيت والمدرسة في القضايا التعليمية والتربوية.

دور المعلم أثناء التدريس تجاه الفروق الفردية:

- الكشف عـن حجم الفروق الفردية وأبعادها بين أفراد المجموعة.
- تنويع أنشطة الدرس؛ حتى تلائم جميع المستويات وتستوعبها.
- العمل على شكل مجموعات في بعض الأنشطة.
- استخدام أكثر من طريقة للتدريس.
- توظيف التقويم: التمهيدي والبنائي والختامي.

- إتاحة الفرصة لقدرات الطلبة ومواهبهم للنمو المطرد.
- استخدام التحفيز وتوظيفه بصورة حسنة، والتغذية المرتجعة.
- محاربة سريان روح اليأس بين المتعلمين.
- العدل في توزيع الفرص التعليمية بين الطلبة.
- العلاقة الإيجابية بين البيت والمدرسة.

المعلم المتميز من يجيد تطبيق الفروق الفردية:

المعلم الجهبذ الحذق الذي يقوم برسالته التربوية السامية ويعلم تلاميذه شتى أنواع العلوم والمعارف، ويخرج مقتضاه من الدائرة العلمية إلى الآداب العامة التي يغرسها في آذهان التلاميذ فتبقى راسخة لا تنسى، ويختلف المعلمون من منحى إلى آخر في نشر رسالتهم التعليمية، فمنهم من يتبع طرقا تقليدية من محاكاة علمية والبعض جنح إلى الثوابت التقنية فبرع في استخدام التقنية في التعليم.

ومراحل التعليم بجميع مراحلها تحتاج لأكفاء مميزين يجيدون تطبيق مبدأ الفروق الفردية، وفي المرحلة الابتدائية خاصة وتحديدا الصفوف الأولية، لا بد من وجود جرعات مكثفة لهؤلاء المعلمين لكي يطبقوا هذه الفروق بكل صدق ومعيارية ولعل التقويم هو الحل الأنجح لتطبيق هذه الفروق الفردية، ولكن سوء التطبيق يؤدي بالتقويم إلى التهلكة، فهناك درجات لهذا التقويم تندرج ما بين 1 - 2 - 3 - 4 وكل لهذه الدرجات نظام معياري معين.

فمن يمنح الدرجة 1 التي تعادل مثابة الاتقان تحسب أن الطالب أتقن جميع العلوم والمعارف والمهارات المقررة في المادة الدراسية (أتقن المهارات الأساسية وغير الأساسية).

بينما الدرجة 2 تعني أن الطالب أتقن الحد الأدنى من العلوم والمعارف والمهارات المقررة في المادة الدراسية.. والحد الأدنى تعني (أتقن المهارات الأساسية وأغلب المهارات غير الأساسية).

بينما الدرجة 3 تعني أن الطالب أتقن 66 في المائة من العلوم والمعارف والمهارات المقررة في المادة الدراسية بما في ذلك مهارات الحد الأدنى تعني (أتقن المهارات الأساسية وبعض من المهارات غير أساسية). بينما الدرجة 4 تعني أن الطالب لم يتقن معرفة أو مهارة أكثر من علوم ومعارف ومهارات الحد الأدنى المقررة في المادة الدراسية (لم يتقن المهارات الأساسية ولا غير الأساسية).

والمهارات الأساسية أو الحد الأدنى أو المستهدفة يرمز له بعلامة * في سجل التقويم للمرحلة.

ولكن المعاناة ما نراه أن البعض يستخدم 1 و 4 وتعني متقن أو مخفق ويستعلي عن استخدام درجات 2 ـ 3، فهذه الدرجتان تعني أن الطالب متفاوت مستواه ما بين الجيد جدا والجيد وليس مخفقا.

كذلك على المدرسة العقلانية أن تشعر أولياء الأمور بذلك وتعمل لهم جدولة عن درجات التقويم الدراسي لكي لا يقع الحرج.

ومن فضاء التقويم نتجه للتشجيع والحوافز وإعلاء كفاءة الانضباط والأداء وهذه تتسم بفروق فردية من طالب لآخر، لكن المشاع أن هناك فئة لا تعرف كيف يتم تطبيق الفردية على تلاميذ مميزين وغير مميزين، فمظلة الفروق الفردية مظلة واسعة ومتسعة للكثير من الإنتاجية ومعرفة مكامن القوة والضعف، فالمعلم الذي يجيد تطبيقها ومعرفة مخارجها ومداخلها هو معلم متميز.

مراعاة الفروق الفردية من منظور إسلامي:

تفتقر الكتب التربوية إلى تأصيل إسلامي واعي، وإن كانت هناك جهود، لكنها لم توف بقدر وعظمة هذا القرآن الكريم، والنسة النبوية المطهرة.

وهذه مشاركة جهد المقل عن الفروق الفردية:

هو أسلوب يساعد على التعامل مع اختلاف العقول والأفهام، وله أنواع منها[1]:

1. فروق في الجنس: فخصائص الذكور تختلف عن خصائص الإناث، قال تعالى: "وَلَيْسَ الذَّكَرُ كَالأُنثَى " [آل عمران: 36].
2. فروق جسمية: كاختلاف اللون والجسد، قال تعالى: +وَمِنَ النَّاسِ وَالدَّوَابِّ وَالأَنْعَامِ مُخْتَلِفٌ أَلْوَانُهُ " [فاطر: 28].

وقال تعالى: "إِنَّ اللّهَ اصْطَفَاهُ عَلَيْكُمْ وَزَادَهُ بَسْطَةً فِي الْعِلْمِ وَالْجِسْمِ وَاللّهُ يُؤْتِي مُلْكَهُ مَن يَشَاءُ وَاللّهُ وَاسِعٌ عَلِيمٌ " [البقرة247].

وقَالَ رسُولُ اللـهِ صلى اللـه عليه وسلم: ((إِذَا صَلَّى أَحَدُكُمْ بِالنَّاسِ فَلْيُخَفِّفْ، فَإِنَّ فيهِمُ الضَّعِيفَ وَالسَّقِيمَ وَالْكَبِيرَ، وَإِذَا صَلَّى أَحَدُكُمْ لِنَفْسِهِ فَلْيُطَوِّلْ مَا شَاءَ)) متفق عليه: رواه البخاري/ 703 ومسلم.

3. فروق عقلية: قال تعالى: "يُؤتِي الْحِكْمَةَ مَن يَشَاءُ وَمَن يُؤْتَ الْحِكْمَةَ فَقَدْ أُوتِيَ خَيْراً كَثِيراً وَمَا يَذَّكَّرُ إِلاَّ أُوْلُواْ الأَلْبَابِ " [البقرة:269].

وعَنْ ابنَ مَسْعُودٍ رضي اللـه عنه قَالَ: ((مَا أَنْتَ بِمُحَدِّثٍ قَوْمًا حَدِيثًا لا تَبْلُغُهُ عُقُولُهُمْ إلا كَانَ لِبَعْضِهِمْ فِتْنَةً)) رواه مسلم.

فالرسول عليه السلام ينهى عن مخاطبة الناس بما لا تحتمله عقولهم.

وقال النبي صلى اللـه عليه وسلم: ((نحن معاشر الأنبياء قال أمرنا أن ننزل منازلهم، ونكلمهم على قدر عقولهم))، البخاري ج1 /225.

[1] من كتاب مهارات تدريس القرآن الكريم، وطرائق تدريسه / للشيخ جمال القرش

وعَنْ الأَسْوَدِ رضي الله عنه قَالَ قَالَ لِي ابْنُ الزُّبَيْرِ كَانَتْ عَائِشَةُ تُسِرُّ إِلَيْكَ كَثِيرًا فَمَا حَدَّثَتْكَ فِي الْكَعْبَةِ قُلْتُ: قَالَتْ لِي: قَالَ النَّبِيُّ صلى الله عليه وسلم: يَا عَائِشَةُ لَوْلا قَوْمُكِ حَدِيثٌ عَهْدُهُمْ قَالَ ابْنُ الزُّبَيْرِ: بِكُفْرٍ لَنَقَضْتُ الْكَعْبَةَ فَجَعَلْتُ لَهَا بَابَيْنِ بَابٌ يَدْخُلُ النَّاسُ وَبَابٌ يَخْرُجُونَ فَفَعَلَهُ ابْنُ الزُّبَيْرِ)) رواه البخاري /123.

وقد ترك الرسول صلى الله عليه وسلم أمرًا عظيمًا كهذا خشية أن تقصر أفهامهم عن إدراك الأمر على وجهه، وَقَالَ عَلِيٌّ حَدِّثُوا النَّاسَ بِمَا يَعْرِفُونَ أَتُحِبُّونَ أَنْ يُكَذَّبَ اللَّهُ وَرَسُولُهُ حَدَّثَنَا عُبَيْدُ اللَّهِ بْنُ مُوسَى عَنْ مَعْرُوفِ بْنِ خَرَّبُوذٍ عَنْ أَبِي الطُّفَيْلِ عَنْ عَلِيٍّ بِذَلِكَ، رواه البخاري / 124.

1. فروق لغوية: وقال تعالى: " وَمِنْ آيَاتِهِ خَلْقُ السَّمَاوَاتِ وَالأَرْضِ وَاخْتِلافُ أَلْسِنَتِكُمْ وَأَلْوَانِكُمْ إِنَّ فِي ذَلِكَ لآيَاتٍ لِّلْعَالِمِينَ" [الروم:22].
2. فروق اجتماعية: قال تعالى: "نَحْنُ قَسَمْنَا بَيْنَهُم مَّعِيشَتَهُمْ فِي الْحَيَاةِ الدُّنْيَا وَرَفَعْنَا بَعْضَهُمْ فَوْقَ بَعْضٍ دَرَجَاتٍ لِيَتَّخِذَ بَعْضُهُم بَعْضاً سُخْرِيّاً وَرَحْمَتُ رَبِّكَ خَيْرٌ مِّمَّا يَجْمَعُونَ " [الزخرف:32].
3. فروق أخلاقية: قال تعالى: " وَمِنْ أَهْلِ الْكِتَابِ مَنْ إِن تَأْمَنْهُ بِقِنطَارٍ يُؤَدِّهِ إِلَيْكَ وَمِنْهُم مَّنْ إِن تَأْمَنْهُ بِدِينَارٍ لاَّ يُؤَدِّهِ إِلَيْكَ إِلاَّ مَا دُمْتَ عَلَيْهِ قَائِماً" [آل عمران:75].
4. فروق في الأهداف والغايات: وقال تعالى: " إِنَّ سَعْيَكُمْ لَشَتَّى " [الليل: 4] (1).

اقتضت حكمة الله أن تكون هناك فروق فردية وقدرات مختلفة في خلقه ولا شك أن الإدراك العقلي يختلف من شخص لآخر وهذا رزق وعطاء منه سبحانه، قال تعالى: (يُؤْتِي الْحِكْمَةَ مَن يَشَاءُ وَمَن يُؤْتَ الْحِكْمَةَ فَقَدْ أُوتِيَ خَيْراً كَثِيراً وَمَا يَذَّكَّرُ إِلاَّ أُوْلُواْ الأَلْبَابِ) [سورة البقرة: 269].

وقال تعالى: (كُلاًّ نُّمِدُّ هَـؤُلاء وَهَـؤُلاء مِنْ عَطَاء ربِّكَ وَمَا كَانَ عَطَاء رَبِّكَ مَحْظُوراً) [سورة الإسراء: 20].

وقال تعالى: (وَاللَّهُ فَضَّلَ بَعْضَكُمْ عَلَى بَعْضٍ فِي الرِّزْقِ) [سورة الإسراء:71]

تعريفها: هي تلك الاختلافات التي يتميز بها كل فرد عن غيره من الأفراد، وقيل هي الانحرافات الفردية عن المتوسط الجماعي في الصفات المختلفة الجسمية والعقلية والنفسية.

فمن الصعب أن نجد اثنين على وجه الأرض متفقين تماماً في كافة السمات الجسمية والعقلية والنفسية والاجتماعية, فلكل فرد شخصيته الفريدة, وليس هناك طفلان يتشابهان من جميع الوجوه , حتى الإخوة , اللذين يعيشون تحت سقف واحد , يختلفون في ذكائهم وميولهم وشخصياتهم.

قال النبي صلى الـلـه عليه وسلم: (الناس معادن خيارهم في الجاهلية خيارهم في الإسلام إذا فقهوا والأرواح جنود مجندة ما تعارف منها ائتلف وما تناكر منها اختلف) رواه مسلم.

ومع كثرت تعريفات ظاهرة الفروق الفردية بين الطلاب، وعلى الرغم من اختلافها، إلا أنها جميعًا تركز على مدى الاختلافات بين الأفراد في السمات المختلفة فيما يلي:

- الاختلافات الجسمية.
- الاختلافات العقلية.
- الاختلافات الانفعالية.
- الاختلافات الشخصية

فالتعلّم الجيد الفعال هو التعلم الذي يراعي هذه الحقيقة, ويتكيف بموجبها، وكي يراعي المعلم الفروق الفردية بين طلابه لا بد له من تعرف طبيعة هذه الفروق , والعوامل المؤثرة فيها , وأبعادها, وخصائصها , ومظاهرها , حتى يمكنه أن يضع خطة علاجية ووقائية , ويحدد طريقة تدريسه، وأساليب تقويمه, التي

تستطيع من خلالها التعامل مع طلابك على مختلف مستوياتهم وقدراتهم وميولهم واهتماماتهم.

أهميتها: تساعد على:

1. التعامل مع الأفراد كل وفق سماته المميزة له.
2. التعرف على الاستعدادات الكامنة لدوي الاحتياجات الخاصة.
3. إبراز ما لدى التلاميذ من قدرات واستعدادات وميول.
4. التعرف على طبيعة الأنماط السلوكية ومسبباتها.
5. التعرف على أداء الفرد في المواقف المختلفة.
6. الحكم أمكانيه نجاح الفرد أو فشله.
7. تكييف المناهج وطرق وأهداف التدريس بما يتناسب مع المتعلم.

العوامل المؤثرة فيها:

تتركز في عاملين أساسين هما الوراثة والبيئة.

الوراثة: هي الجينات التي تنقل إلى الفرد من أبويه في بعض السمات مثل الطول والوزن واللون والملامح والذكاء فللوراثة تأثير كبير على الذكاء.

البيئة: هي جميع المؤثرات البيئية والاجتماعية التي يتلقاها الفرد والتي تؤثر تأثيرا كبيرا على سماته،كـ (التغذية،والصحة، والجو الانفعالي، والمستوى الاقتصادي، ودرجة التعليم..إلخ.

المراجع:

- أ.د.احمد الخطيب، الحقائب التدريبية،الناشران: مؤسسة حمادة للدراسات الجامعية والنشر والتوزيع/اربد - الأردن، مكتبة المتنبي/ الدمام - السعودية، 2002م.

- الحكمي، علي بن صديق: إصلاح التقويم لتحسين نوعية التعلم: نموذج تكاملي مقترح - ورقة مقدمة للندوة الإقليمية حول تطوير التعليم ما بعد الأساسي بالدول العربية. مسقط - عمان 24 - 26 أبريل 2005.

- الحكمي، علي بن صديق: تقويم التعليم العام في المملكة العربية السعودية، دراسة للواقع ورؤية لاستراتيجية مستقبلية، ورقة مقدمة لندورة الرؤية المستقبلية للاقتصاد السعودي (2020) الرياض 13 - 17 شعبان 1423هـ .

- سالي براون، فل ريس - معايير لتقويم جودة التعليم / ترجمة د. أحمد ممصطفى حليمة - 1997/ عمان - دار البيارق.

- د. سامي عارف أساسيات الوصف الوظيفي، دار زهران للنشر والتوزيع، عمان/ الأردن، 2007

- أنجيلو، ثوماس، كروس، باتيسيا، 2005. الأساليب غير التقليدية في التقويم الصفي، ط1، ترجمة حمزة محمد دودين، دار الكتاب الجامعي.

- د.سامي محمد ملحم 2001م - سيكولوجيا التعلم و التعليم/الأسس النظرية والتطبيقية دار الميسرة للنشر والتوزيع والطباعة.

- دعمس، مصطفى نمر، استراتيجيات تطوير المناهج وأساليب التدريس الحديثة، الأردن - عمان، دار غيداء،2008.

- دعمس، مصطفى نمر، استراتيجيات التقويم التربوي الحديث وأدواته، الأردن - عمان، دار غيداء،2008.

- دعمس، مصطفى نمر، الاستراتيجيات الحديثة في تدريس العلوم العامة، دار غيداء، الأردن - عمان/ 2007.

- دعمس، مصطفى نمر، إعداد وتأهيل المعلم، الأردن - عمان، دار عالم الثقافة،2009م.
- د.محمد سعيد رمضان البوطي، فقه السيرة النبوية،دار الفكرالمعاصر/ بيروت،دار الفكر/ دمشق،2003.
- العبد اللات،سعاد وآخرون. استراتيجيات تدريس المناهج الجديدة المبنية على اقتصاد المعرفة وطرائق تقويمها. (2006).
- المفلح،عبدالرزاق. الإطار العام للتقويم.إدارة التدريب والتأهيل والإشراف التربوي،وزارة التربية والتعليم،عمان،الأردن. (2004).
- أبو جادو , صالح محمد علي ,(2005) علم النفس التربوي .
- عدس، عبد الرحمن، الكيلاني، عبد الله (1989) القياس والتقويم التربوي في علم النفس والتربية (كتاب مترجم)، مركز الكتب الأردني
- د. فريد أبو زينة، علم التربية واصول تدريسها، 1986.
- نادر فهمي الزيود، مبادئ القياس والتقويم في التربية، 1980.
- د. محمد زياد حمدان، تقييم وتوجيه التدريس،1984.
- د. محمد زياد حمدان، تقييم التعليم ؟، 1980.
- رمزية التعريب، أستاذ الاختبارات والقياس، جامعة عين شمس، الناشر مكتبة النجلو، 1981
- د. نعيم عطية، رئيس قسم التربية في كلية بيروت للبنات، أستاذ التربوي في الجامعة، منشورات دار الكتاب اللبناني .
- ايزميج روبينز، التقويم في التربية الحديثة، ترجمة، محمد محمد عاشور، وعطية محمد مهنا، وهيب سمعان، 1985.
- علاَّم، صلاح الدين محمود. (2003)، "التقويم التربوي المؤسسي: أسسه ومنهجياته وتطبيقاته في تقويم المدارس"، دار الفكر العربي، القاهرة.
- منسي، حسن. (2002)، "التقويم التربوي"، الكندي، اربد.
- عطية، نعيم. "التقييم التربوي الهادف"، دار الكتاب اللبناني، بيروت، ودار الكتاب المصري، القاهرة.

● سبع محمد أبو لبدة، مبادئ القياس النفسي والتقييم التربوي للطالب الجامعي والمعلم التربوي، 2000.

● صالح عبد العزيز، التربية وطرق القياس، ج2، القاهرة، دار المعارف.

● عبد الهادي، نبيل، القياس والتقويم التربوي واستخدامه في مجال التـدريس الصفي، الطبعـة الثانية، 2002.

● جابر، عبد الحميد جابر، مناهج البحث في التربية وعلم النفس، الطبعة الثانيـة، القـاهرة، دار النهضة العربية، 1987.

● عبد الرحمن، عدس، عبد اللـه الكيلاني، القيـاس والتقـويم التربوي في علـم الـنفس والتربيـة، كتاب مترجم، مركز الكتب الأردني، 1989.

● وزارة التربية والتعليم. الإطار العام للمناهج والتقويم.إدارة المناهج والكتب المدرسية، عـمان، الأردن. (2003).

● وزارةالتربية والتعلـيم،إدارة التـدريب والتأهـيل والإشراف التربوي،مديريـة التـدريب التربـوي، عمان، الأردن. (2003).

● وزارة التربية والتعلـيم - اسـتراتيجيات التقـويم وأدواتـه - الفريـق الـوطني للتقـويم، عـمان، الأردن – 2004.

● رسالة ماجستير غير منشورة – العوامل المؤثرة على تقويم البرامج التدريبية،

● العمري، عوض. 1423هـ – الرياض/ جامعة الملك سعود – المملكة العربية السعودية.

● رسالة المعلم / استراتيجيات التقويم وأدواته (د.احمد الثوابية وعبد الحكيم مهيـدات)2005 المجلد (43) – العدد 3 – 4 وزارة التربية والتعليم – الاردن

1. جودت سعادة و عبد اللـه إبراهيم،المنهج المدرسي الفعال، ط1، 1991، الأردن، دار عمار .

2. حسن شحاته،تعليم اللغة العربية بين النظرية والتطبيق، ط2، 1993، القاهرة، الـدار المصرية اللبنانية .

3. عبد الله الرشدان و نعيم جعنيني، المدحل إلى التربية والتعليم، ط1، 1994، بيروت، دار الشروق للنشر والتوزيع .
4. فؤاد السيد،الذكاء، ط1، 1994، القاهرة، دار الفكر العربي .
5. كمال إسكندر و محمد غزاوي،مقدمة في التكنولوجيا التعليمية، ط1، 1994، الكويت، مكتبة الفلاح للنشر والتوزيع .

- Association for Supervision and Curriculum Development. (2005) lexicon of learning .http://www.ascd.org./
- Baldrige National Quality program .Education Criteria for Performance Excellence .www.Quality.nist.gov
- Carr, J.F and Harris, D. E (2001 (Succeeding with Standards , Linking Curriculum , Assessment and Action planning .Alexandria, VA ASCD.
- Kifer, E. (2001) large – scale assessment. Thousand Oaks : Crown presse .
- Kluth, P. and Straut , D. (2001 (standards for Diverse Learners Educational Leadership Vo. 59, No.46_1,43
- Kulieke, M; Bakker, J; Collins, C ;Fennimore, T; Fire, C; Herman, J; Jones, B. F; Raack, L; and Tinzmann, M.B .(1990) .Why Should assessment be based on a vision of learning ? North Central Regional Education Laboratory , Oak Brook .http://www.ncrel.org./
- Marzano, R; McTighe, J. and Pickering, D. (1993). Assessing Student Outcomes: Performance Assessment Using the Dimensions of Learning Model Alexandria , Virginia : ASCD .

- Nitko, A . J . (2004). Educational assessment of Student (4th edition). Upper Saddle River, NJ: Pearson

- Outland, J.S. 2003 Total Quality Man agent: Text With cases . third Ed. Burlington, Ma: Elsevier Butterworth -Heinemann

- Popham, J. (2001). The Truth about Testing. Alexandria, VA: ASCD.

- Popham, J. (2003). Test Better ,Teach Better: The Instructional Role of Assessment. Alexandria, VA :ASCD.

- Qualification Curriculum Authority ,UK .

    http://www.qca.org.uk./

- Ryan, C.D. (1994) Authentic Assessment. Westminster CA: teacher Created Material Inc .

- TheCommissiononInstructionally Supportive Assessment. (2001).Building Tests to Support Instruction and accountability: A Guide for Policymakers .

    http://www.aasa.org./

- Wiggins, G . (1998). Educative Assessment. San Francisco : John Wiley & Sons .

المحتويات

Printed in the United States
By Bookmasters